Rudolf Geser

Die 75 schönsten
Alpenpässe und
Höhenstraßen
mit dem Fahrrad

Dritte, durchgesehene Auflage

CIP-Titelaufnahme der Deutschen
Bibliothek

Geser, Rudolf:
Die 75 [fünfundsiebzig] schönsten Alpen-
pässe und Höhenstrassen mit dem
Fahrrad / Rudolf Geser. [Zeichn.: Hellmut
Hoffmann]. – 3., durchges. Aufl. –
München; Wien; Zürich: BLV, 1990
   (Spezialführer)
   ISBN 3-405-13452-8

Bildnachweis
Titelbild: Peter Witek
Foto Seite 16/17 Peter Witek
Foto Seite 58/59 Erhard Reisinger
Alle übrigen Aufnahmen vom Autor
Zeichnungen: Hellmut Hoffmann

BLV Verlagsgesellschaft mbH
München Wien Zürich
8000 München 40

© 1986 BLV Verlagsgesellschaft mbH,
München 1990

Satz und Druck: Appl, Wemding
Bindung: Ludwig Auer GmbH,
Donauwörth

Printed in Germany
ISBN 3-405-13452-8

Inhalt

Einführung

Das Befahren von Pässen und Höhenstraßen in den Alpen stellt sicherlich eine Verlockung für jeden sportlich ambitionierten Radfahrer dar. Dieser Spezialführer beschreibt nun erstmals die 75 schönsten und lohnendsten Ziele, verteilt auf die Alpenländer Deutschland, Österreich, Italien, Schweiz und Frankreich. Er führt dabei von den Mittelgebirgen des östlichen Alpenraums in die hochalpinen Zonen der Schweizer Alpen, bis zu den höchsten Alpenpässen Frankreichs in Savoyen und der Provence. Bekannte Ziele wie die Großglockner-Hochalpenstraße im Salzburger Land oder die Stilfser-Joch-Straße in Südtirol werden dabei genauso beschrieben wie die Zillertaler Höhenstraße in Nordtirol, die Savarenche-Hochtalstraße im Piemont oder die Croix-de-Fer-Paßstraße in der Dauphiné, die als »Geheimtips« jeden Vergleich mit den höchsten und bekanntesten Alpenstraßen bestehen können. Leichte Touren, wie etwa die Grödner-Joch-Straße als Verbindungstour bei der Sella Umrundung, sind genauso zu finden wie die Niger-Paßstraße, die mit ihren Steigungen bis maximal 24% auch austrainierte »Profis« vor echte Probleme stellt. Ein besonderes »Schmankerl« ist die Deutsche Alpenstraße, die, unterteilt in fünf Abschnitte, von Schellenberg an der deutsch-österreichischen Landesgrenze bis zum Bodensee durch die schönsten Gegenden des deutschen Alpenraums führt.

Mehr als das Radeln in der Ebene stellt es am Berg Anforderungen an die physische und psychische Leistungsbereitschaft des einzelnen. Windschattenfahren ist am Berg nicht möglich, und so entscheiden allein Kondition und Durchhaltevermögen. Dieses Buch soll dazu beitragen, daß die geplante Tour nicht zur »Tortur« oder gar zum gesundheitlichen Risiko wird. Die Unterteilung der einzelnen Vorschläge in drei Schwierigkeitsgrade ermöglicht es jedem, die Tourenplanung entsprechend seinem jeweiligen Leistungsstand vorzubereiten.

Mehrere tausend km und fast 100 000 Höhenmeter waren innerhalb eines Jahres mit dem Fahrrad zu bewältigen, um einen möglichst genauen und aktuellen Informationsstand gewährleisten zu können. Trotz teilweise glühender Hitze bei der Route des Grandes Alpes vom Col de l' Iseran zum Restefond und Bonette sowie Kälte und Schnee in der Zentralschweiz bei der Befahrung von Furka, Grimsel und Susten habe ich davon keinen Meter bereut. Einen großen Anteil daran hatte auch meine Frau, der als Lenkerin des Begleitfahrzeugs sicher keine leichtere Aufgabe zukam als mir.

Bleibt mir nur noch zu wünschen, daß Sie bei Ihren Touren genauso viel Spaß und Freude haben wie ich!   *Rudolf Geser*

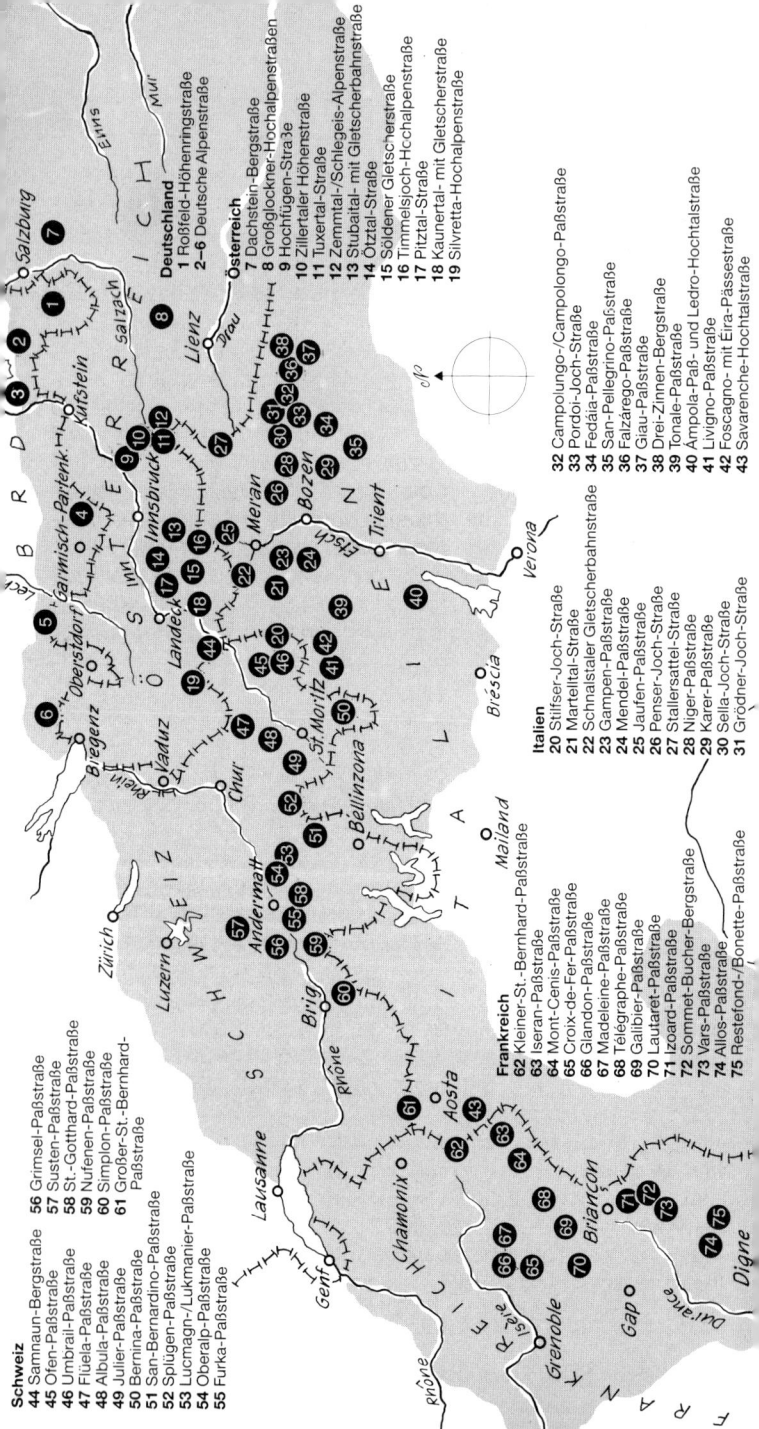

Deutschland
1 Roßfeld-Höhenringstraße
2–6 Deutsche Alpenstraße

Österreich
7 Dachstein-Bergstraße
8 Großglockner-Hochalpenstraße
9 Hochfügen-Straße
10 Zillertaler Hochstraße
11 Tuxertal-Straße
12 Zemmtal-/Schlegeis-Alpenstraße
13 Stubaital- mit Gletscherbahnstraße
14 Ötztal-Straße
15 Söldener Gletscherstraße
16 Timmelsjoch-Hochalpenstraße
17 Pitztal-Straße
18 Kaunertal- mit Gletscherstraße
19 Silvretta-Hochalpenstraße

Italien
20 Stilfser-Joch-Straße
21 Martelltal-Straße
22 Schnalstaler Gletscherbahnstraße
23 San-Pellegrino-Paßstraße
24 Gampen-Paßstraße
25 Mendel-Paßstraße
26 Jaufen-Paßstraße
27 Penser-Joch-Straße
28 Niger-Paßstraße
29 Karer-Paßstraße
30 Sella-Joch-Straße
31 Grödner-Joch-Straße
32 Campolungo-/Campolongo-Paßstraße
33 Pordoi-Joch-Straße
34 Fedaia-Paßstraße
35 Falzárego-Paßstraße
36 Giau-Paßstraße
37 Drei-Zinnen-Bergstraße
38 Tonale-Paßstraße
39 Ampola-Paß- und Ledro-Hochtalstraße
40 Livigno-Paßstraße
41 Foscagno- mit Eira-Passestraße
42 Savarenche-Hochtalstraße

Frankreich
62 Kleiner-St.-Bernhard-Paßstraße
63 Iseran-Paßstraße
64 Mont-Cenis-Paßstraße
65 Croix-de-Fer-Paßstraße
66 Glandon-Paßstraße
67 Madeleine-Paßstraße
68 Télégraphe-Paßstraße
69 Galibier-Paßstraße
70 Lautaret-Paßstraße
71 Izoard-Paßstraße
72 Sommet-Bucher-Bergstraße
73 Vars-Paßstraße
74 Allos-Paßstraße
75 Restefond-/Bonette-Paßstraße

Schweiz
44 Samnaun-Bergstraße
45 Ofen-Paßstraße
46 Umbrail-Paßstraße
47 Fluela-Paßstraße
48 Albula-Paßstraße
49 Julier-Paßstraße
50 Bernina-Paßstraße
51 San-Bernardino-Paßstraße
52 Splügen-Paßstraße
53 Lucmagn-/Lukmanier-Paßstraße
54 Oberalp-Paßstraße
55 Furka-Paßstraße
56 Grimsel-Paßstraße
57 Susten-Paßstraße
58 St.-Gotthard-Paßstraße
59 Nufenen-Paßstraße
60 Simplon-Paßstraße
61 Großer-St.-Bernhard-Paßstraße

Allgemeine Hinweise

Alpenpässe und Höhenstraßen haben in erster Linie verkehrstechnische und wirtschaftliche Bedeutung. In früherer Zeit, als Handelswege, stellten die Alpenpässe die kürzeste geographische Verbindung zwischen zwei Handelspartnern dar. Höhenstraßen sind oftmals eine Nebenerscheinung zu technischen Neuerungen, wie zum Beispiel dem Bau von Stauseen oder der Entwicklung des Freizeittourismus etwa in Form von Sommerskigebieten. Bei ihrer Planung konnte naturgemäß wenig Rücksicht auf die Belange des Radtouristen genommen werden, der am liebsten in einem Rundkurs zu seinem Ausgangspunkt zurückkehren möchte, um dabei möglichst viele landschaftliche Eindrücke zu sammeln.

Neben einer Unterteilung in die Alpenländer Deutschland, Österreich, Italien, Schweiz und Frankreich wurde bei den Tourenbeschreibungen entsprechend dem Alpenverlauf von Ost nach West vorgegangen. Die Reihenfolge der einzelnen Strecken ist so gewählt, daß eine Zusammenstellung benachbarter Pässe zu Mehrtages- und Rundtouren ohne weiteres möglich ist. Alle Routen sind bequem in einem Tag zu bewältigen.

Tips: Rad, Ausrüstung, Fahrverhalten

Grundsätzlich eignet sich jedes Fahrrad, soweit es über die entsprechenden Übersetzungsmöglichkeiten verfügt. Alle beschriebenen Touren wurden von mir mit einem Rennrad, ohne jegliche Veränderungen, unternommen. Ich habe lediglich ein batteriebetriebenes Rücklicht am Sitzrohr sowie einen ebenfalls batteriebetriebenen Scheinwerfer am Vorbau befestigt.

Es versteht sich von selbst, daß das Rad vor der Tour auf einwandfreien Funktionszustand, insbesondere der Bremsen, überprüft werden muß. Abgefahrene Reifen sind auszuwechseln, die Bremszüge auf eventuelle Beschädigungen hin zu untersuchen. Wegen der hohen Geschwindigkeit bei der Abfahrt und der enormen Belastung beim Bremsen ist das Ankleben des Reifens der Befestigung mit Klebeband vorzuziehen.

Aus Platz- und Gewichtsgründen muß man sich bei der Ausrüstung ohnehin beschränken. Immer dabeihaben sollte man jedoch eine windundurchlässige Regenjacke. Klein zusammengefaltet paßt sie in jede Trikottasche. Auch ein zusätzlicher wärmender Pullover und eine Mütze sollten mitgenommen werden. Es ist keine Seltenheit, daß eine im Tal bei Schönwetter begonnene Tour auf dem Gipfel in Regen, Nebel und Kälte endet. Zudem kann die Regenjacke bei der

Abfahrt den Körper vor Unterkühlung durch den Fahrtwind schützen. Spezielle Unterwäsche bzw. Jacken mit einer windundurchlässigen Vorderseite sind hier sehr nützlich.

Auch sollte man sich daran gewöhnen, immer einen Sturzring (besser noch Sturzhelm) zu tragen. Wer bei der Auffahrt noch auf ihn verzichten will, sollte ihn auf jeden Fall bei der Abfahrt benutzen.

Achten Sie darauf, ausreichend Flüssigkeit zu sich zu nehmen, und füllen Sie die Wasserflasche unterwegs rechtzeitig nach. Bei längeren Touren wirken kurze Pausen mit etwas Nahrungsaufnahme wahre Wunder und beugen dem gefürchteten »Hungerast« vor.

Neben Reifenpannen sind Speichenrisse die häufigsten Defekte. Zwei Speichen können jederzeit mit etwas Klebeband am Sitz- oder Oberrohr befestigt werden. Ein Speichenschlüssel paßt in jede Reifentasche. Auch für technisch weniger Versierte ist das Wechseln einer Speiche am Vorderrad oder der dem Zahnkranz gegenüberliegenden Seite des Hinterrades kein Problem. Ist die Speiche jedoch auf der Zahnkranzseite des Hinterrades gerissen, hilft meist nur noch der Werkzeugkasten im Begleitauto oder eine Werkstatt.

Bei der Auffahrt lasse man sich keinesfalls durch schnellere Fahrer vom eigenen Tempo abbringen. Ruhig und gleichmäßig treten und lieber einen größeren Gang fahren, als durch einen kleineren die Kräfte unnötig zu verschleißen. Ich habe mich immer wieder über Tourenfahrer gewundert, die mit 15 kg Gepäck und einer Übersetzung von 34:30 kaum vom Fleck zu kommen schienen, dann aber gar nicht lange nach mir am Gipfel auftauchten.

Die Belohnung für die Auffahrt ist die Abfahrt. Sie ist zwar erheblich weniger anstrengend, dafür aber ungleich gefährlicher! Als erstes sind die Pedalriemen zu lockern. Auf keinen Fall darf man sich auf ein Wettrennen mit Autos oder Motorrädern einlassen. Aufgrund des geringeren Gewichts kann man zwar auf steilen Stücken mit diesen mithalten, ist jedoch instabiler und kann auf unerwartete Hindernisse erst viel später reagieren. Auch sind Fahrradbremsen nicht auf solch hohe Geschwindigkeiten ausgelegt. Insbesondere das »frei herumlaufende Weidevieh«, wie in Österreich Kühe auf der Fahrbahn genannt werden, kümmert sich wenig um die Vorfahrt eines zu Tal rasenden Radlers. Ein Tip: Öfter anhalten und die Nackenmuskeln entspannen. Sollte sich das Ventil durch zu starkes Bremsen verschoben haben, so drehen Sie das vordere Laufrad einfach um.

Noch ein Rat: Bei einem Bremsenausfall versuchen, einen Schuh zwischen Sitzrohr und Hinterreifen zu klemmen, um mittels Reibung des Hinterrades an der Schuhsohle Bremswirkung zu erzielen.

Erläuterung zu den Kurzangaben

Charakter
Neben der Angabe der Höchststeigung erfolgt eine Unterteilung in die Schwierigkeitsgrade »Leicht«, »Mittelschwer« und »Schwer«.

Leichte Radtour: Die Höchststeigung beträgt in der Regel nicht über 10%, im Durchschnitt sogar erheblich weniger. Die Streckenlänge liegt meist unter 10 km. Bei längeren Etappen überwiegen flachere Abschnitte. Aufgrund der Gesamtcharakteristik ist die Tour von jedermann, auch ohne spezielle Trainingsvorbereitung, zu bewältigen. Als eigenständige Route kaum lohnend, handelt es sich meist um Verbindungsstrecken zwischen zwei oder mehreren Touren (z. B. Grödner-Joch-Straße, Grimsel-Paßstraße).

Mittelschwere Radtour: Steigungen von 10% und darüber sind über längere Distanzen zu bewältigen. Die Streckenlänge beträgt meist über 10 km. Die Befahrung setzt bereits eine gewisse Grundkondition voraus. Als eigenständige Fahrt ist so eine Tour ein hervorragendes Training für schwerere Unternehmungen (z. B. Roßfeld-Höhenringstraße, Dachstein-Bergstraße).

Schwere Radtour: Die Höchststeigung liegt meist deutlich über 10%. Sie ist über längere Streckenabschnitte durchzuhalten und wird nur selten von flacheren Stücken unterbrochen. Die Streckenlänge kann bis zu 20 km und mehr betragen. Eine Tour dieser Kategorie ist nur wirklich ausgezeichnet trainierten Fahrern zu empfehlen, die über eine gewisse »Bergerfahrung« und mindestens 2000 Trainings-km verfügen (z. B. Großglockner-Hochalpenstraßen, Stilfser-Joch-Straße).

Um eine möglichst genaue Schwierigkeitsbewertung zu erreichen, erfolgt in einer Touren-Übersicht auf Seite 14/15 eine nochmalige Unterteilung der drei Schwierigkeitsgrade in plus (+) und minus (−). Entsprechend der Schwierigkeitsskala beim alpinen Bergsteigen tendieren die mit + bezeichneten Touren bereits zur nächsthöheren Kategorie, während die mit − bezeichneten eher der niedrigeren zuzurechnen sind.

Offen
Hier wird der Zeitraum, in dem die Straße normalerweise für den öffentlichen Verkehr freigegeben ist, angegeben. Witterungsbedingte Verschiebungen sind jedoch nicht ausgeschlossen. Auch tagelange Lawinen- bzw. Schneesperren sind möglich. Es empfiehlt sich, vor Fahrtantritt Auskünfte über die Befahrbarkeit der Alpenstraßen bei den jeweiligen Informationsdiensten einzuholen:

Deutschland	ADAC München Tel. 089/505061
Österreich	ÖAMTC Salzburg Tel. (0043) 66/220501/0 oder
	Innsbruck Tel. (0043) 5222/44521
Italien	ACI Bozen Tel. (0039) 471/30004
Schweiz	ACS Bern Tel. (0041) 31/224722 oder
	TCS Genf Tel. (0041) 22/366000

Zeit
Bei der ersten der beiden genannten Angaben handelt es sich um die von mir benötigte Zeit. Gefahren wurde mit einem Rennrad und ohne Gepäck. Konditionsstarke Fahrer können diese Zeit sicherlich unterbieten. Die zweite Zeitangabe ist ein Wert, der ohne weiteres auch von Tourenfahrern mit 15 kg Gepäck und mehr, erreicht werden kann. Innerhalb der beiden Angaben müßte es jedermann möglich sein, auch mit Pausen und Gepäck die Tour zu bewältigen.

Länge
Hier ist die Streckenlänge vom Ausgangs- bis zum Scheitelpunkt bei Pässen oder dem Endpunkt bei Höhenstraßen angegeben. Sie kann geringfügig von offiziellen km-Angaben abweichen, da die Tour nicht immer im Zentrum des Ausgangsortes, sondern meist am Ortsende bzw. dem Beginn der Steigungsstrecke begonnen wird.

Höhendifferenz
Sie gibt den zu bewältigenden Höhenunterschied vom Ausgangspunkt zum Scheitel- bzw. Endpunkt der Straße an. Kürzere Abfahrten ohne wesentlichen Höhenverlust werden dabei nicht berücksichtigt.

Übersetzung
Eingetragen ist die von mir gefahrene kleinste Übersetzung. So bedeutet zum Beispiel 42/23, daß ich zur Bewältigung der Tour neben dem 42er Kettenblatt vorne als größtes Ritzel hinten eines mit 23 Zähnen benötigte. Da die benötigte Übersetzung sehr stark von den körperlichen Voraussetzungen sowie des Trainingszustandes des Fahrers abhängig ist, wurden, soweit dies notwendig erschien, zwei Ritzelangaben gemacht. In diesem Fall ist das Vorhandensein bzw. die Benützung des größeren Ritzels dringend anzuraten. Bei den heute üblichen 6-Gang-Zahnkränzen können beispielsweise mit der Abstufung 13-15-18-21-23-26 die meisten Touren bewältigt werden. Reicht dies jedoch nicht mehr aus, so empfiehlt sich die Abstu-

fung 14-17-20-23-26-28. Tourenfahrer mit viel Gepäck sollten ohnehin ein Dreifach-Kettenblatt benützen, das Übersetzungen bis fast 1:1 ermöglicht. Dann stellen auch die größten Steigungen kein Problem mehr dar. Konditionsschwächere Fahrer, die auch mit einem 28er Ritzel nicht mehr zurechtkommen, sollten ebenfalls auf ein Dreifach-Kettenblatt zurückgreifen.

Karte

Zur Planung reichen grundsätzlich Straßenkarten im Maßstab 1:500000 aus (z.B. Alpenstraßenkarte von Kümmerly + Frey). Informationen über die landschaftlichen Eindrücke bei der Tour lassen jedoch eine Karte in größerem Maßstab unumgänglich erscheinen. Für Deutschland, Österreich und Italien sind deshalb Karten im Maßstab 1:50000 von Kompass und Freytag & Berndt angegeben. Für die Schweiz ist die Landeskarte der Schweiz 1:50000 genannt. Da für Frankreich Karten im Maßstab 1:50000 nur sehr schwer erhältlich sind, wurde auf die Carte Topographique des Institut Geographique National im Maßstab 1:100000 zurückgegriffen.

Ausgangspunkt

Hier sind Name und Höhenangabe des jeweiligen Orts vermerkt. Die Straßenabkürzungen bedeuten:
Deutschland B = Bundesstraße, Österreich B = Bundesstraße, Italien SS = Staatsstraße, Schweiz H = Hauptstraße.

Streckenbeschreibung

Sie soll in erster Linie über die zu erwartenden Schwierigkeiten informieren und einen Eindruck über den Gesamtverlauf vermitteln. Neben den Steigungen in % dienen hierzu auch die km-Angaben vom Ausgangspunkt aus. Darüber hinaus wird, wenn aus Platzgründen auch nur knapp, auch auf die landschaftlichen Schönheiten verwiesen.

Rückfahrt

Soweit auf der anderen Bergseite eine Abfahrt möglich ist, sind das maximale Gefälle sowie die Anzahl der Kehren vermerkt. Bei der km-Angabe ist die Auffahrt nicht mit einbezogen. Sind bei der Abfahrt Tunnels vorhanden, werden diese ebenfalls genannt.

Besondere Hinweise

Dazu zählen schlechter Fahrbahnzustand, Gefahrenstellen sowie die Notwendigkeit von Beleuchtung.

Touren-Übersicht

	Länge km	Höhen-differenz m	Höchst-steigung %	Schwierig-keitsbe-wertung	Über-setzung
Albula-Paßstraße	31,5	1464	12	2+	42/23-26
Allos-Paßstraße	21	1118	11	2	42/23
Ámpola-Paß- und Ledro-Hoch-talstraße	23	672	11	1+	42/23
Bernina-Paßstraße	15	525	10	1	42/21-23
Campolungo-/Campolongo-Paß-straße	6,5	307	10	1	42/21-23
Croix-de-Fer-Paßstraße	30	1521	14	3—	42/23-26
Dachstein-Bergstraße	16	953	15	2	42/26
Deutsche Alpenstraße, 1. Abschnitt	98	756	12	2	42/23-26
Deutsche Alpenstraße, 2. Abschnitt	88	1221	18	3	42/26
Deutsche Alpenstraße, 3. Abschnitt	107,5	641	8	2	42/21
Deutsche Alpenstraße, 4. Abschnitt	103,5	346	8	2—	42/23
Deutsche Alpenstraße, 5. Abschnitt	63	117	10	1	42/23
Drei-Zinnen-Bergstraße	7,5	669	16	2+	42/26-28
Falzárego-Paßstraße	16,5	907	11	2	42/21-23
Fedáia-Paßstraße	14,5	591	10	1+	42/21-23
Flüela-Paßstraße	13	823	10	2—	42/23
Foscagno- mit Éira-Pässestraße	37	1276	12	2	42/23
Furka-Paßstraße	17,5	956	11	2	42/23-26
Galibier-Paßstraße	18,5	1216	12	2+	42/23-26
Gampen-Paßstraße	24,5	1231	9	2—	42/21-23
Giau-Paßstraße	16	1026	12	2	42/26
Glandon-Paßstraße	21,5	1501	15	3—	42/26
Grimsel-Paßstraße	6	406	9	1+	42/21-23
Grödner-Joch-Straße	6	237	8	1—	42/21-23
Großer-St.-Bernhard-Paßstraße	43,5	2002	11	3	42/23-26
Großglockner-Hochalpenstraßen	33,5	1891	12	3	42/26
Hochfügen-Straße	13,5	955	15	2	42/26
Iseran-Paßstraße	45	1866	12	3—	42/23-26
Izoard-Paßstraße	20,5	1039	12	2+	42/23-26
Jaufen-Paßstraße	18,5	1146	10	2	42/23
Julier-Paßstraße	37	1433	10	2	42/23
Karer-Paßstraße	24,5	1462	16	3—	42/26
Kaunertal- mit Gletscherstraße	40,5	1884	14	3	42/26
Kleiner-St.-Bernhard-Paßstraße	23,5	1184	9	2	42/23
Lautaret-Paßstraße	27,5	737	7	1+	42/21
Livigno-Paßstraße	14,5	499	9	1	42/21

Schwierigkeitsbewertung:
1 = leicht
2 = mittelschwer
3 = schwer

	Länge km	Höhen-differenz m	Höchst-steigung %	Schwierig-keitsbe-wertung	Über-setzung
Lucmagn-/Lukmanier-Paßstraße	20,5	797	10	2	42/23
Madeleine-Paßstraße	19,5	1550	12	2	42/23-26
Martelltal-Straße	25,5	1480	18	3 −	42/26
Mendel-Paßstraße	16	937	10	2	42/21-23
Mont-Cenis-Paßstraße	10	701	11	1 +	42/23
Niger-Paßstraße	26	1469	24	3 +	42/28-30
Nufenen-Paßstraße	24	1303	10	2	42/23
Oberalp-Paßstraße	22	902	10	2 −	42/23
Ötztal-Straße	48	1223	12	2	42/23-26
Ofen-Paßstraße	22	853	10	2 −	42/23
Penser-Joch-Straße	16,5	1263	13	2	42/26
Pitztal-Straße	38	1035	10	2	42/21-23
Pordoi-Joch-Straße	9	637	8	2 −	42/21-23
Restefond- und Bonette-Paßstraße	23,5	1582	12	3	42/26
Roßfeld-Höhenringstraße	24,5	1023	14	2	42/26
Samnaun-Bergstraße	15	759	12	2	42/23-26
San-Bernardino-Paßstraße	9,5	446	9	1	42/21
San-Pellegrino-Paßstraße	20,5	1144	18	2 +	42/26
St.-Gotthard-Paßstraße	34	1589	10	3	42/23-26
Savarenche-Hochtalstraße	27	1310	12	2 +	42/23-26
Schnalstaler Gletscherbahnstraße	24	1433	16	3 −	42/26
Sella-Joch-Straße	12	777	11	2	42/21-23
Silvretta-Hochalpenstraße	42,5	1173	11	2	42/23-26
Simplon-Paßstraße	22,5	1324	9	2	42/23
Söldener Gletscherstraße	13	1350	13	3	42/26-28
Sommet-Bucher-Bergstraße	11	873	14	2	42/23-26
Splügen-Paßstraße	9,5	661	11	2 −	42/23
Stallersattel-Straße	24	1047	12	2	42/23-26
Stilfser-Joch-Straße	28	1870	15	3	42/26
Stubaital- mit Gletscherbahn-straße	30	733	14	2	42/23-26
Susten-Paßstraße	28	1602	9	2 +	42/23
Télégraphe-Paßstraße	12,5	888	10	2 −	42/23
Timmelsjoch-Hochalpenstraße	11,5	814	12	2 −	42/23-26
Tonale-Paßstraße	27,5	1117	10	2	42/23
Tuxertal-Straße	19	850	12	2	42/23-26
Umbrail-Paßstraße	14	1128	11	2	42/23-26
Vars-Paßstraße	20	1109	12	2	42/23-26
Zemmtal-/Schlegeis-Alpen-straße	24,5	1244	12	2 +	42/26
Zillertaler Höhenstraße	39,5	1870	20	3 −	42/26-28

Deutschland

Salzburg
Berchtesgadener Ache
Oberau
Unterau
Berchtesgaden
Zinkenkopf
Mautstelle Nord
Obersalzberg
Roßfeld-
Skihütte
Mautstelle Süd
Eckersattel
N

Hm
1800
1500
1200
900
600
300
Roßfeld
1540
Eckersattel
1540
Mautstelle Nord
1200
Mautstelle Süd
1100
Oberau
728
Unterau
517
Oberau
728
Unterau
517
2,0
7,0
11,0
12,0
18,5
24,5
2
4
6
8
10
12
14
16
18
20
22
24
26 km

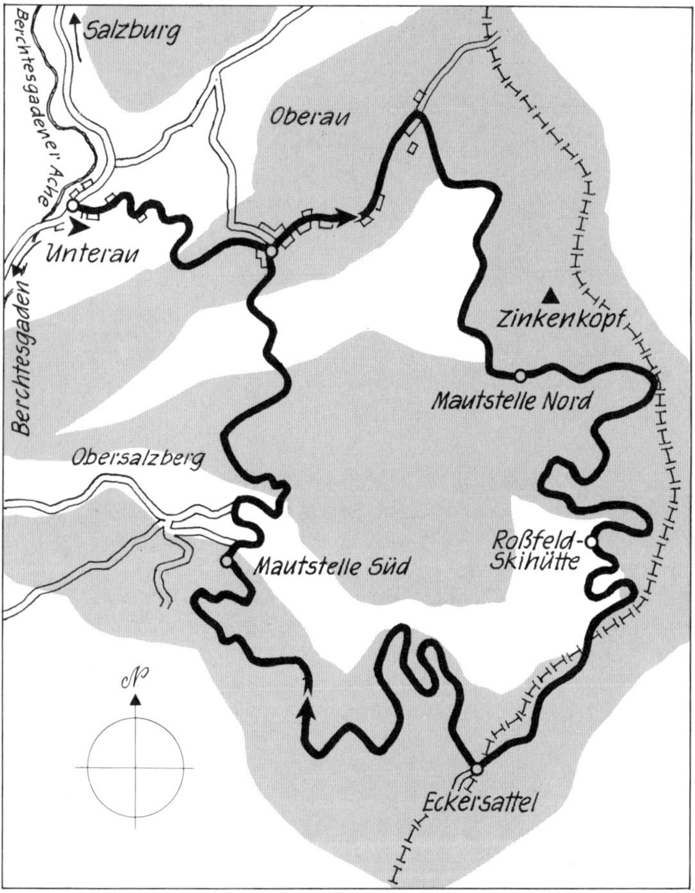

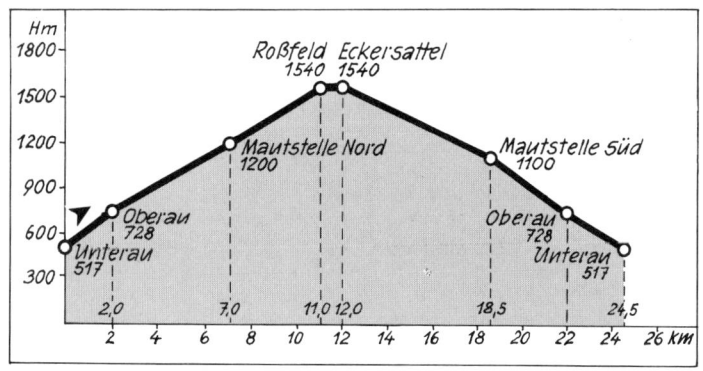

1 Roßfeld-Höhenringstraße

1540 m   Deutschland/Südbayern

Charakter Mittelschwere Radtour mit maximal 14% Steigung auf Deutschlands höchster Alpenstraße

Offen 1.1.–31.12.

Zeit 1½–2 Stunden

Länge 24,5 km

Höhendifferenz 1023 m

Übersetzung 42/26

Karte Kompass Wanderkarte 1:50000, Blatt 14

Ausgangspunkt Unterau (517 m) an der B 305, ca. 2 km nordöstlich von Berchtesgaden

Persönliche Angaben

Gefahren am

Zeit

Übersetzung

Streckenbeschreibung In Unterau (km 0,0), der Beschilderung Roßfeldstraße folgend steigt die Straße mit ständig 14% Steigung bis Oberau (km 2,0) an. Durch den Ort nimmt die Steigung zwar kurz etwas ab, am Ortsende jedoch wieder bis km 3,5 auf 12% zu. In weiten Schleifen, mit ständigen Anstiegen zwischen 8 und 10%, erreicht man an den Westhängen des Zinkenkopfs entlang durch Nadelwald und grüne Wiesen die Mautstelle Nord/Pechhäusl (km 7,0). Wald verwehrt nun hin und wieder die Aussicht auf den Untersberg im Westen. Bei einer andauernden Steigung zwischen 10 und 13% ist der Blick jedoch ohnehin meist auf die Straße gerichtet. Ein Schild mit der Höhenangabe 1400 m bei km 9 zeigt an, daß nur noch 140 Höhenmeter zu überwinden sind. Kurz darauf ist auch schon der Parkplatz bei der Roßfeld-Skihütte (km 10,0) erreicht. Bis zur Reiteralpe reicht der Blick im Westen, während der Watzmann hinter den gewaltigen Felswänden des Hohen Göll versteckt bleibt. Steigungen bis 13% sind auf den folgenden Kehren bis zum höchsten Punkt, dem Roßfeld Parkplatz (km 11,0), zu überwinden. Tief unten das Salzachtal, weit im Osten der Dachstein und das Tennengebirge, führt die Straße eben zum Eckersattel (km 12,0) und dabei ohne Grenzkontrolle über österreichisches Gebiet. Fast unmittelbar unter den Nordwänden des Hohen Göll mit den Mannlköpfen und dem Rauchfang fällt sie dann kehren- und kurvenreich mit Gefälle bis 13% zur Mautstelle Süd/Ofnerboden (km 18,5) ab. Der B 319 Richtung Berchtesgaden/Unterau folgend erreicht man auf ständig abwärts führender Straße über Oberau (km 22,0) wieder den Ausgangspunkt Unterau (km 24,5).

Salzach
Salzburg
Schellenberg
Berchtesgaden
Königssee
Ramsau
Bad Reichenhall
Schwarzbachwacht
Saalach
Inzell
Schneizlreuth
Traunstein
Siegsdorf
Ruhpolding
Masererpaß
Seegatterl
Tiroler Ache
Marquartstein
Chiemsee
Reit i. Winkl
Prien
Bernau

Hm
1000
750
500
250
Schwarzbachwachtsattel
868
573
Berchtesgaden
Schellenberg
Grenze
468
Schneizlreuth
505
Seegatterl
763
Masererpaß
793
Bernau/Chiemsee
545
10,5
29,5
35,0
68,5
76,0
98,0
10
20
30
40
50
60
70
80
90
100 km

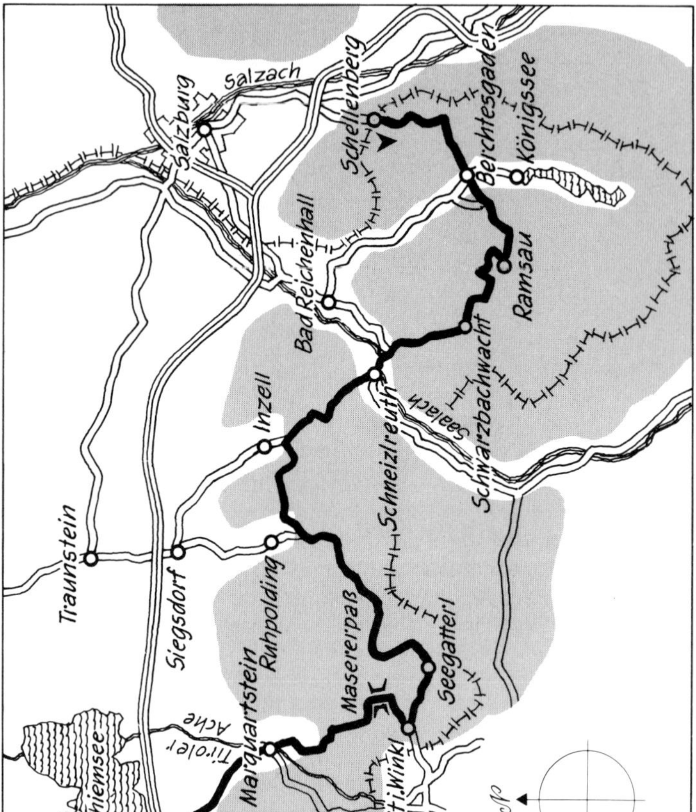

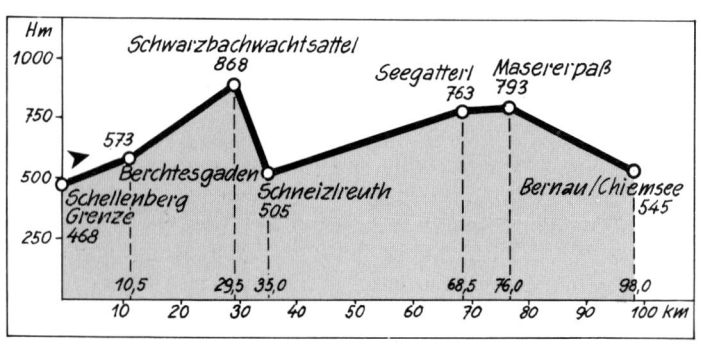

2 Deutsche Alpenstraße, 1. Abschnitt

Deutschland/Südbayern

Charakter (Strecke: Schellenberg-Grenze, 468 m – Bernau a. Chiemsee, 545 m) Mittelschwere Radtour mit maximal 12% Steigung vom Berchtesgadener Land ins Chiemgau

Offen 1.1.–31.12.

Zeit 4–6 Stunden

Länge 98 km

Höhendifferenz 756 m

Übersetzung 42/23–26

Karte Kompass Wanderkarte 1:50000, Blatt 10 und 14

Ausgangspunkt Zollamt Schellenberg an der deutsch-österreichischen Landesgrenze, 3 km nach der Autobahnausfahrt Berchtesgaden-Grödig (468 m)

Persönliche Angaben

Gefahren am

Zeit

Übersetzung

Streckenbeschreibung Vom Zollamt Schellenberg (km 0,0) fährt man, das Watzmannmassiv vor Augen, auf der breit ausgebauten B 305 an der Berchtesgadener Ache entlang nach Berchtesgaden (km 10,5). Im Süden der Hochkalter, die Mühlsturzhörner im Westen, steigt die Straße an Ramsau (km 20,0) vorbei mit Steigungen bis 10% zum Schwarzbachwachtsattel (km 29,5) an, um anschließend zwischen Reiteralpe und Lattengebirge bis Unterjettenberg (km 33,0) abzufallen. Man überquert die Saalach und nimmt hinter Schneizlreuth (km 35,0) den Anstieg mit Steigungen bis 12% durch die düstere Weißbachschlucht nach Mauthäusl (km 39,0) in Angriff. Eingezwängt zwischen den bewaldeten Hangen des Klenbergls und Falkensteins zweigt die Straße kurz vor Inzell (km 44,5) nach Reit im Winkl ab. Steigungen bis 10% sind bis Aschenau (km 49,5) zu überwinden, bevor man in das weite Ruhpoldinger Becken abfährt. Am Rauschberg vorbei kommt man in einen weiten Kessel nach Seehaus am Förchensee (km 58,5), wo sich die Seetraun mit der Weißen Traun vereinigt. Man schlängelt sich an Löder- und Mittersee im Norden und Weitsee im Süden auf ebener Straße vorbei nach Seegatterl (km 68,5) und erreicht Reit im Winkl (km 73,0). Danach verläuft die Strecke mit Steigungen bis 10% in einem weiten Bogen um den Walmberg zum Masererpaß (km 76,0) hinauf, fällt dann aber über Oberwössen (km 79,5) bis Unterwössen (km 82,5) wieder ab. Im Westen die Hochplatte, der Geigelstein und die Kampenwand, im Osten der Hochgern, geht es auf kurvenreicher, aber ebener Straße über Marquartstein (km 86,0) nach Grassau (km 89,0). Die letzten km bis zum Ende der ersten Teilstrecke werden auf leicht hügeliger Straße am Rande des südlichen Chiemseebeckens bis Bernau (km 98,0) überwunden.

Bernau
Prien
Aschau
Frasdorf
Rosenheim
Törwang
Nußdorf
Kufstein
Kiefersfelden
Tatzelwurm
Brannenburg
Sudelfeld
Bayrischzell
Aurach
Schliersee
Spitzingsee
Miesbach
Valepp
Ankerstube
Rottach-Egern
Tegernsee

Hm
1250
1000
750
500
250
Sudelfeld-Sattel 1092
Spitzingsee 1083
Ankerstube 1033
Törwang 701
Aurach 800
Valepp 872
Rottach-Egern 725
Bernau 545
Brannenburg 476
19,0
29,5
47,5
62,0
67,5
73,0
78,5
88,0
10
20
30
40
50
60
70
80
90 km

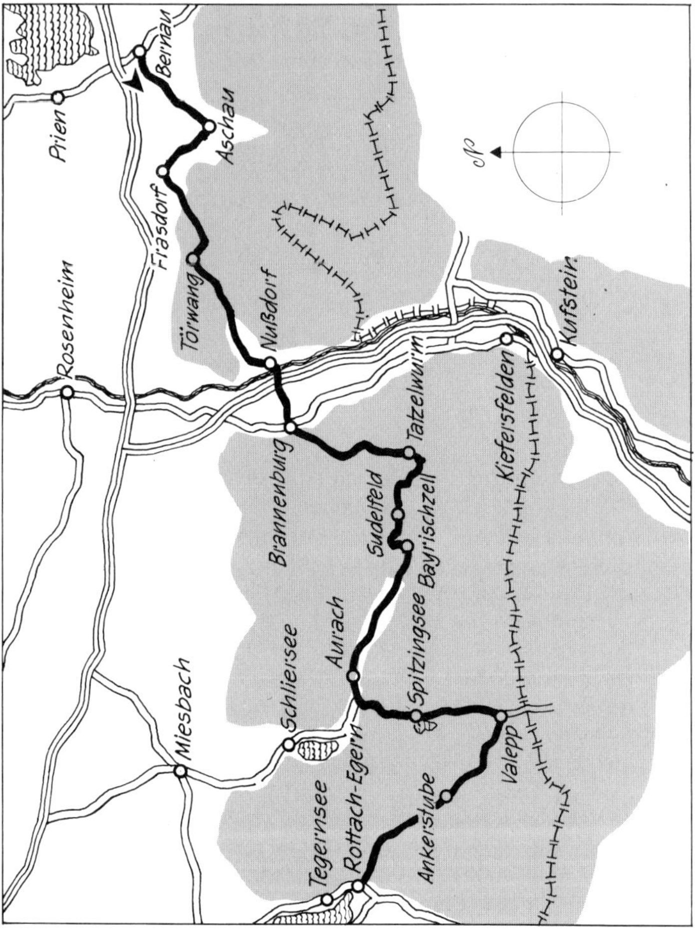

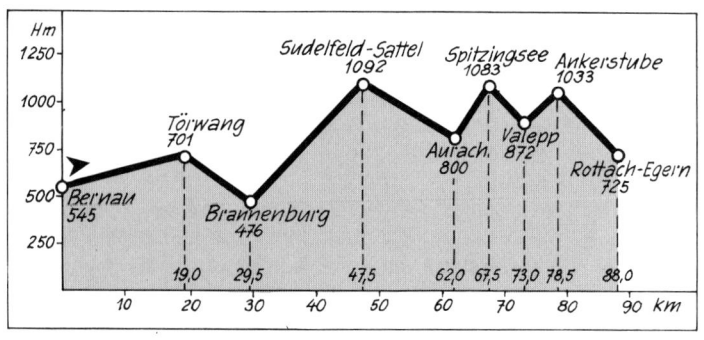

3 Deutsche Alpenstraße, 2. Abschnitt

Deutschland/Südbayern

Charakter (Strecke: Bernau a. Chiemsee, 545 m – Rottach-Egern, 725 m) Schwere Radtour mit maximal 18% Steigung vom Chiemgau durch die Schlierseer und Tegernseer Berge

Offen Mit Ausnahme des Streckenteils Valepp-Ankerstube (15.5.–31.10.) ganzjährig befahrbar

Zeit 4–6 Stunden

Länge 88 km

Höhendifferenz 1221 m

Übersetzung 42/26

Karte Kompass Wanderkarte 1:50000, Blatt 8 und 10

Ausgangspunkt Bernau am Chiemsee (545 m)

Persönliche Angaben

Gefahren am

Zeit

Übersetzung

Streckenbeschreibung In Bernau (km 0,0) verläßt man die B 305 und erreicht, von längeren Steigungen an den Ortsenden abgesehen, über Aschau (km 4,5) auf ebener Strecke Frasdorf (km 9,0). Der Beschilderung Samerberg folgend geht es ein kurzes Stück neben der Autobahn Salzburg–München entlang bis Achenmühle (km 14,5), wo die Straße nach Samerberg/Nußdorf abzweigt. Nach den ersten beiden km bis Wiedholz (km 16,5) mit einer Steigung von 10% hat man den ersten der drei Prüfsteine dieser Etappe fast überwunden, denn bis Törwang (km 19,0) wird die Strecke merklich flacher und fällt bis Breiten (km 26,0) ab. Hinter Nußdorf überquert man den Inn und die Autobahn München–Innsbruck. Kurz nach Brannenburg (km 29,5), der Beschilderung Bayrischzell/Tatzelwurm folgend, erreicht man den zweiten, härtesten Prüfstein des Tages. Hinter der Mautstelle steigt die Straße auf einer Länge von 800 m auf 18% an, geht aber nach Durchfahrung eines 100 m langen, unbeleuchteten Tunnels im nun schluchtartigen Förchenbachtal bis zum Tatzelwurm-Straßendreieck (km 40,0) zurück. Über Steigungen bis 12% erreicht man am Sudelfeld-Sattel (km 47,5) den höchsten Punkt des Tages und fährt über vier Kehren mit Gefälle bis 11% nach Bayrischzell ab. Am Wendelstein vorbei folgt man der B 307 Richtung Miesbach und geht kurz hinter Aurach (km 62,0) den dritten und letzten Prüfstein an. Mit gleichmäßigen 10 bis 12% Steigung führt die Straße zwischen Brecherspitz und Jägerkamp zum Spitzingsattel (km 66,0) und fällt am Ostufer des Spitzingsees entlang bis Spitzingsee (km 67,5) ab. Die einspurige, teils schlechte Mautstraße an der Roten Valepp entlang zum Parkplatz Brennerklamm und von dort an der Weißen Valepp weiter bis Ankerstube (km 78,5) bietet keinerlei Probleme mehr, zumal auf der folgenden Abfahrt bis Rottach-Egern (km 88,0) nur noch die Bremsen beansprucht werden.

Tegernsee
Wiessee
Rottach-Egern
Achenpaß
N
Bad Tölz
Lenggries
Isar
Fall
Walchensee
Karwendelgebirge
Loisach
München
Krün
Mittenwald
Innsbruck
Wallgau
Oberau
Murnau
Staffelsee
Oberammergau
Garmisch-Partenkirchen
Wettersteingebirge
Linderhof

Hm
1000
750
500
250
Achenpaß 941
Wallgau 868
Linderhof 948
Rottach-Egern 725
Fall 732
Garmisch-Partenkirchen 720
Oberammergau 837
16,5
29,0
50,0
66,0
92,5
105,5
10 20 30 40 50 60 70 80 90 100 110 km

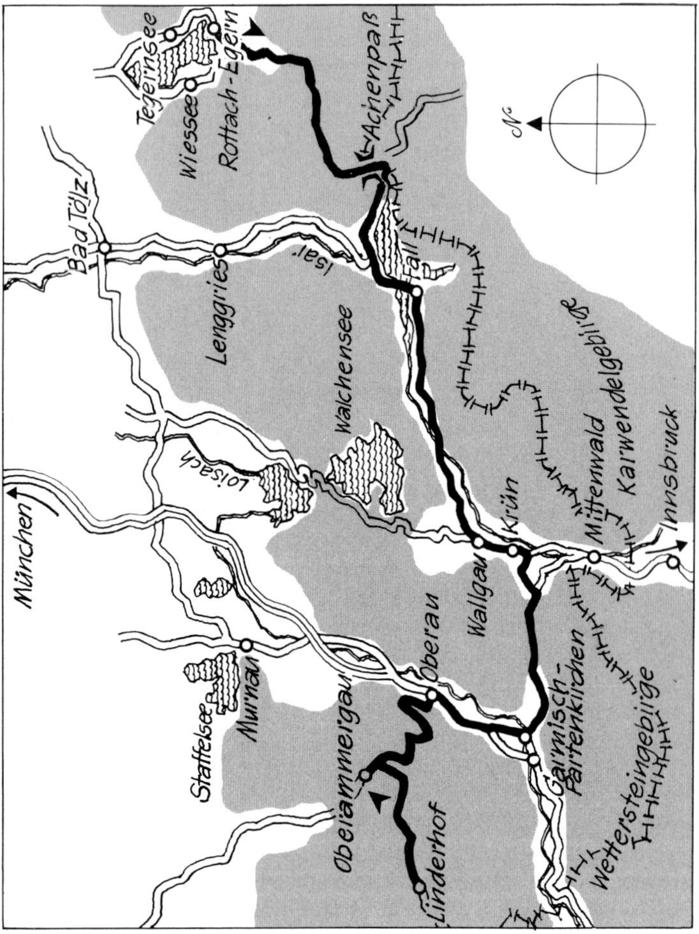

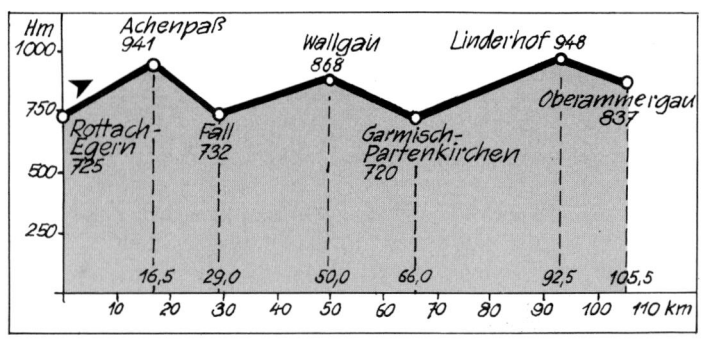

4 Deutsche Alpenstraße, 3. Abschnitt

Deutschland/Südbayern

Charakter (Strecke: Rottach-Egern, 725 m – Oberammergau, 837 m) Mittelschwere Radtour mit maximal 8% Steigung vom Tegernsee durch das Werdenfelser Land

Offen 1.1.–31.12.

Zeit 4–6 Stunden

Länge 107,5 km

Höhendifferenz 641 m

Übersetzung 42/21

Karte Kompass Wanderkarte 1:50000, Blatt 5, 6 und 8

Ausgangspunkt Rottach-Egern (725 m) am Tegernsee

Persönliche Angaben

Gefahren am

Zeit

Übersetzung

Streckenbeschreibung Von Rottach-Egern (km 0,0) führt die B 307 Richtung Achensee/Sylvenstein zwischen dem Wallberg im Osten und dem Hirschberg im Süden eben bis nach Kreuth (km 5,0). Erst bei Glashütte (km 14,5) zieht die Straße mit 7% Steigung zum Achenpaß (km 16,5) hinauf und mit 20% Gefälle, an der alten Kaiserwacht vorbei, bis zur Abzweigung Sylvenstein/Eng (km 19,0) hinunter. Auf einer modernen Brücke fährt man über den Sylvensteinstausee und an Fall (km 29,0) vorbei bis Vorderriß (km 36,5). Auf der engen, holprigen Mautstraße, bei der kurze Steigungen bis 10% mit ebensolchen Abfahrten abwechseln, geht es an der Isar entlang nach Wallgau (km 50,0). Den mächtigen Felsmassiven des Karwendel- und Wettersteingebirges entgegen radelt man auf ebener Strecke bis Krün (km 52,0), wo man wieder der B 307 in westlicher Richtung nach Garmisch-Partenkirchen folgt. Mit Blick auf Alpspitze, Zugspitze und Waxensteine wechseln bis km 63,5 längere Steigungen mit Abfahrten ab, bevor die Straße nach Garmisch-Partenkirchen (km 66,0) abfällt. Im brettebenen Loisachtal rollt es nun am Estergebirge entlang über Farchant (km 72,0) bis Oberau (km 76,0). Der Beschilderung Augsburg/Oberammergau folgend erreicht man über eine Kehre und mehrere Kurven mit Steigungen bis zu 8% den Ettaler Sattel (km 80,5). Durch Ettal (km 81,0), am Kloster vorbei, fährt man zur Abzweigung nach Linderhof (km 82,5). Der kurze Anstieg am Beginn des Graswangtals täuscht, denn zwischen den Hängen des Schattenwaldes und des Linderwaldes erreicht man über Graswang (km 87,5) auf ebener Straße das Königsschloß Linderhof (km 92,5). Bei der Rückfahrt folgt man der Straße, die an der Kleinen Ammer entlang bis Oberammergau (km 105,5) führt, und erreicht unschwierig den für seine alle zehn Jahre stattfindenden Passionsspiele weltberühmten Ort.

Peiting
Echelsbacher Brücke
Saulgrub
Oberammergau
Garmisch-P.
Wies
Lech
Steingaden
Buching
Trauchgau
Schwangau
Füssen
Reutte
Weißensee
Nesselwang
Pfronten
Oberjoch
Wertach
Kempten
Iller
Immenstadt
Sonthofen
Oberstdorf

Hm
1250
1000
750
500
250
Saulgrub 885
Buching 800
Oberjoch 1136
Ober-ammergau 837
Steingaden 763
Weißensee 785
Wertach 915
Sonthofen 742
9,0
24,5
36,0
51,5
77,0
87,5
103,5
10 20 30 40 50 60 70 80 90 100 110 km

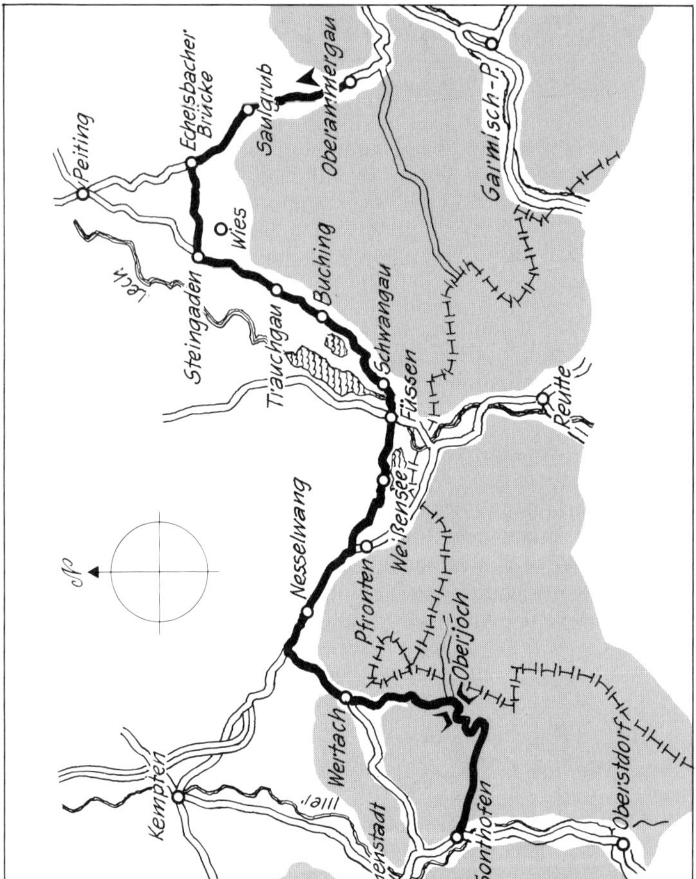

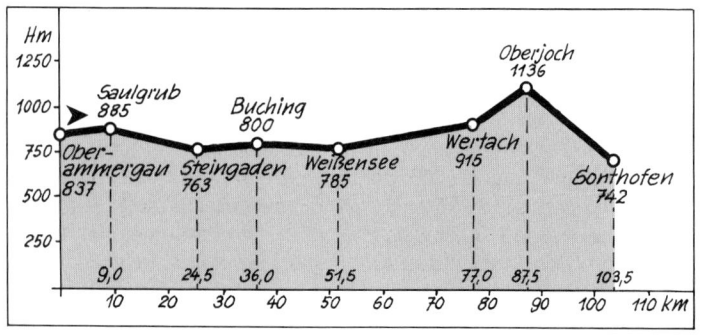

5 Deutsche Alpenstraße, 4. Abschnitt

Deutschland/Südbayern

Charakter (Strecke: Oberammergau, 837 m – Sonthofen, 742 m) Mittelschwere Radtour mit maximal 8% Steigung durch den Pfaffenwinkel ins Allgäu	**Karte** Kompass Wanderkarte 1:50000, Blatt 3, 4, 5 und 179
Offen 1.1.–31.12.	**Ausgangspunkt** Oberammergau (837 m)
Zeit 3½–5 Stunden	**Persönliche Angaben**
Länge 103,5 km	Gefahren am
Höhendifferenz 346 m	Zeit
Übersetzung 42/23	Übersetzung

Streckenbeschreibung In Oberammergau (km 0,0), der Beschilderung Füssen folgend, erreicht man im breiten Ammergauer Becken auf ebener Straße Unterammergau (km 3,5). Bis Saulgrub (km 9,0) wechseln längere 8%ige Steigungen mit flacheren Stücken ab, bevor man an Bayersoien vorbei zur Echelsbacher Brücke (km 16,0) abfährt. Gut 80 m tiefer ist die Ammer, die hier überquert wird, bevor die Straße bis kurz vor Wildsteig (km 19,0) wieder ansteigt. Einem ständigen Auf und Ab der Strecke bis km 23,0 folgt eine Abfahrt nach Steingaden (km 24,5) und nach einem weiteren Auf und Ab bis km 30,0 die Abfahrt nach Trauchgau (km 32,5). Mit Blick auf die Berge der Vilser Gruppe bei Füssen und die Lechtaler Alpen erreicht man über Buching (km 36,0) auf ebener Straße am Bannwaldsee vorüber Schwangau (km 43,0). An den auch aus einiger Entfernung herrlichen Königsschlössern Hohenschwangau und Neuschwanstein vorbei überquert man den Lech und kommt nach Füssen (km 46,5). Der Beschilderung Pfronten/Weißbach folgend verläuft nun die Strecke mit Steigungen bis 8% nach Weißensee (km 51,5), bevor man, wieder mit ständigem Auf und Ab, nach Pfronten/Weißbach (km 59,0) gelangt. Auf der B 309 Richtung Kempten/Nesselwang geht es hinter Wank (km 63,0) stufenartig abwärts nach Nesselwang (km 64,5). Nach einem 8%igen Anstieg bis km 66,0 überquert man die Wertach (km 67,5). Stufenartig steigt und fällt die kurvenreiche Straße über Oy (km 69,5) und Faistenoy (km 71,5) am Grüntensee vorbei bis Wertach (km 77,0). Der nun folgende Anstieg bis Oberjoch (km 87,5) ist eher lang als schwierig. Bis Untergschwend (km 82,5) geht es nur mäßig aufwärts, danach folgen Steigungen mit 7% die aber von längeren flacheren Stücken unterbrochen werden. Dafür weist die Abfahrt bis Sonthofen (km 103,5), dem Endpunkt der vorletzten Teilstrecke, acht Kehren mit Gefälle bis 9% auf.

Kempten
Iller
Immenstadt
Sonthofen
Oberstdorf
Oberstaufen
„Paradies"
Lindenberg
Scheidegg
Bregenz
Lindau

Hm
1000
750
500
250
Sonthofen 742
Immenstadt 728
Oberstaufen 792
Scheidegg 804
Lindau 402
7,5
31,0
50,0
63,0
5 10 15 20 25 30 35 40 45 50 55 60 65 Km

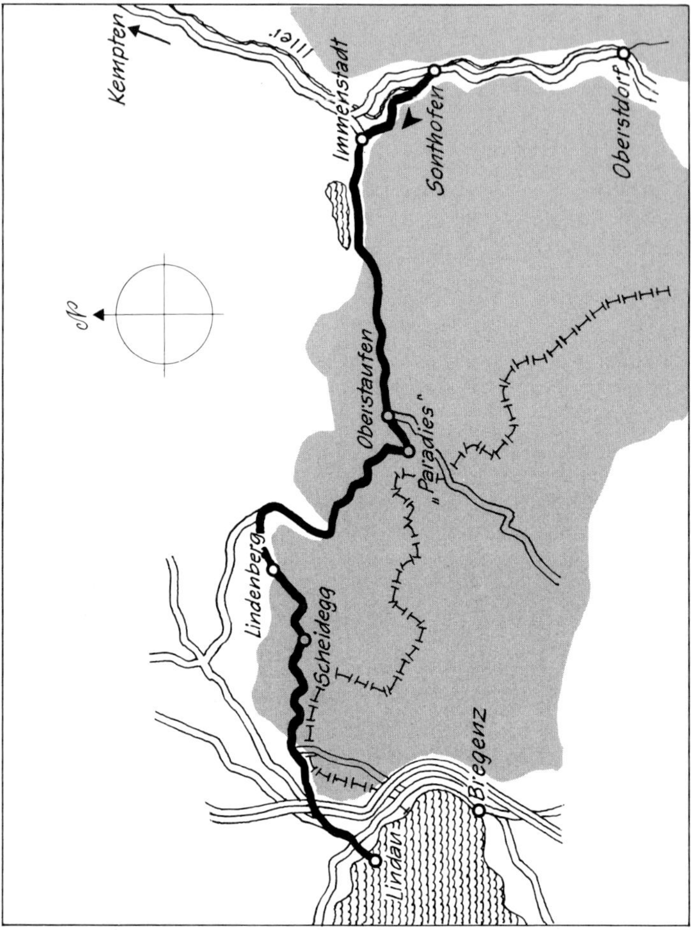

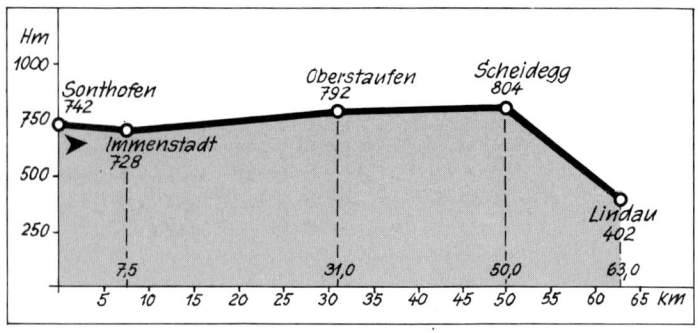

6 Deutsche Alpenstraße, 5. Abschnitt

Deutschland/Südbayern

Charakter (Strecke: Sonthofen, 742 m
– Lindau, 402 m) Leichte Radtour mit
maximal 10% Steigung über das
»Paradies« zum Bodensee

Offen 1.1.–31.12.

Zeit 2–3 Stunden

Länge 63 km

Höhendifferenz 117 m

Übersetzung 42/23

Karte Kompass Wanderkarte 1:50000,
Blatt 2 und 3

Ausgangspunkt Sonthofen
(742 m)

Persönliche Angaben

Gefahren am

Zeit

Übersetzung

<u>Streckenbeschreibung</u> Da man von Sonthofen (km 0,0) die Schnellstraße bis Immenstadt als Radfahrer nicht benutzen kann, fährt man auf ebener Strecke über Blaichach (km 3,0) ständig durch Siedlungen hindurch bis Immenstadt (km 7,5). Zwischen dem großen Alpsee im Norden und der Nagelfluhkette im Süden steigt die Straße erst bei km 22,5 mit Steigungen bis 10% an, bevor sie bei km 28,0, durch eine Steinmauer unterteilt, eine weite Kehre nach Norden macht. An diesem »Paradies« genannten Punkt, nahe der deutsch-österreichischen Landesgrenze, hat man einen besonders weiten Blick nach Süden auf die Berge des Bregenzerwaldes. In einer weiten Schleife, größere Ortschaften umgehend, führt die Straße nun durch die hügelige Landschaft des Westallgäu. Längere Anstiege mit Steigungen bis 10% wechseln dabei mit ebensolchen Abfahrten ab. Bei km 46,0 läßt man die etwas abseits der Bundesstraße liegende Stadt Lindenberg im Allgäu, die durch ihren Käse Weltberühmtheit erlangt hat, rechts liegen und folgt der scharf nach Südwesten abbiegenden Straße. Bis kurz vor Scheidegg (km 50,0), das bereits knapp an der Grenze zu Vorarlberg liegt, sind nochmals kurze Anstiege und Abfahrten zu bewältigen. Über die sieben Kehren des Rohrachberges fällt die Straße dann mit Gefälle bis 9% bis km 55,5 ab. Um nicht auf die Schnellstraße zu kommen, biegt man bei km 57,5 Richtung Bösenreutin ab. Über die Ortschaften Schlachters und Rothkreuz erreicht man auf meist leicht fallender Straße bei km 63,0 mit dem Ortsanfang der alten Inselstadt Lindau im Bodensee auch den Endpunkt dieser Fahrt durch den gesamten deutschen Alpenraum.

Österreich

Hoher Dachstein
Gr. Koppenkarstein
Berghotel
Türlwandhütte
Mautstelle
Filzmoos
Ramsau
Ramsau-
Kulm
Ramsau-Leiten
Liezen
Radstadt
Schladming
Enns

Hm
2000
1750
1500
1250
1000
750
Berghotel
Türlwandhütte
1702
Mautstelle
1175
Ramsau-Kulm
1083
Schladming
749
5,5
11,5
16,0
2
4
6
8
10
12
14
16 Km

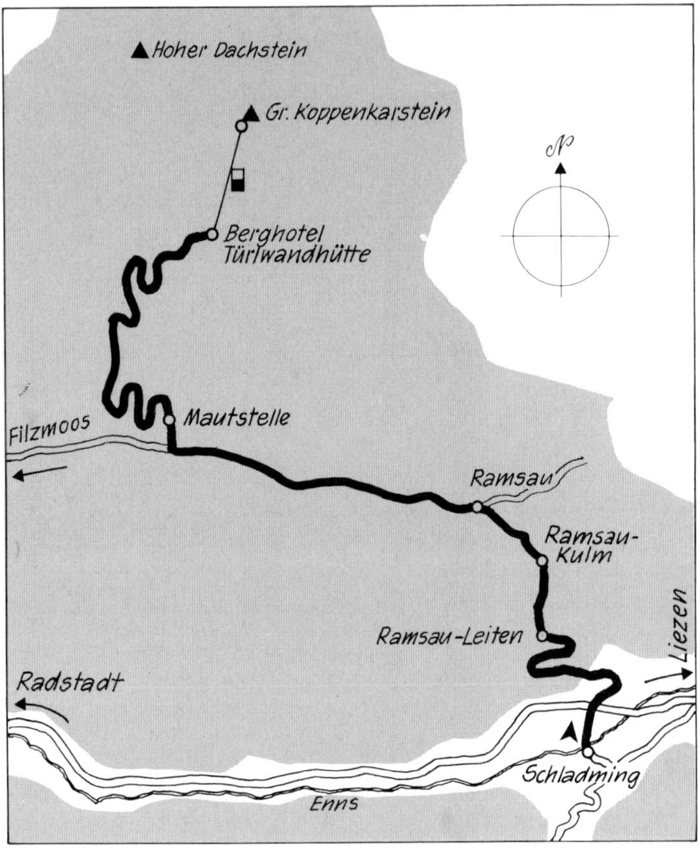

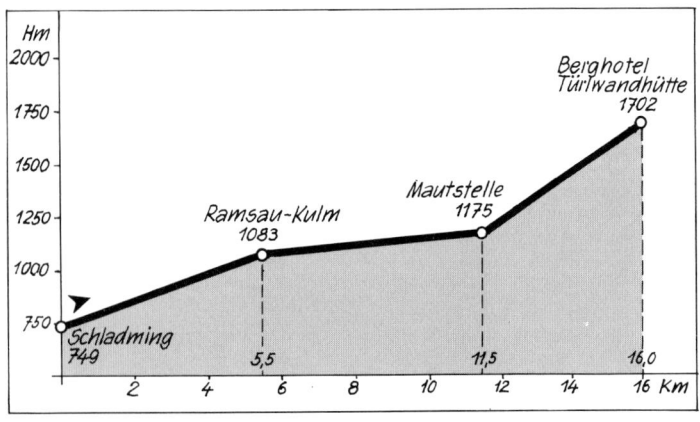

7 Dachstein-Bergstraße

1702 m   Österreich/Steiermark

Charakter   Mittelschwere Radtour mit maximal 15% Steigung zum Fuße der Dachstein-Südwand

Offen   1.1.–31.12.

Zeit   1½–2 Stunden

Länge   16 km

Höhendifferenz   953 m

Übersetzung   42/26

Karte   Freytag & Berndt Wanderkarte 1:50 000, Blatt 281

Ausgangspunkt   Schladming (749 m)

Persönliche Angaben

Gefahren am

Zeit

Übersetzung

<u>Streckenbeschreibung</u>   Man verläßt Schladming (km 0,0) auf der mit 12% ansteigenden Straße Richtung Ramsau. Schon nach 1 km folgt man nicht der vielbefahrenen B 308, sondern der Beschilderung nach Ramsau-Leiten. Über Steigungen bis zu 13% wird Leiten (km 3,0) erreicht. Mit Blick auf die östlichen Ausläufer der Dachstein-Gruppe darf hier die Beschilderung »Dachsteinstraße-Gletscherbahn« nicht übersehen werden. Über kurze Steigungen bis zu 13%, unterbrochen von längeren flacheren Stücken, kommt man bei Ramsau-Kulm (km 5,5) wieder auf die B 308. Durch Ramsau-Ort, der Beschilderung Filzmoos/Dachsteinstraße nach, steigt die Straße nur mäßig an, und bei km 11,0 ist der Abzweiger zur Gletscherbahn erreicht. Bis zu 15% beträgt die Steigung der mit Namens- und Höhenangaben versehenen Kehren, deren erste (»Wildbach«) auf einer Höhe von 1248 m kurz hinter der Mautstelle (km 11,5) beginnt. Erst bei Kehre 4 (»Panorama«) geht die Steigung zurück, um bei der Glös-Alm wieder 10% zu erreichen. Auch der Wald wird lichter und gibt den Blick auf die gesamte Südwand des Dachsteins mit dem Torstein, der Mitterspitze, dem Hohen Dachstein und den Dirndln frei. Von Kehre 5 (»Malerwinkel«) nimmt die Steigung bis zur siebten und letzten Kehre nochmals bis auf 15% zu. Danach ist nur noch 1 km zu fahren, bevor die Talstation der Dachstein-Gletscherbahn und das Berghotel Türlwandhütte (km 16,0) erreicht sind.

<u>Rückfahrt</u>   Wie Auffahrt.

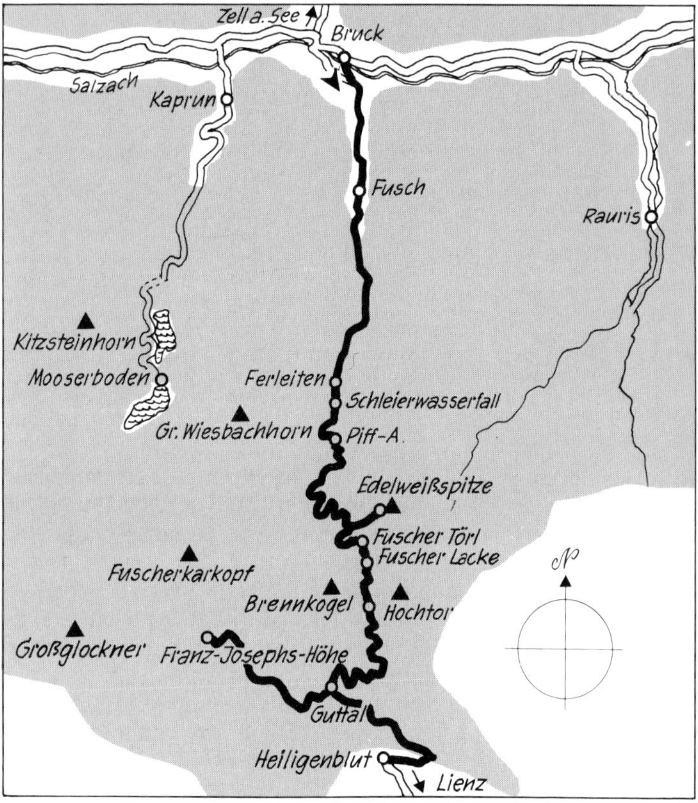

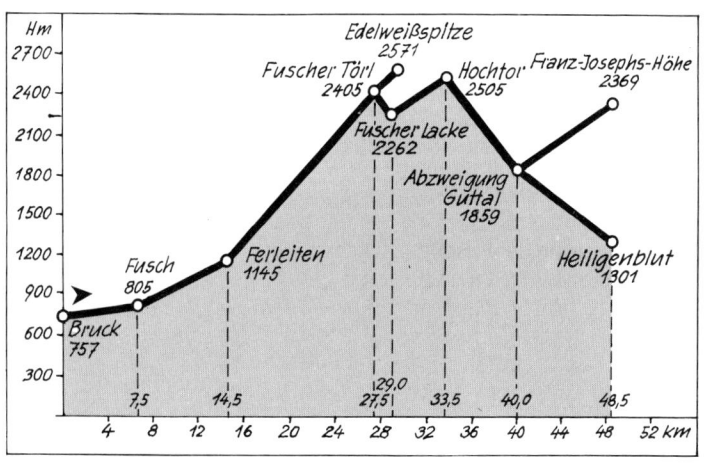

Zell a. See
Bruck
Salzach
Kaprun
Fusch
Rauris
Kitzsteinhorn
Mooserboden
Ferleiten
Schleierwasserfall
Gr. Wiesbachhorn
Piff-A.
Edelweißspitze
Fuscher Törl
Fuscher Lacke
Fuscherkarkopf
Brennkogel
Hochtor
Großglockner
Franz-Josephs-Höhe
Guttal
Heiligenblut
Lienz

Hm
2700
2400
2100
1800
1500
1200
900
600
300

Edelweißspitze
2571
Fuscher Törl
2405
Hochtor
2505
Franz-Josephs-Höhe
2369
Fuscher Lacke
2262
Abzweigung
Guttal
1859
Fusch
805
Ferleiten
1145
Heiligenblut
1301
Bruck
757

7,5   14,5   29,0   33,5   40,0   48,5
        27,5

4   8   12   16   20   24   28   32   36   40   44   48   52 km

34

8 Großglockner-Hochalpenstraßen

2505 m   Österreich/Salzburger Land

Charakter   Schwere Radtour mit maximal 12 % Steigung und prächtigem Bergpanorama zum höchsten Berg Österreichs

Offen   1.5.–1.11.

Zeit   3–4½ Stunden

Länge   33,5 km

Höhendifferenz   1891 m

Übersetzung   42/26

Karte   Freytag & Berndt Wanderkarte 1:50 000, Blatt 193

Ausgangspunkt   Bruck an der Glocknerstraße (757 m)

Persönliche Angaben

Gefahren am

Zeit

Übersetzung

Streckenbeschreibung   Ganze 48 Höhenmeter sind auf den ersten 7,5 km von Bruck (km 0,0) bis Fusch (km 7,5) zu überwinden. Auf zuerst mäßig, dann bei der Embachkapelle auf 10 % ansteigender Straße radelt man zur Mautstelle Ferleiten (km 14,5) mit Blick auf Hohen Tenn, Großes Wiesbachhorn und die Eiswände von Fuscherkarkopf und Sonnenwelleck. Danach nimmt die Steigung auf 12 % zu, und am Schleierwasserfall vorbei erreicht man die ersten Kehren bei der Piff-Alpe (km 17,0). Insgesamt 14 davon sind bei kaum nachlassender Steigung zu überwinden, bevor der Törlgrat (km 27,0) geschafft ist. Die knapp 2 km zur Edelweißspitze – mit einer Aussicht bis zum Zeller See, den Leoganger Steinbergen und dem Steinernen Meer im Norden und der Goldberg- und Schober-Gruppe im Osten und Süden – darf man nicht scheuen. Vom Großglockner selbst lugt allerdings nur die Spitze hinter dem Sonnenwelleck hervor. Die wenigen Meter zum Fuscher Törl (km 27,5) sind rasch überwunden, zumal es danach erst einmal bis zur Fuscher Lacke (km 29,0) abwärts geht. An den karstigen Hängen des Brennkogels fährt man dann mit Steigungen zwischen 8 und 10 % zum 117 m langen Mittertörltunnel (km 30,5) und nach zwei weiteren Kehren zum Nordportal des 311 m langen Hochtortunnels (km 33,5). Am Parkplatz auf der Südseite, mit Blick auf das Mölltal und die Schober-Gruppe, kann man Kräfte für den Gegenanstieg von der Fuscher Lacke zum Fuscher Törl oder zur Weiterfahrt auf der Gletscherstraße sammeln.

Rückfahrt   Wie Auffahrt oder Abfahrt mit Gefälle bis 10 % zur Abzweigung Guttal (km 6,5) und weiter auf der Gletscherstraße zur Franz-Josephs-Höhe.

Besondere Hinweise   Wegen der Tunnels ist Beleuchtung ratsam.

Inn
Wörgl
Jenbach
Straß
Schwaz
Ziller
Fügen
Kellerjoch
Gasthof Schellenberg
N
Mayrhofen
Hochfügen

Hm
1500
1250
1000
750
500
Hochfügen
1500
Gasthof Schellenberg
1291
Fügen
545
8,5
13,5
2
4
6
8
10
12
14 km

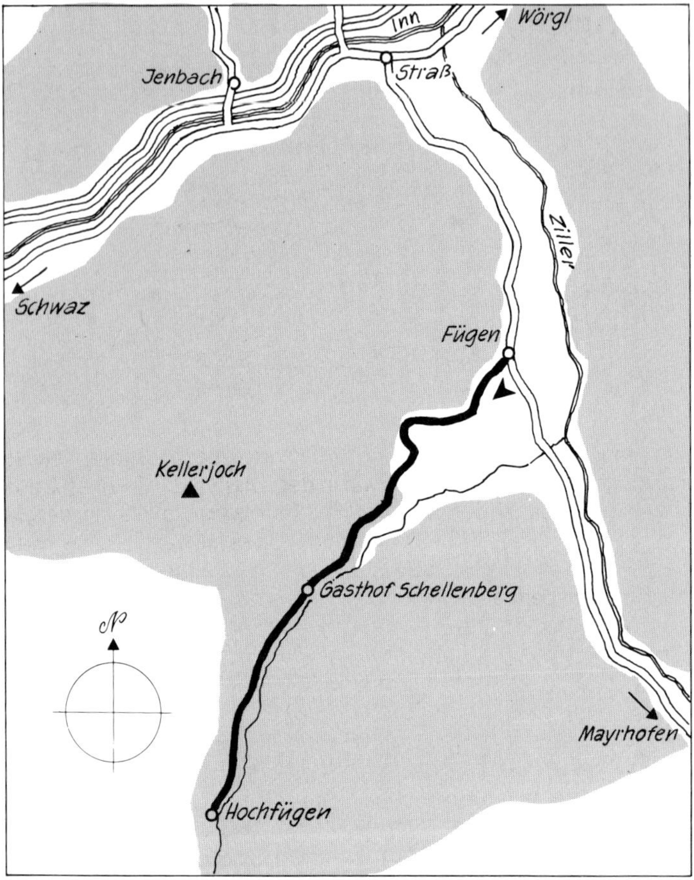

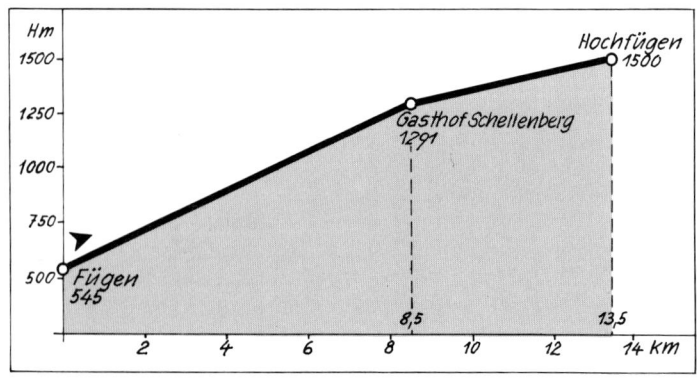

9 Hochfügen-Straße

1500 m   Österreich/Nordtirol

Charakter Mittelschwere Radtour mit maximal 15% Steigung in die Tuxer Alpen

Offen 1.1.–31.12.

Zeit 1½–2 Stunden

Länge 13,5 km

Höhendifferenz 955 m

Übersetzung 42/26

Karte Freytag & Berndt Wanderkarte 1:50000, Blatt 151

Ausgangspunkt Fügen (545 m)* im Zillertal

Persönliche Angaben

Gefahren am

Zeit

Übersetzung

Streckenbeschreibung Auf mit 10% ansteigender Straße verläßt man Fügen (km 0,0), nachdem man in dem engen, verwinkelten Ortskern die richtige Abzweigung zur Spieljochbahn/Hochfügen gefunden hat. Bald darauf ist die Talstation der Spieljochbahn und kurz danach Fügenberg (km 1,5) erreicht. Bereits nach wenigen Kehren geht der schattenspendende Wald, der den Radler beim Gasthof Hubertus (km 2,0) empfängt, wieder zurück. Dafür nimmt die Steigung zu, die nun teilweise bis zu 15% beträgt und erst bei km 6,5 merklich nachläßt. Längere flache Stücke wechseln jetzt mit kurzen Anstiegen bis zum Alpengasthof Schellenberg (km 8,5) ab. Auch danach stellen sich keine größeren Hindernisse mehr in den Weg. Meist flach, von kurzen Anstiegen abgesehen, erreicht man den Talschluß bei Hochfügen (km 13,5) und kann sich in einem herrlichen Hochtal zwischen grünen Almmatten und Tannenwald von den Anstrengungen der Fahrt erholen.

Rückfahrt Wie Auffahrt.

Besonderer Hinweis Bei der Abfahrt ist wegen der beiden Weideroste und den in den Asphalt eingefrästen schrägen Abwasserrillen Vorsicht geboten.

Jenbach
Ried
Kaltenbach-Skihütte
Aschau
Zell
Rauhenkopf
Arbiskopf
Krimml
Ramsberg
Hippach
Mayrhofen

Hm
2400
2100
1800
1500
1200
900
600
300
Arbiskopfjoch 2133
Hirschbichl-A. 1823
Kaltenbacher Skihütte 1760
Mautstelle 1400
Abzweigung Aschau/Zemmbach 1450
Ried 573
Ramsberg 580
7,0
10,5
14,0
21,5
25,0
39,5
4 8 12 16 20 24 28 32 36 40 44 48 Km

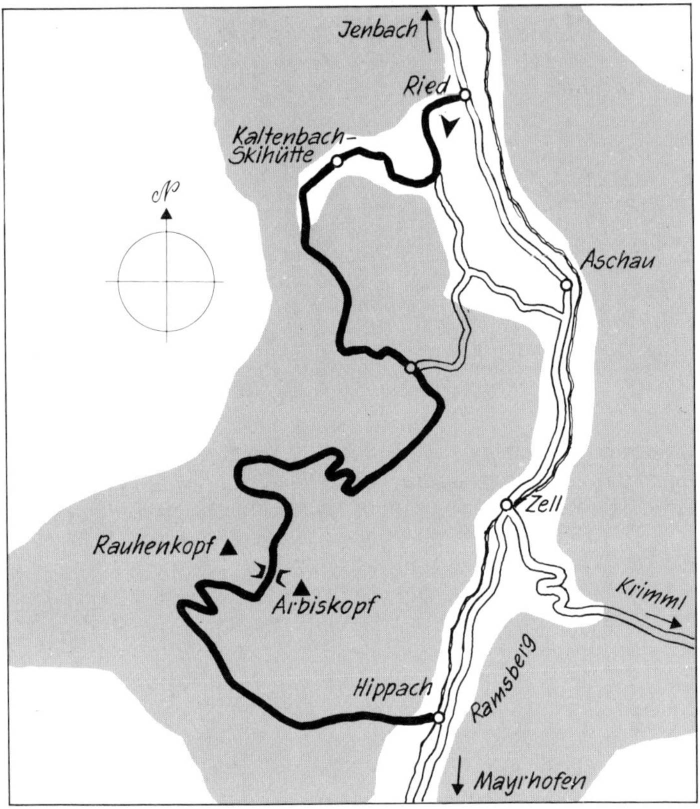

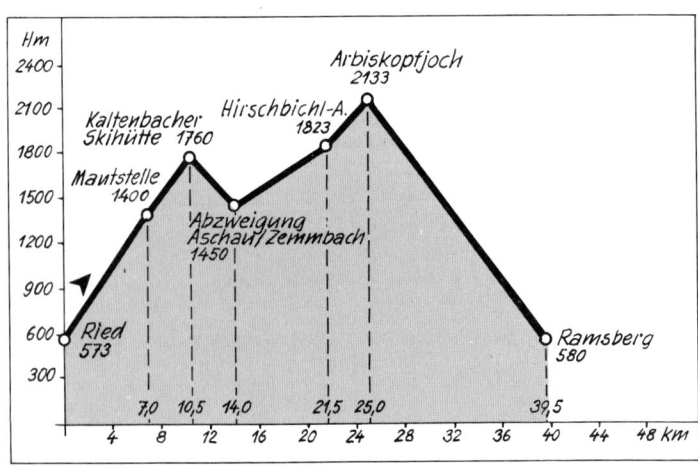

10 Zillertaler Höhenstraße

2133 m   Österreich/Nordtirol

Charakter Schwere Radtour mit maximal 20% Steigung über dem Zillertal

Offen 1.6.–31.10.

Zeit 2½–3½ Stunden

Länge 39,5 km

Höhendifferenz 1870 m

Übersetzung 42/26–28

Karte Freytag & Berndt Wanderkarte 1:50000, Blatt 151

Ausgangspunkt Ried im Zillertal (573 m)

Persönliche Angaben

Gefahren am

Zeit

Übersetzung

Streckenbeschreibung In Ried (km 0,0) folgt man der Beschilderung »Zillertaler Höhenstraße«. Hinter Ried wird die Straße mit einer Breite von 2,5 bis maximal 3 m fast zum Fahrweg. Auf ansteigender Strecke bleibt der Verkehrslärm der Zillertaler Bundesstraße bald zurück und der Radler wird von dichtem Mischwald empfangen. Leider auch von einer 15%igen Steigung, die bis zur Mautstelle (km 7,0) anhält. Danach nimmt sie sogar noch zu und liegt über fast 2 km bei 18%. Doch mit dem Überfahren der Baumgrenze geht auch die Steigung zurück. Durch grüne Almmatten, durchzogen von glitzernden Bächen, erreicht man mit 10%igem Anstieg die Kaltenbacher Skihütte (km 10,5). Hoch über dem Zillertal genießt man den Blick auf die in der Sonne glänzenden Firnfelder der Zillertaler Alpen im Süden und fährt dann bis zur Abzweigung Aschau/Zemmbach (km 14,0) ab. Anstrengender, aber landschaftlich ergiebiger folgt man hier dem Vorlauf der Höhenstraße Richtung Hippach/Schwendberg. Zuerst noch eben, weit unten das Band der Ziller, steigt die Straße bei km 18,5 wieder an. Kurze Steigungen bis zu 20%, glücklicherweise von längeren flacheren Stücken unterbrochen, sind bis zur Hirschbichl-Alm (km 21,5) zu überwinden. Nach einer kurzen Abfahrt nimmt man an den Hängen des Rauhenkopfes nochmals einen 15%igen Anstieg zu einem großartigen Aussichtspunkt bei km 23,5 auf die Zillertaler Berge und den Tuxer Hauptkamm in Angriff. Die letzte Kraftanstrengung fordert schließlich ein letzter Anstieg zum Arbiskopf-Joch (km 25,0), dem höchsten Punkt der Zillertaler Höhenstraße.

Rückfahrt Es empfiehlt sich die Abfahrt vom Arbiskopf-Joch mit Gefälle bis 17% und zwölf Kehren nach Ramsberg (km 14,5) und auf der B 169 zurück zum Ausgangspunkt Ried (km 28,0).

Jenbach
Mayrhofen
Finkenberg
Rastkogel
Vorderlanersbach
Lanersbach
Madseit
Hintertux
Gletscherbahn
Hoher Riffler

Hm
1750
1500
1250
1000
750
500
Mayrhofen
650
Vorderlanersbach
1257
Madseit
1402
Gletscherbahn
1500
10,0
15,5
19,0
2
4
6
8
10
12
14
16
18
20 km

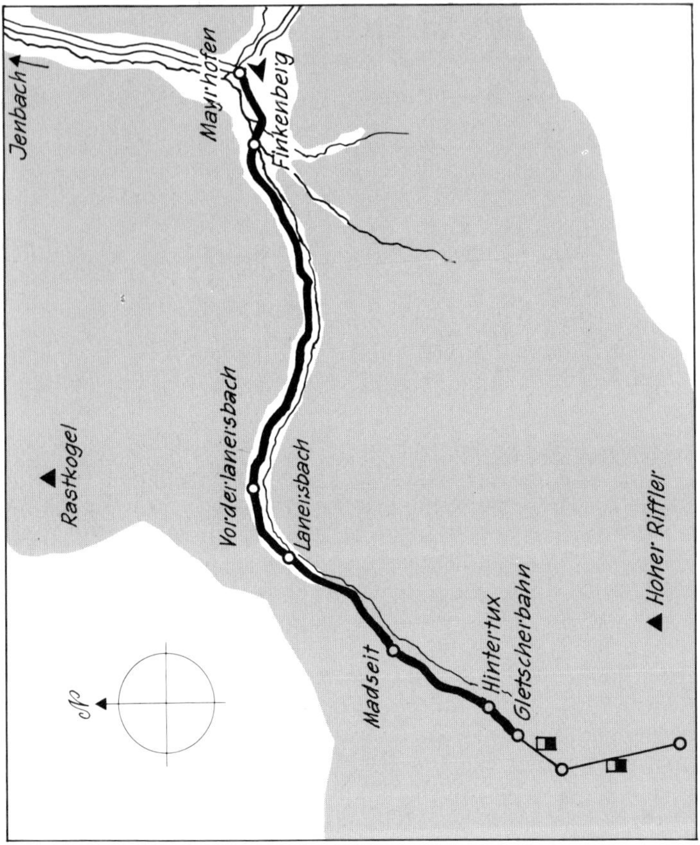

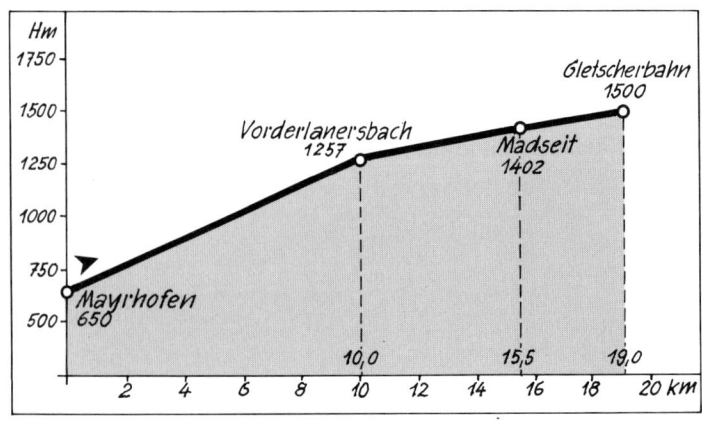

11 Tuxertal-Straße

1500 m   Österreich/Nordtirol

Charakter Mittelschwere Radtour mit maximal 12% Steigung in die Tuxer Alpen

Ausgangspunkt Mayrhofen im Zillertal (650 m)

Offen 1.1.–31.12.

Zeit 1½–2 Stunden

Persönliche Angaben

Gefahren am

Länge 19 km

Zeit

Höhendifferenz 850 m

Übersetzung

Übersetzung 42/23–26

Karte Freytag & Berndt Wanderkarte 1:50 000, Blatt 152

Streckenbeschreibung Kurz nach dem Ortsende von Mayrhofen (km 0,0) folgt man der Abzweigung nach Finkenberg/Hintertux. Man durchfährt Finkenberg (km 1,5) in mehreren Kehren mit einer gleichmäßigen Steigung von 12%, die bis kurz vor Innerberg (km 6,0) anhält. Am Tuxbach entlang läßt sie dann nach, und über Vorderlanersbach (km 10,0) und Lanersbach (km 11,5) wird Juns (km 13,5) angesteuert. Zwischen grünen Wiesen rollt es bis Madseit (km 15,5), während vor uns bereits der Gefrorene-Wand-Ferner unterhalb des Olperer und der Gefrorene-Wand-Spitze sichtbar ist. Nochmals steigt die Straße auf 8 bis 10% an, aber bald ist Hintertux (km 17,5) erreicht. Eine kurze Abfahrt durch den Ort, und gleich darauf steht man auf dem Parkplatz an der Talstation der Zillertaler Gletscherbahn (km 19,0). Von der leider sehr eingeschränkten Aussicht ist lediglich der Blick auf die Eisabbrüche des Gefrorene-Wand-Gletschers hoch oben, an der Mittelstation der Gletscherbahn, als attraktiv zu vermerken.

Rückfahrt Wie Auffahrt.

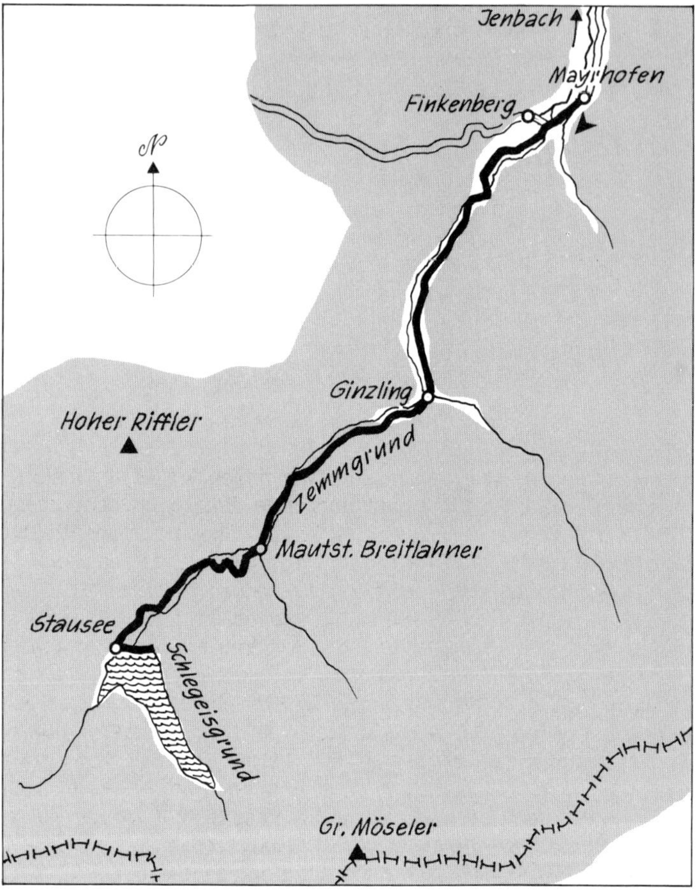

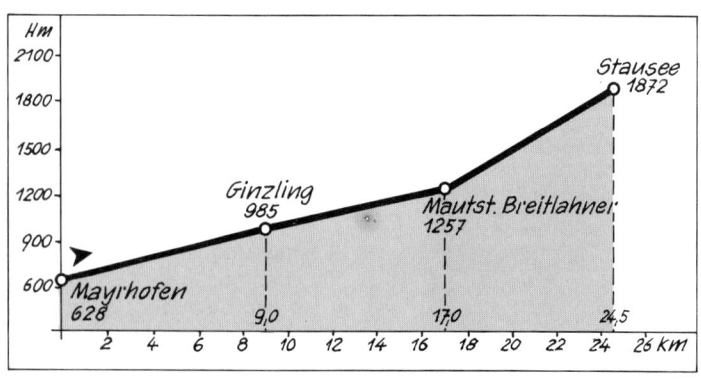

Jenbach

Mayrhofen

Finkenberg

N

Hoher Riffler

Ginzling

Zemmgrund

Mautst. Breitlahner

Stausee

Schlegeisgrund

Gr. Möseler

Hm
2100
1800
1500
1200
900
600

Stausee
1872

Ginzling
985

Mautst. Breitlahner
1257

Mayrhofen
628

2 4 6 8 9,0 10 12 14 16 17,0 18 20 22 24 24,5 26 km

12 Zemmtal-/Schlegeis-Alpenstraße

1872 m   Österreich/Nordtirol

Charakter   Mittelschwere Radtour mit maximal 12% Steigung in die Bergwelt der Zillertaler Alpen

Offen   1.6.–20.10.

Zeit   1½–2 Stunden

Länge   24,5 km

Höhendifferenz   1244 m

Übersetzung   42/26

Karte   Freytag & Berndt Wanderkarte 1:50 000, Blatt 152

Ausgangspunkt   Mayrhofen (628 m) im Zillertal

Persönliche Angaben

Gefahren am

Zeit

Übersetzung

Streckenbeschreibung   Man verläßt Mayrhofen (km 0,0) in Richtung Ginzling/Schlegeis und kommt über eine Brücke in die düstere Zemmschlucht. Auf der engen, einspurigen Straße, auf der 10%ige Steigungen mit flachen Passagen abwechseln, umfährt man den für Radler verbotenen 2650 m langen Harpfnerwandtunnel. Über kurze Steigungen mit 8% erreicht man unschwierig Ginzling (km 9,0) und in dem langsam breiter werdenden Tal bald darauf die Materialseilbahn Roßhaupt (km 12,5). Die Länge der Steigungen nimmt zu, aber flachere Stücke erlauben bis zur Mautstelle Breitlahner (km 17,0) immer wieder ein Ausruhen. Über Steigungen bis 12% gelangt man nach mehreren Kehren zum ersten, ca. 300 m langen und nur schwach beleuchteten Tunnel. Kurz danach durchfährt man den zweiten und erblickt bereits den oberen Rand der Staumauer (km 19,5). Bei kaum nachlassender Steigung nähert man sich der konvex gewölbten Mauer, durchfährt einen unbeleuchteten Kehrentunnel und nochmals einen kurzen, schwach beleuchteten Tunnel, um dann direkt vor dem Stausee (km 24,5) zu stehen. Hier sollte man nicht versäumen, mit dem Rad über die 700 m lange Staumauer zu fahren und sich so noch etwas den Nordwänden von Hochfeiler und Hochferner zu nähern.

Rückfahrt   Wie Auffahrt. Kein Problem bilden dabei die ersten beiden Tunnel nach der Mautstelle, da sie wegen der *Zeituhren* nur jeweils in einer Richtung befahrbar sind. Problematisch wird es allerdings beim Harpfnerwandtunnel, da die Umfahrung über die Zemmschlucht nur bergauf (Einbahnstraße) möglich ist. Wenn ein Begleitfahrzeug vorhanden ist, erscheint es günstiger, die Tour erst nach dem Tunnel zu beginnen, um mit dem Auto zurückfahren zu können. Beleuchtung unbedingt notwendig.

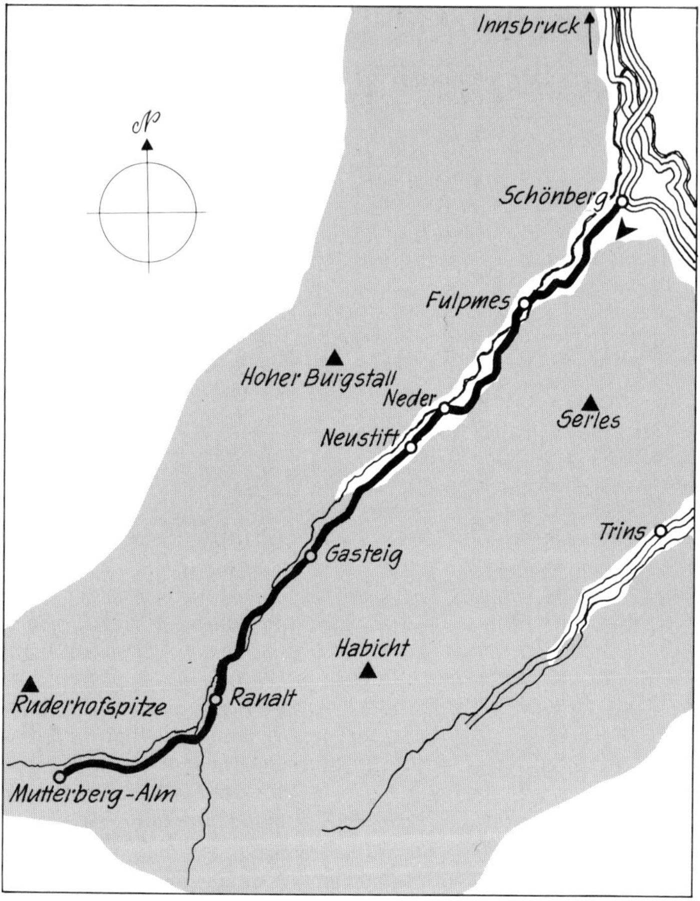

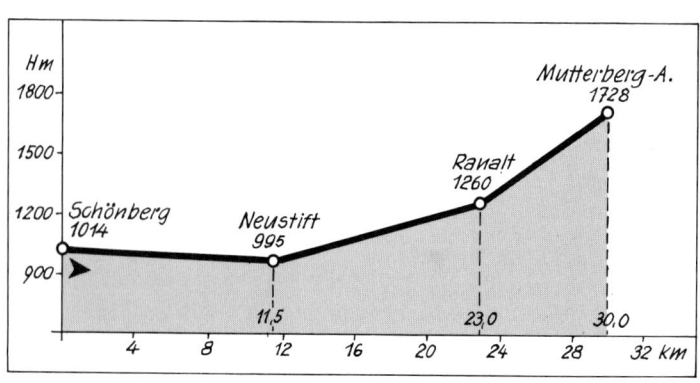

Innsbruck

Schönberg

Fulpmes

Hoher Burgstall
Neder

Neustift

Serles

Gasteig

Trins

Habicht

Ruderhofspitze

Ranalt

Mutterberg-Alm

Hm		Mutterberg-A. 1728
1800		
1500	Ranalt 1260	
1200	Schönberg 1014	Neustift 995
900		

11,5   23,0   30,0

4   8   12   16   20   24   28   32 km

44

13 Stubaital- mit Gletscherbahnstraße

1728 m   Österreich/Nordtirol

Charakter Mittelschwere Radtour mit maximal 14% Steigung in die Stubaier Alpen

Offen 15.2.–7.1.

Zeit 1½–2 Stunden

Länge 30 km

Höhendifferenz 733 m

Übersetzung 42/23–26

Karte Freytag & Berndt Wanderkarte 1:50000, Blatt 241

Ausgangspunkt Schönberg (1014 m), Anschlußstelle der Brenner-Autobahn

Persönliche Angaben

Gefahren am

Zeit

Übersetzung

Streckenbeschreibung Von Schönberg (km 0,0) erreicht man auf zuerst leicht fallender, dann nur mäßig ansteigender Straße, die markante Felspyramide des Serles vor Augen, Neustift/Kampl (km 8,5). Am Serleskamm entlang, weit voraus bereits die Gletscher des Stubaier Sommerskigebietes, durchfährt man Neustift/Neder (km 10,0) und Neustift (km 11,5). Ebenfalls ohne größere Anstrengung erreicht man auf der nun enger werdenden Straße über Neustift/Stockler (km 13,0) und Neustift/Gasteig (km 17,5) Volderau (km 18,5). Auch bis Ranalt (km 23,0) gibt es keine größeren Schwierigkeiten. Hier allerdings steilt sich die Straße auf 13% auf. Doch es wird nicht allzu anstrengend, denn immer wieder bieten längere flachere Stücke Gelegenheit zur Erholung. Der herrliche Wasserfall des Sulzbaches, der vom weit oben liegenden Sulzenau- und Wilder-Freiger-Ferner gespeist wird, dient als gutes Alibi für eine kurze Pause. Die letzten Steigungen zur Mutterberg-Alm (km 30,0) bieten dann keine größeren Probleme mehr.

Rückfahrt Wie Auffahrt.

Bahnhof Ötztal
Telfs
Imst
Inn
Ötz
Kühtai
Tumpen
Acherkogl
Umhause
Breiter Grieskogl
Ötztaler Ache
Längenfeld
Luibiskogl
Lochkogl
Hohe Geige
Windacher Daunkogl
Sölden
Mittelberg
Mittagskogl
Zwieselstein
Timmelsjoch
Wildspitze
Untergurgl
Obergurgl

Hm
2100
1800
1500
1200
900
600
Bhf. Ötztal 704
Tumpen 937
Längenfeld 1180
Sölden 1368
Zwieselstein 1470
Obergurgl 1927
8,5
22,5
35,0
40,0
48,0
4
8
12
16
20
24
28
32
36
40
44
48 km

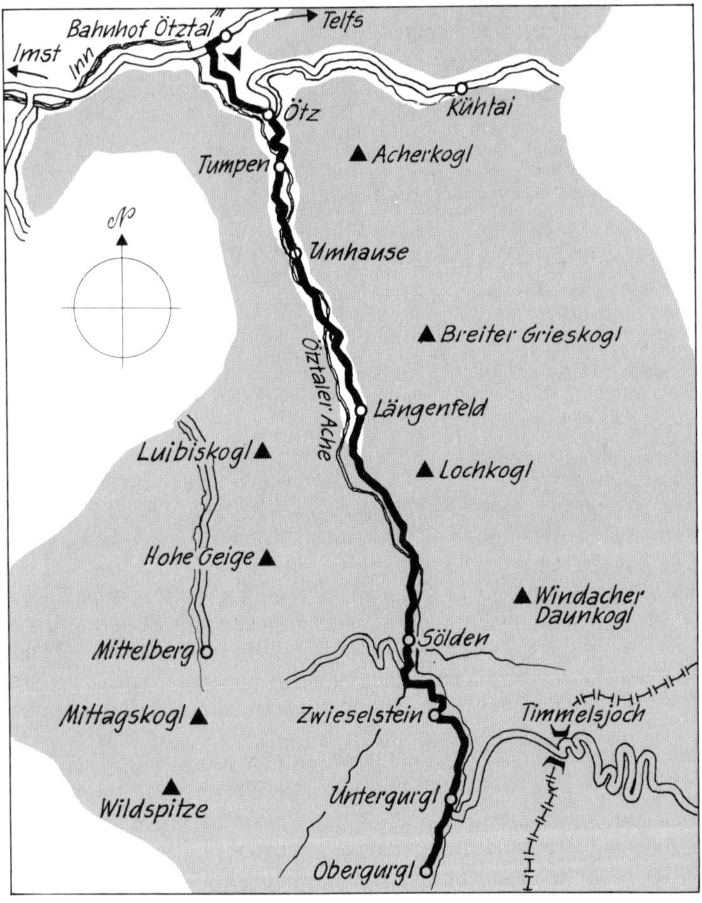

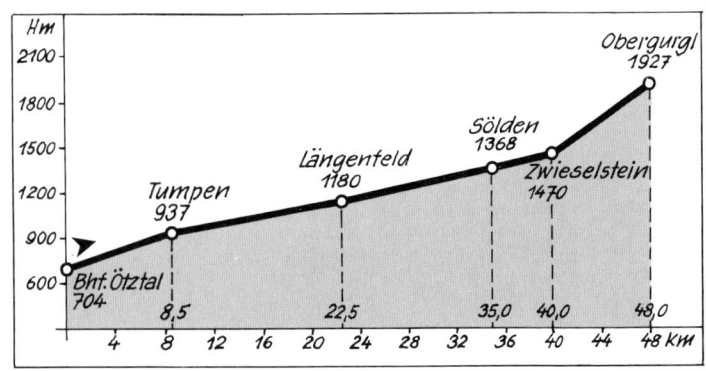

14 Ötztal-Straße

1927 m   Österreich/Nordtirol

Charakter Mittelschwere Radtour mit
maximal 12% Steigung in eines der läng-
sten und höchsten Seitentäler der Alpen

Offen 1.1.–31.12.

Zeit 3–4 Stunden

Länge 48,0 km

Höhendifferenz 1223 m

Übersetzung 42/23–26

Karte Freytag & Berndt Wanderkarte
1:50000, Blatt 251

Ausgangspunkt Abzweigung
der B 171 beim Bahnhof Ötztal
(704 m)

Persönliche Angaben

Gefahren am

Zeit

Übersetzung

<u>Streckenbeschreibung</u>   Man verläßt die B 171 beim Bahnhof Ötztal
(km 0,0) und erreicht über Ambach und Ötz unschwierig Habichen
(km 6,5). Danach stellen sich die ersten Kehren mit 10% Steigung in
den Weg, aber bereits bei Tumpen (km 8,5) wird die Straße flacher
und steigt erst bei km 12,5 wieder auf ca. 6% an. An der Ötztaler Ache
entlang radelt man über Au (km 19,5) nach Längenfeld (km 22,5). Auf
meist ebener, aber durch die vielen Wasserfälle links und rechts ab-
wechslungsreicher Strecke erreicht man Aschbach (km 31,0). Hier
führt die Straße bis Sölden (km 35,0) wieder aufwärts. Über Steigungen mit 10%, meist aber flacher, geht es nach Zwieselstein (km 40,0)
am Zusammenfluß der Venter und Gurgler Achen. Auf den nächsten
3 km hinter Zwieselstein steigt die Straße kehrenreich mit 12% Steigung an, fällt dann aber bis Untergurgl (km 47,0) wieder ab. An der
Kreuzung Timmelseck läßt man den Abzweiger zum Timmelsjoch
links liegen und erreicht kurz darauf Obergurgl (km 48,0). Dort hat
man dann den Endpunkt der Ötztalstraße geschafft. Nicht zu unrecht
wird der Ort auch »Gletscherdorf Tirols« genannt: Gleich von drei
Seiten sieht man sich hier von Gletschern umgeben.

<u>Rückfahrt</u>   Wie Auffahrt. Oder zurück zur Kreuzung Timmelseck und
weiter zum Timmelsjoch (siehe Tour 16).

Imst/Telfs
Ötztaler Ache
Hochsölden
Rotkogl
Sölden
Wurmsitzkogl
Parkpl. Pitztaler Jöchl
Pitze
Geislacher Kogl
Inn. Schwarze Schneid
Obergurgl

Hm
2850
2700
2550
2400
2250
2100
1950
1800
1650
1500
1350
Parkplatz Pitztaler Jöchl
2800
Pitze im Ötztal
1450
13.0
2
4
6
8
10
12
14 km

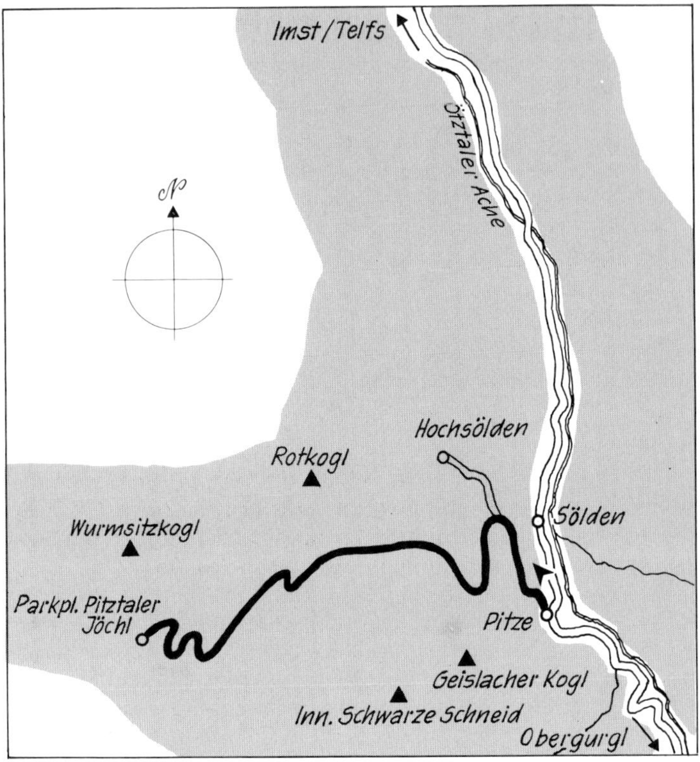

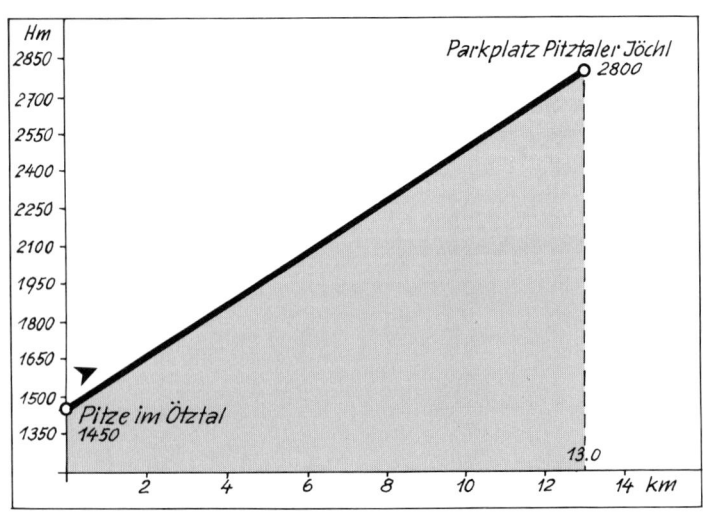

15 Söldener Gletscherstraße

2800 m   Österreich/Nordtirol

Charakter Schwere Radtour mit maximal 13% Steigung auf die höchste freie
Straße in den Ostalpen

Offen 1.5.–31.12.

Zeit 1¾–2½ Stunden

Länge 13 km

Höhendifferenz 1350 m

Übersetzung 42/26–28

Karte Freytag & Berndt Wanderkarte
1:50000, Blatt 251

Ausgangspunkt Pitze im Ötztal
(1450 m), kurz hinter Sölden

Persönliche Angaben

Gefahren am

Zeit

Übersetzung

Streckenbeschreibung In Pitze (km 0,0) weist ein Schild mit der
Aufschrift Gletscherstraße Tiefenbach-/Rettenbachferner den Weg.
Die sofort einsetzende Steigung beträgt 13% und hält bis zum Stra-
ßenende an. An den bewaldeten Osthängen des Geislacher Kogls
windet sich die Strecke zuerst in Kehren, dann kurvenreich nach
oben. Der Abzweigung nach Hochsölden bei km 3,0 darf man jedoch
nicht folgen. Bei km 6,0 ist die Mautstelle und damit auch das einzige
flache Stück erreicht. Man überfährt die Baumgrenze, und Hochgebirgslandschaft löst den Wald ab. Dem Straßenverlauf folgend ist weit
oben bereits die Talstation des Skilifts am Rettenbachferner zu sehen. Am Rettenbach entlang verläuft die Strecke mit gleichmäßig 13%
Steigung bergauf. Während das Bachbett unten zurückbleibt, erreicht
man mit Blick auf die Nordabstürze der Inneren Schwarzen Schneid
nach mehreren Kehren die Talstation des Tiefenbachferners
(km 12,0). Noch einige anstrengende Kehren, die die Aussicht auf die
Stubaier Alpen im Osten mit Pfaffenschneide und Zuckerhütl eröffnen, und man befindet sich auf 2800 m Höhe am Parkplatz des Glet-
scherlifts zum Pitztaler Jöchl (km 13,0). Hier wirkt man mit den Fahrrädern zwischen den Skifahrern leicht exotisch.

Rückfahrt Wie Auffahrt.

Jaufenpaß
St. Leonhard
Meran
Moos
Timmelsjoch
Würmkogl
Hochgurgl
Sölden
Festkogl
Hohe Mut
Granatenkogl
Untergurgl
Timmelseck
Obergurgl

Hm
2550
2400
2250
2100
1950
1800
Timmelsjoch
2500
Mautstelle
2171
Abfahrt (Ende)
2037
Timmelseck
1820
4,5
6,5
11,5
2
4
6
8
10
12 km

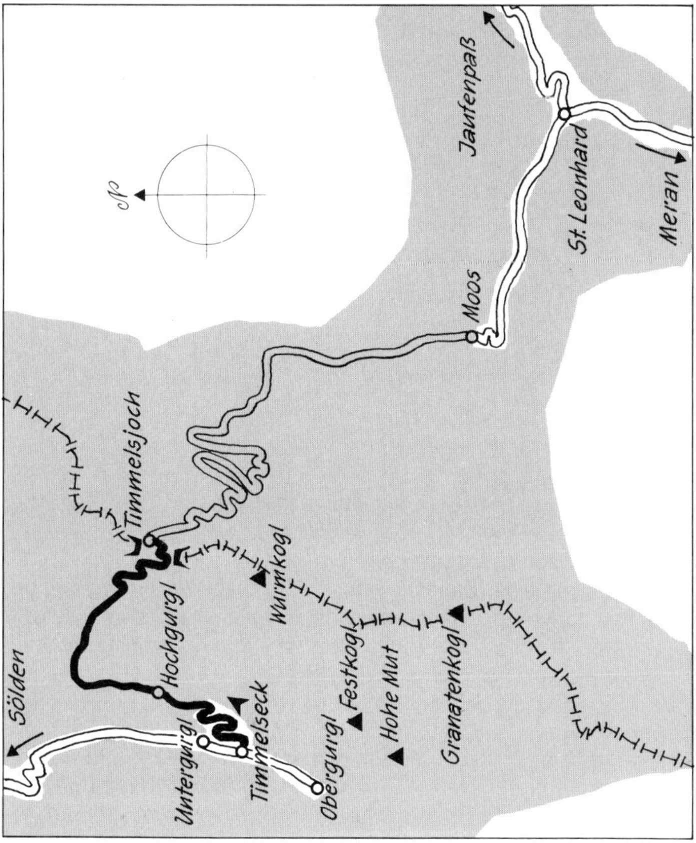

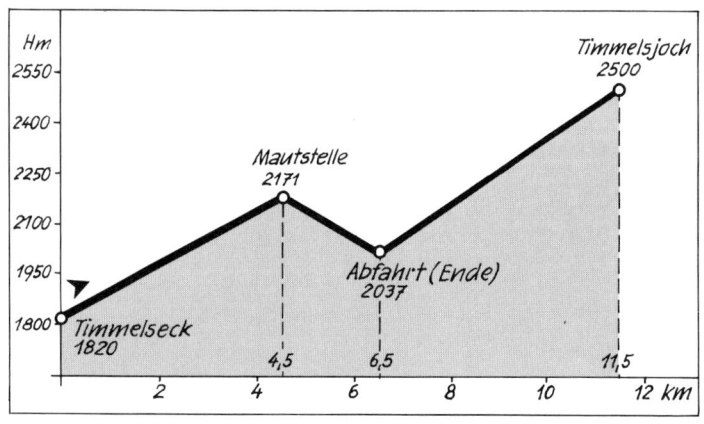

16 Timmelsjoch-Hochalpenstraße

2500 m   Österreich/Nordtirol

Charakter Mittelschwere Radtour mit maximal 12% Steigung inmitten der Gletscher der Ötztaler Alpen

Offen 15.6.–15.10.

Zeit 1½–2 Stunden

Länge 11,5 km

Höhendifferenz 814 m

Übersetzung 42/23–26

Karte Freytag & Berndt Wanderkarte 1:50000, Blatt 251

Ausgangspunkt Gurgl/Timmelseck (1820 m), am südlichen Ende des Ötztals

Persönliche Angaben

Gefahren am

Zeit

Übersetzung

Streckenbeschreibung Kurz hinter dem Ort Untergurgl, bei der »Timmelseck« genannten Kreuzung nach Hoch- und Obergurgl, folgt man der Beschilderung Hochgurgl/Timmelsjoch (km 0,0). In vier numerierten und mit Höhenangaben versehenen Kehren windet sich die Straße mit einer Steigung von 12% bergauf. An Hochgurgl, der höchstgelegenen ganzjährig bewohnten Siedlung in den Ostalpen, vorbei wird die Mautstelle (km 4,5) erreicht. Im Westen die Gletscher über Hochgurgl und Hochsölden, fährt man nun fast 2 km bergab. Leider verliert man dabei auch wieder einige der gewonnenen Höhenmeter. In einer karstigen, öden Hochgebirgsregion steigt die Straße am Timmelsbach mit 10% fast geradlinig an. Erst bei km 9,0, auf 2262 m Höhe, ist Kehre 5 erreicht. Bei nicht nachlassender Steigung sind noch sechs weitere Kehren bis zum Parkplatz auf der Paßhöhe (km 11,5) zu überwinden. Von hier reicht der Blick dann über die Sarntaler Alpen hinweg, über Schlern und Langkofel bis zur Marmolada.

Rückfahrt Wie Auffahrt. Oder Abfahrt mit Gefälle bis 13% und 14 Kehren nach St. Leonhard im Passeiertal (km 13,5). 16 unbeleuchtete Tunnels, 24 bis 600 m lang. Eine Tunnelgalerie, 200 m lang.

Besondere Hinweise Das Timmelsjoch ist auf der österreichischen Seite mit einer Höhenangabe von 2509 m, auf der italienischen mit 2491 m beschildert. Bei der Abfahrt nach St. Leonhard ist wegen der Tunnels Beleuchtung notwendig.

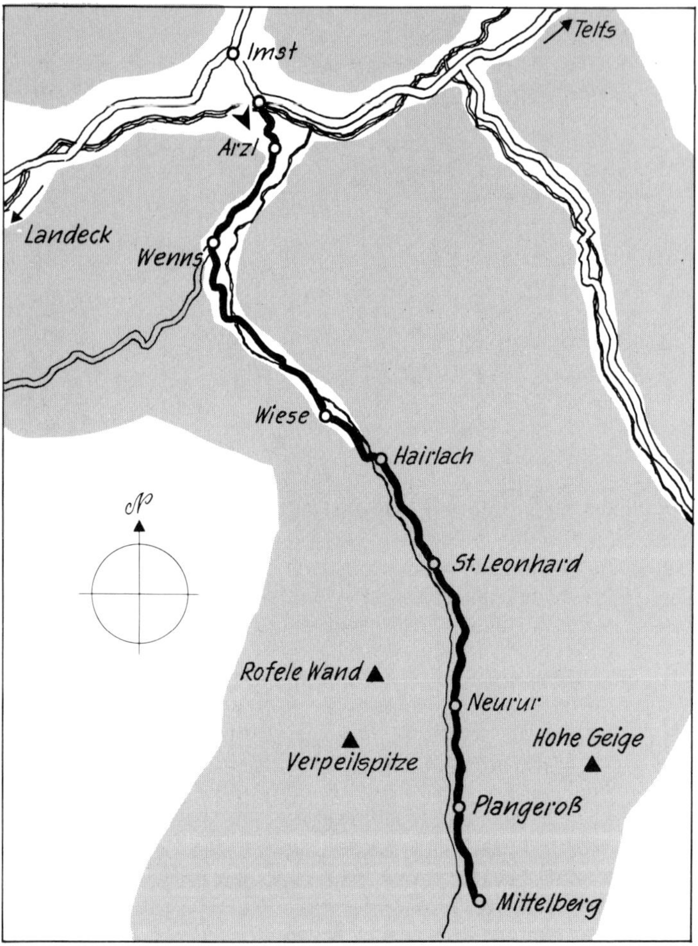

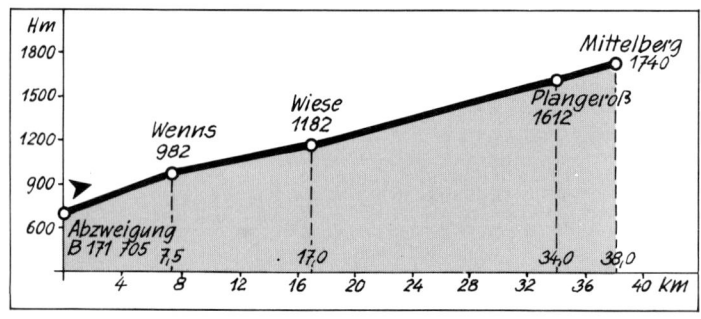

Imst · *Telfs* · *Arzl* · *Landeck* · *Wenns* · *Wiese* · *Hairlach* · *St. Leonhard* · *Rofele Wand* ▲ · *Neururt* · *Hohe Geige* ▲ · *Verpeilspitze* ▲ · *Plangeroß* · *Mittelberg*

$\mathcal{N}$

Hm										

1800 — Mittelberg 1740

1500 — Wiese 1182 — Plangeroß 1612

1200 — Wenns 982

900

600 — Abzweigung B 171 705 · 7,5 · 17,0 · 34,0 · 38,0

4   8   12   16   20   24   28   32   36   40 km

17 Pitztal-Straße

1740 m   Österreich/Nordtirol

Charakter Mittelschwere Radtour mit maximal 10% Steigung in die Ötztaler Alpen

Offen 1.1.–31.12.

Zeit 1¾–2½ Stunden

Länge 38 km

Höhendifferenz 1035 m

Übersetzung 42/21–23

Karte Freytag & Berndt Wanderkarte 1 : 50 000, Blatt 251

Ausgangspunkt Abzweigung B 171, ca. 1 km östlich von Imst (705 m)

Persönliche Angaben

Gefahren am

Zeit

Übersetzung

<u>Streckenbeschreibung</u> Auf der neuen Innbrücke (km 0,0) verläßt man die B 171 und fährt in das Pitztal ein. Über eine Kehre mit 8% Steigung kommt man nach Arzl (km 2,0). Dahinter verengt sich zwar die Straße, nicht jedoch das Tal. Zwischen Kaunergrat und Geigenkamm erreicht man auf meist flacher Straße Wenns (km 7,5) und nach einer langen Abfahrt das Sägewerk Reinstadler (km 11,5). Bis Schön (km 13,0) nimmt die Steigung wieder auf 8% zu. Nach einer kurzen Abfahrt überquert man die Pitze und gelangt auf zuerst mäßig, dann wieder auf 8% ansteigender Straße Wiese (km 17,0). Danach erreicht die Steigung erstmals 10%, und Fels versucht sich gegen den Wald und die Wiesen an den Berghängen durchzusetzen. Auf wieder meist ebener Straße radelt man in Hairlach (km 20,0) ein. Die Gletscher um das Gebiet der Braunschweiger Hütte vor Augen führt die Strecke flach bis Piösmös bei St. Leonhard (km 24,5). Anschließend durchfährt man eine schwach beleuchtete Galerie. Wer danach mit einem Ansteigen der Schwierigkeiten gerechnet hat, wird enttäuscht, denn von kurzen Anstiegen abgesehen kommt man über Neurur (km 30,0) unschwierig bis Plangeroß (km 34,0). Erst hinter Mandarfen (km 36,5) beträgt die Steigung nochmals 10%, und man erreicht den aus zwei Gasthäusern bestehenden Ort Mittelberg (km 38,0) und damit das Ende der Straße.

<u>Rückfahrt</u> Wie Auffahrt.

Landeck
Bernegg
Prutz
Serfaus
Feichten
Faggenbach
Inn
Pfunds
Sperrenhaus
Gepatsch-Stausee
Glockturm
Gepatsch-A.
Hochvernagtspitze
Weißseeferner
Fluchtkogl
Weißseespitze

Hm
2700
2400
2100
1800
1500
1200
900
Weißseeferner
2750
Gepatsch-Stausee
Nord
Süd
1772
1772
Feichten
1287
Prutz
866
Gasth.
Alpenrose
1002
4,5
11,0
21,5
27,0
40,5
4
8
12
16
20
24
28
32
36
40
44 km

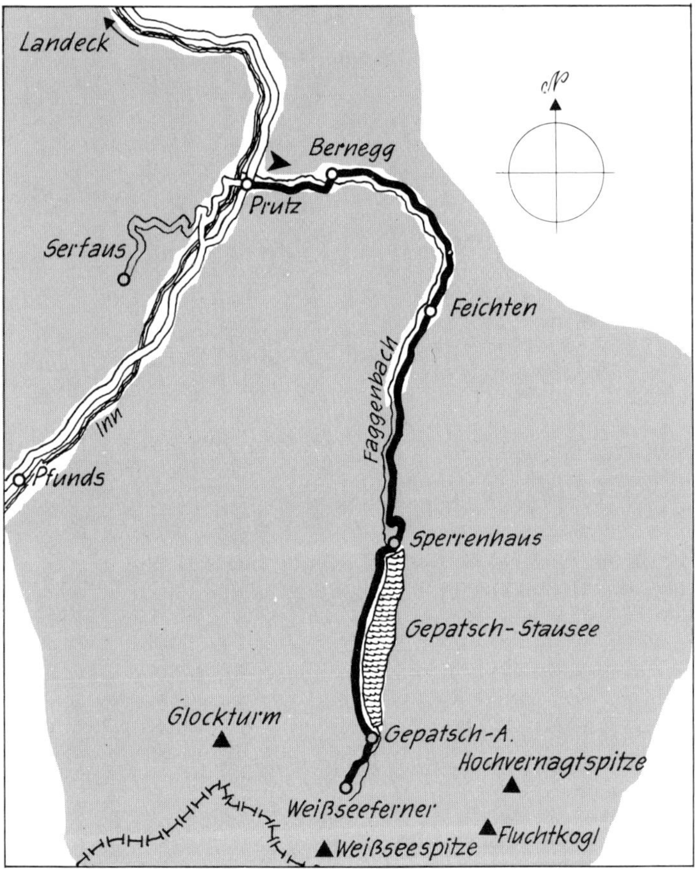

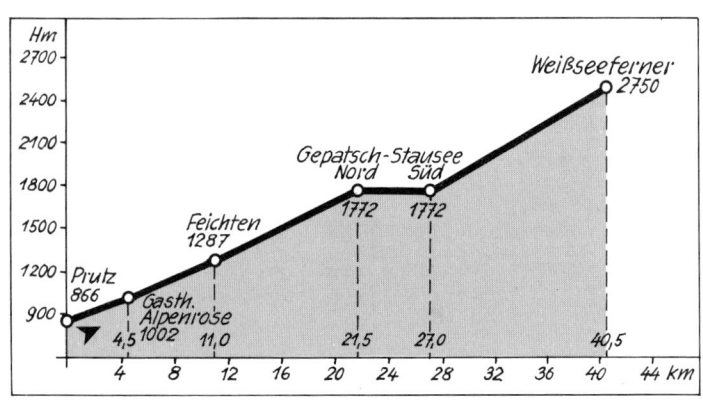

18 Kaunertal- mit Gletscherstraße

2750 m   Österreich/Nordtirol

Charakter Schwere Radtour mit maximal 14% Steigung zum Weißseeferner

Offen 15.5.–15.11.

Zeit 3–4 Stunden

Länge 40,5 km

Höhendifferenz 1884 m

Übersetzung 42/26

Karte Freytag & Berndt Wanderkarte 1:50000, Blatt 251

Ausgangspunkt Prutz (866 m), 13 km südlich von Landeck

Persönliche Angaben

Gefahren am

Zeit

Übersetzung

<u>Streckenbeschreibung</u> In Prutz (km 0,0) verläßt man das Oberinntal und fährt, der Beschilderung »Kaunertaler Gletscherstraße« folgend, in das Kaunertal ein. Eben führt die Straße am Faggenbach entlang, bevor man diesen unter den Mauern der Burgruine Bernegg (km 3,0) überquert. Am Gasthof Alpenrose (km 4,5) vorbei steigt die Straße an, und nach Überwindung einer 14%igen Steigung zwischen km 6,0 und km 7,5 ist Feichten (km 11,0) erreicht. An den Hängen des Kaunergrats entlang kommt man mit Blick auf die schneebedeckte Spitze des Weißseeferners weit vorne zur Mautstelle (km 14,5). Die Steigung nimmt zu, und über mehrere Kehren mit 12% gelangt man zum Gepatsch-Stausee (km 21,5). Die Nordwand der Weißseespitze vor Augen geht es am linken Ufer des Sees entlang, an dessen südlichem Ende (km 27,0) die Straße wieder ansteigt. Die nächsten Kehren mit 12% Steigung durch urigen Zirbenwald gestatten wechselseitig schöne Blicke zurück auf den See und die Weißseespitze in Fahrtrichtung. In einer kurzen Abfahrt geht es über den Faggenbach und dann durch Kehren mit 12% Steigung immer weiter in die Hochgebirgsregion. Mit den Kehren 10 bis 6 scheint man direkt in die Nordwand der Weißseespitze hineinzufahren. Am Weißsee kann man noch etwas verschnaufen, bevor man die letzten fünf Kehren mit fast durchgehend 12% Steigung in Angriff nimmt. Dann ist das Gletscherrestaurant Kaunertal (km 40,5) direkt am Fuße des Weißseeferners erreicht.

<u>Rückfahrt</u> Wie Auffahrt.

<u>Besondere Hinweise</u> Auf den ersten km nach der Mautstelle sowie auf den Kehren zum Gepatsch-Stausee ist die Straße in schlechtem Zustand. Bei der Abfahrt ist hier Vorsicht geboten.

Landeck
Pians
See
Kappl
Hoher Riffler
Ischgl
St. Anton
Vallunga
Kuchenspitze
Fluchthorn
Galtür
Bieler Höhe
Zürs
Arlberg
Klosterle
Silvretta-Stausee
Partenen
Gaschurn
St. Gallenkirch
Schruns
Bludenz

Hm
2100
1800
1500
1200
900
600
Pians
859
See
1056
Ischgl
1350
Mautstelle
1630
Bieler Höhe
2032
Bludenz
580
6,0
22,5
35,0
42,5
87,5
4 8 12 16 20 24 28 32 36 40 44
80 84 88 km

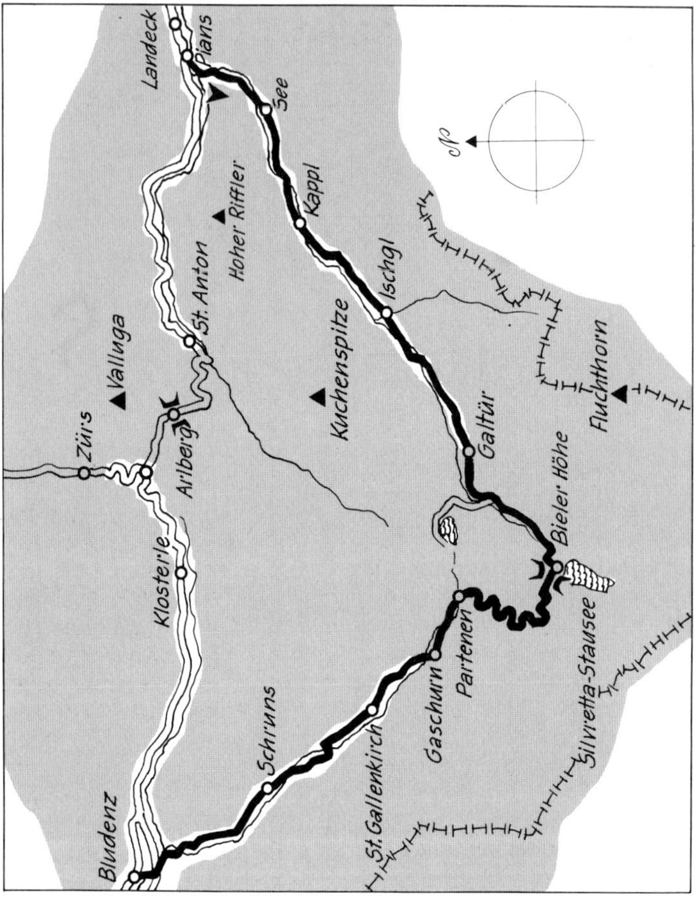

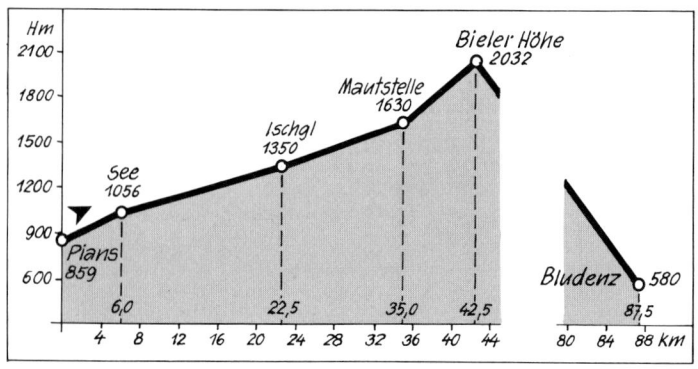

19 Silvretta-Hochalpenstraße

2032 m   Österreich/Nordtirol

Charakter Mittelschwere Radtour mit maximal 11% Steigung vom Paznauntal ins Montafon

Offen 1.6.–15.11.

Zeit 2½–3½ Stunden

Länge 42,5 km

Höhendifferenz 1173 m

Übersetzung 42/23–26

Karte Freytag & Berndt Wanderkarte 1:50000, Blatt 372

Ausgangspunkt Pians (859 m), ca. 6 km westlich von Landeck

Persönliche Angaben

Gefahren am

Zeit

Übersetzung

Streckenbeschreibung In Pians (km 0,0), der Beschilderung »Silvretta« folgend, fällt die Straße auf dem ersten Kilometer ins Paznauntal ab und steigt erst bei km 2,5 wieder an. Zwischen den Hängen der Ferwall- und Samnaun-Gruppe erreicht man, von einigen 8%igen Steigungen abgesehen, unschwierig See (km 6,0). Auch bis Nederle (km 17,0) ist es kaum einmal nötig, den 42er Zahnkranz zu Hilfe zu nehmen. Hinter Nederle weist die Straße erstmals auf einer längeren Strecke 10% Steigung auf. Nach 2 km geht sie jedoch wieder zurück, und man erreicht Ischgl (km 22,5), den Hauptort des Paznauntales. Die Steigungen nehmen zu, werden jedoch immer wieder von flacheren Stücken unterbrochen, bevor man über Mathon (km 27,5) Galtür (km 32,0) erreicht. Die Landschaft wird nun hochgebirgiger, und mit dem Überfahren der Mautstelle (km 35,0) am Fuße der Ballunspitze, dem Wahrzeichen von Galtür, verläßt man das Paznauntal und wechselt ins Kleinvermunttal hinüber. Zwischen Felsquadern und Schuttreißen nimmt die Steigung bis km 37,0 zuerst noch mäßig zu, steigt dann aber bald auf 11% an. Mit Blick auf die schneebedeckten Dreitausender über der Bieler Höhe sind noch zwei Kehren zu überwinden, bevor die Paßhöhe am Silvretta-Stausee (km 42,5) erreicht ist. Hier kann man vom Fahrrad in ein Motorboot umsteigen, um sich so noch näher an die Berge der Silvretta-Gruppe, mit der Schattenspitze am südlichen Ende des Sees, bringen zu lassen.

Rückfahrt Wie Auffahrt. Oder Abfahrt mit Gefälle bis 14% und 28 Kehren nach Bludenz (km 45,0).

Italien

Meran
Spondinig
Reschen-Paß
Prad
Stilfser Brücke
Gomagoi
Sulden
Trafoi
Weißer Knott
Ortler
Franzenshöhe
Müstair
St. Maria
Stilfser Joch
Umbrail-Paß
Bórmio
N

Hm
3000
2700
2400
2100
1800
1500
1200
900
Stilfser Joch
2757
Franzenshöhe
2188
Trafoi
1543
Weißer Knott
1876
Spondinig
887
Stilfser Brücke
1125
Bórmio
1217
7,0
12,0
17,5
22,0
28,0
50,0
4 8 12 16 20 24 28 32 36 40 44 48 52 km

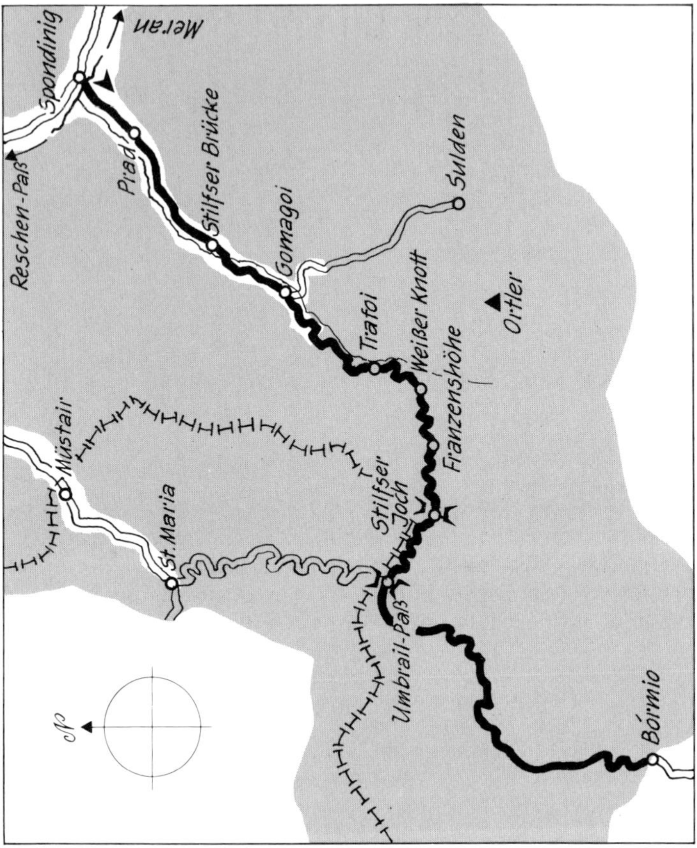

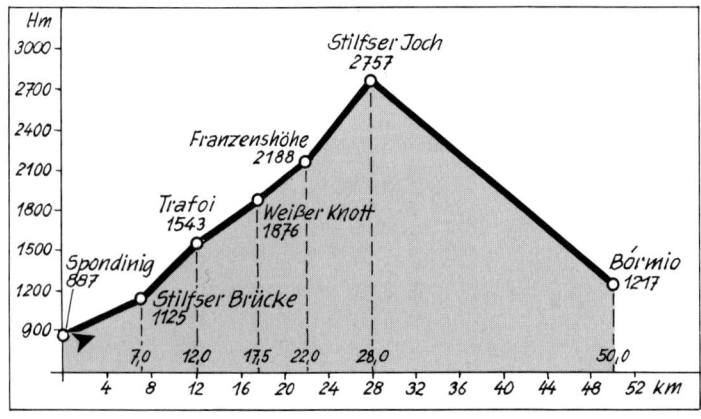

20 Stilfser-Joch-Straße

2757 m   Italien/Südtirol

Charakter Schwere Radtour mit maximal 15% Steigung auf das »Matterhorn für Radfahrer«

Offen 1.6.–31.10.

Zeit 2¾–3½ Stunden

Länge 28 km

Höhendifferenz 1870 km

Übersetzung 42/26

Karte Freytag & Berndt Wanderkarte 1:50 000, Blatt S 6

Ausgangspunkt Spondinig (887 m)

Persönliche Angaben

Gefahren am

Zeit

Übersetzung

Streckenbeschreibung   In Spondinig (km 0,0) quert man das hier breite Vinschgauer Tal und erreicht auf ebener Strecke Prad (km 2,0). Nach Durchfahrung des engen Ortskerns verläuft die Straße mit 10% Steigung am Suldenbach entlang bergan. Bei km 7,0 überquert man den Bach auf der Stilfser Brücke und erkennt weit zurück über dem Taleingang im Nordosten die Spitze der Weißkugel. Über Steigungen zwischen 8 und 10% kommt man nach Gomagoi (km 8,5) und fährt an den waldreichen Hängen des Fallaschkamms entlang in das Trafoier Tal ein. Während man insgesamt viermal den Trafoier Bach überquerend die Talseite wechselt, wird der Blick auf die Fels- und Eisabbrüche immer gewaltiger. In Trafoi (km 12,0) liegen sie dann ausgebreitet vor uns, die Firnfelder und Gletscherbrüche von Ortler über Monte Zebrù und Trafoier Eiswand bis hin zu den Madatschspitzen. Über Kehren, mit einer kurzen Steigung bis 15%, am Gasthaus Weißer Knott (km 17,5) vorbei, wo man nur noch eine Armlänge von den Eisbrüchen des Oberen Ortlerferners entfernt scheint, wird die Abzweigung zum Hotel Franzenshöhe erreicht. Danach scheint uns nur noch der majestätische Ortler auf dem Kampf der Pedale gegen die 24 noch bevorstehenden Kehren mit Steigungen bis 12% zu begleiten. Erst knapp unter der Paßhöhe zeigen sich der Eben- und Madatschferner an den Hängen der Payer-, Geister- und Großen Naglerspitze, bevor man unvermittelt die Paßhöhe (km 28,0) – und leider auch den Trubel der Souvenirläden – erreicht hat.

Rückfahrt   Wie Auffahrt. Oder Abfahrt mit Gefälle bis 12% und 31 Kehren nach Bórmio (km 22,0). Zwei unbeleuchtete Tunnels 50 und 150 m lang. Fünf unbeleuchtete Tunnelgalerien, 100–200 m lang.

Besondere Hinweise   Bei der Abfahrt nach Bórmio ist wegen der gefährlichen Schlaglöcher in den Tunnels Vorsicht geboten. Zudem ist Beleuchtung notwendig.

Schlanders
Meran
Reschenpaß
Etsch
Goldrain
Morter-A.
Martell
Gand
Gasth. Waldheim
St. Maria
Gasth. Zufritt
Zufritt-Stausee
Zufrittspitze
Königsspitze
Paradiesbrücke
Zufallferner
M. Cevedale

Hm
2400
2100
1800
1500
1200
900
600
Paradiesbrücke
2160
Zufritt-See
1888
Gand
1267
Goldrain
680
10,0
22,5
25,5
4
8
12
16
20
24
28 km

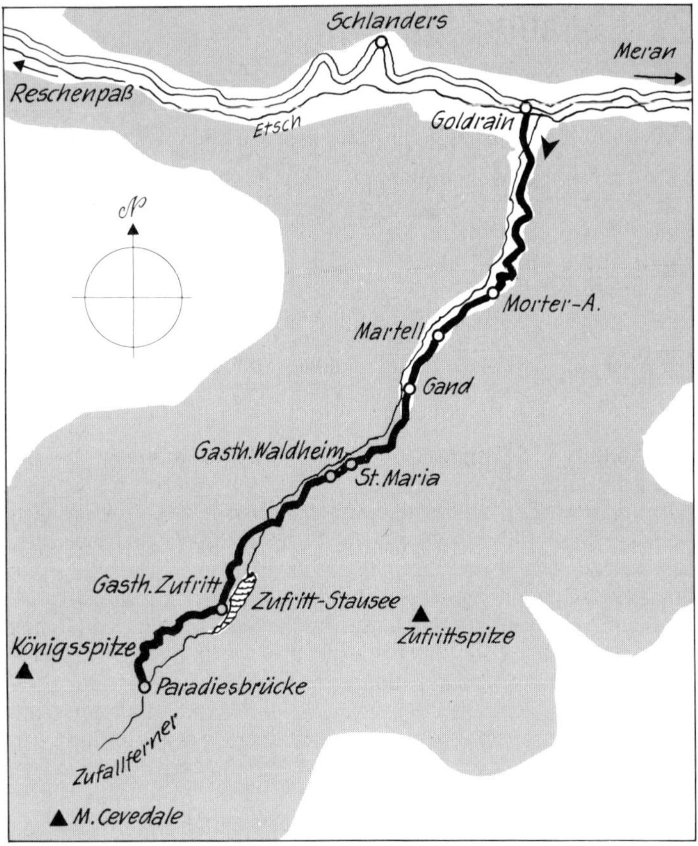

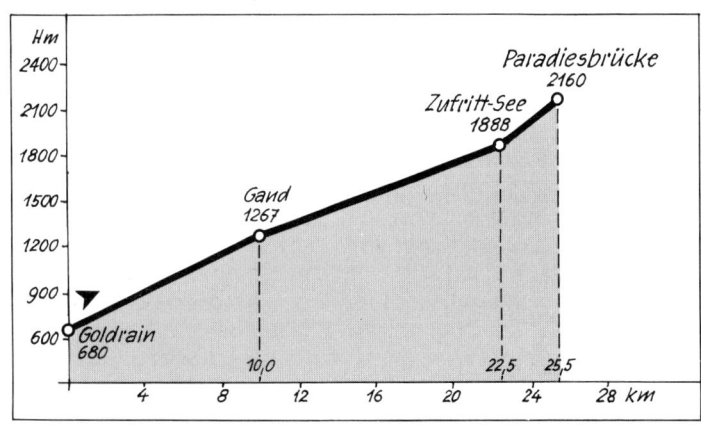

21 Martelltal-Straße

2160 m   Italien/Südtirol

Charakter   Schwere Radtour mit maximal 18% Steigung ins Ortlergebiet

Offen   1.1.–31.12.

Zeit   2–3 Stunden

Länge   25,5 km

Höhendifferenz   1480 m

Übersetzung   42/26

Karte   Freytag & Berndt Wanderkarte 1:50 000, Blatt S 6

Ausgangspunkt   Abzweigung der SS 38/L 2 nach Goldrain (680 m), ca. 23 km westlich von Meran

Persönliche Angaben

Gefahren am

Zeit

Übersetzung

Streckenbeschreibung   In Goldrain (km 0,0) überquert man die Etsch und fährt ins Martelltal ein. An Morter-Alm vorbei, mit Blick auf die Burgruine von Obermontani, steigt die Straße am Plimabach entlang zuerst nur mäßig an. Bei km 8,0 beginnen Kehren, die zwischen grünen Wiesen mit wechselseitig schönen Blicken zurück auf die Ruine und den Vinschgau nach Gand (km 10,0) führen. Dahinter wird die bis hierher gut ausgebaute Straße schmäler. Durch den dichten Mischwald des Laaser Kamms erreicht man über Steigungen bis 10%, unterbrochen von flacheren Stücken, die Hütten von Unterhölderle (km 15,0). Bei nachlassender Steigung kommt man am Gasthaus Waldheim (km 16,5) vorbei unschwierig nach St. Maria (km 17,0). Ein Schild kündigt den Beginn einer 12%igen Steigung an. Bis zu 18% beträgt die tatsächliche Steigung der Straße, die an bemoosten Felsbrocken zwischen hohen Tannenbäumen, jedoch immer wieder von kurzen flacheren Stücken unterbrochen, fast stufenartig höher führt. Nach zwei Kehren überquert man den Bach, das Tal wird breiter und gibt die Sicht auf die Gletscher um die Zufritt- und Hintere Nonnenspitze frei. Mit Blick auf die Staumauer nähert man sich mit 10 Kehren, die Steigungen bis 13% aufweisen, an den Hängen des Rotstall entlangfahrend dem Zufritt-Stausee. Man erreicht den See durch einen kurzen, unbeleuchteten Tunnel (km 22,5) und ist von den erstmals sichtbaren weißglänzenden Hängen der Zufallspitze und des Zufallferners fast geblendet. Am rechten Ufer des Sees entlang hat man nach Durchfahrung eines kurzen Steintunnels den wohl schönsten Blick auf Gletscher und Berg, bevor man das Gasthaus Zufritt (km 24,0) ansteuert. Eine bessere Aussicht wird auch demjenigen, der die restlichen 8 Kehren mit Steigungen bis 13% zur Paradiesbrücke (km 25,5) in Angriff nimmt, nicht beschieden.

Rückfahrt   Wie Auffahrt.

Meran
Naturns
Reschenpaß
Katharinenberg
Karthaus
Unser Frau
in Schnals
Vernagt-Stausee
Kurzras
Similaun
Finailspitze
Weißkugel
N

Hm
2100
1800
1500
1200
900
600
Kurzras
2011
Unser Frau
1508
Abzweigung SS 38
578
13,5
24,0
4
8
12
16
20
24 km

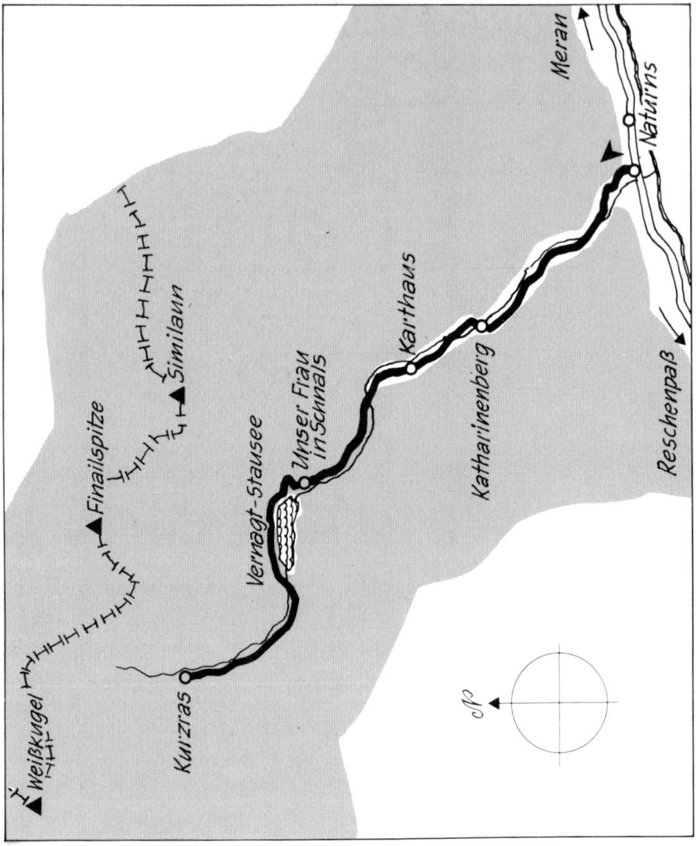

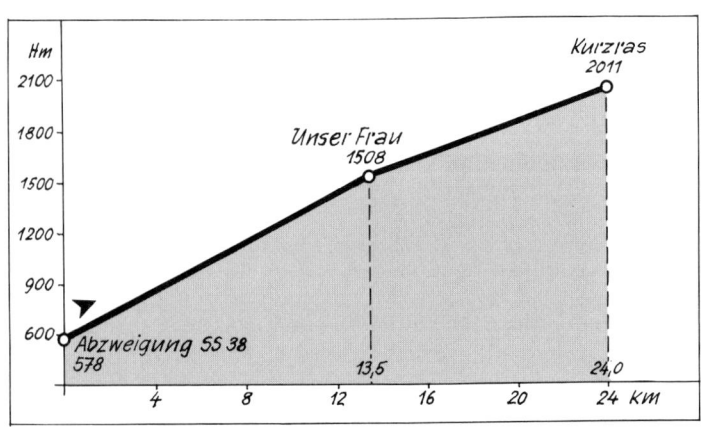

22 Schnalstaler Gletscherbahnstraße

2011 m   Italien/Südtirol

Charakter Schwere Radtour mit maximal 16% Steigung vom Vinschgau zu den Ötztaler Alpen

Offen 1.1.–31.12.

Zeit 2–3 Stunden

Länge 24 km

Höhendifferenz 1433 m

Übersetzung 42/26

Karte Freytag & Berndt Wanderkarte 1:50 000, Blatt S 2

Ausgangspunkt Abzweigung der SS 38 zwischen Naturns und Staben beim Hotel Schnalserhof (578 m), ca. 25 km westlich von Meran

Persönliche Angaben

Gefahren am

Zeit

Übersetzung

Streckenbeschreibung Kurz hinter Naturns, gegenüber dem Hotel Schnalserhof (km 0,0), fährt man in das schluchtartige Schnalstal ein. Ein Schild zeigt den Beginn einer 16%igen Steigung an. Nach Durchfahrung eines 50 m langen Naturtunnels geht die Steigung zuerst auf 13% und dann noch weiter zurück (km 2,0). An der Texel-Gruppe im Osten entlang nimmt man die Steigung kaum wahr. Der Schnalsbach (km 3,5) wird überquert, und kurz vor dem Gasthof Neuratheis (km 6,0) beträgt die Steigung dann wieder 12%. Über Steigungen bis 13% geht es, von flacheren Stücken unterbrochen, an der Abzweigung nach Katharinenberg (km 8,0) vorbei nach Karthaus (km 10,0). In dem langsam breiter werdenden Tal erreicht man bei nachlassender Steigung und Durchfahrung eines unbeleuchteten Kehrentunnels Unser Frau in Schnals (km 13,5), den Hauptort des Tales. Die breit ausgebaute Straße wird schmäler und windet sich mit Steigungen bis 13% in vier Kehren einen Grasbuckel hinauf, der sich später als die begrünte Staumauer des Vernagt-Stausees (km 16,0) entpuppt. Mit Blick auf Salurnspitze, Lagaunspitze und Langgrubenjoch fährt man auf enger, teilweise schlechter Fahrbahn am rechten Ufer des Sees entlang, bis die Straße an seinem westlichen Ende (km 20,5) wieder bergauf führt. Mit bis zu 10%igen Steigungen, von längeren flacheren Stücken unterbrochen, endet die Asphaltstraße etwa 500 m vor Kurzras (km 23,5). Die restlichen 500 m auf Sand- und Schotterpisten in den modernen Ort mit seinen Großparkplätzen ist kein Muß mehr, zumal die Sicht auf die Weißkugel dort nicht besser ist.

Rückfahrt Wie Auffahrt.

Besonderer Hinweis Es empfiehlt sich, die Tour früh am Morgen zu beginnen, da später der Ausflugsverkehr stark zunimmt.

Meran
Marling
Tscherms
Lana
Burgstall
Leonburg
Gfriller Hof
Gr. Laugen-spitze
Gasth. Bad Gfrill
Gampen-Paß
Etsch
Terlan
Bozen
Eppan
Fondo
Kaltern

Hm
1800
1500
1200
900
600
300
Meran 302
Lana 287
Gasth. Bad Gfrill 1019
Gampen-Paß 1518
Fondo 987
6,5
19,5
24,5
38,5
4
8
12
16
20
24
28
32
36
40 km

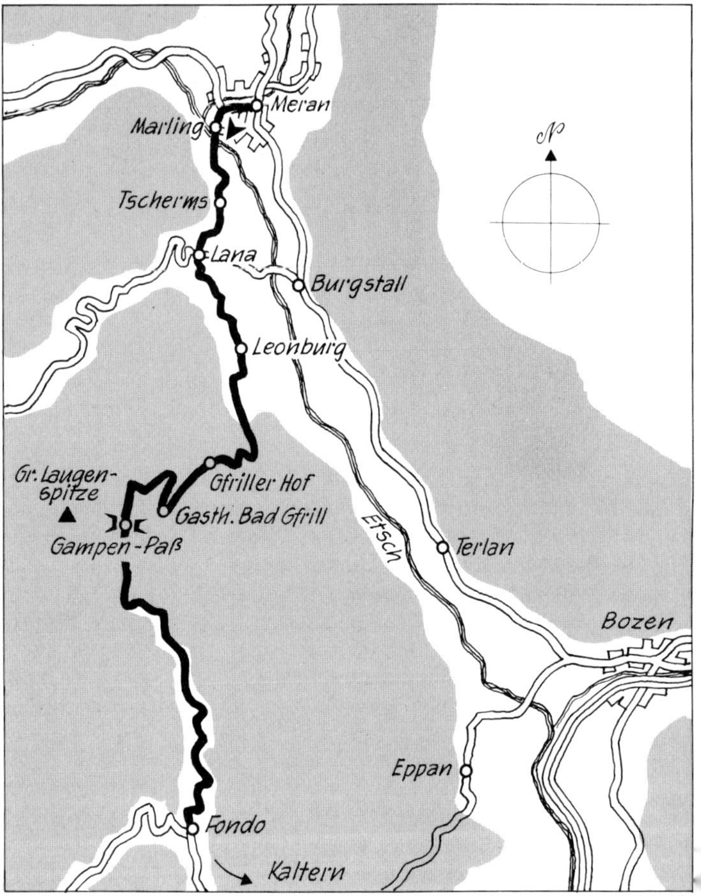

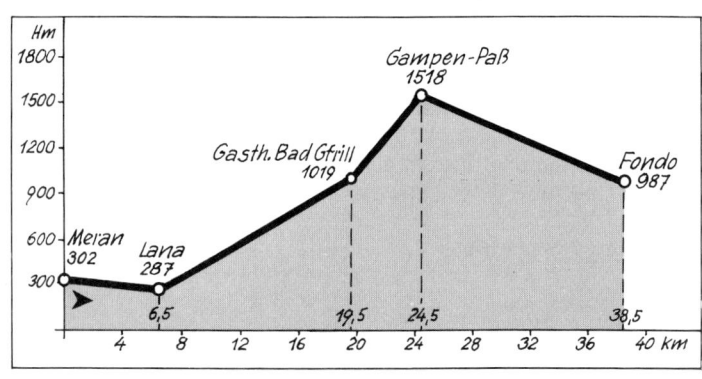

23 Gampen-Paßstraße

1518 m   Italien/Südtirol

Charakter Mittelschwere Radtour mit maximal 9% Steigung über dem Meraner Becken

Offen 1.1.–31.12.

Zeit 1½–2 Stunden

Länge 24,5 km

Höhendifferenz 1231 m

Übersetzung 42/21–23

Karte Freytag & Berndt Wanderkarte 1:50 000, Blatt S 1

Ausgangspunkt Meran (302 m)

Persönliche Angaben

Gefahren am

Zeit

Übersetzung

Streckenbeschreibung Der Beschilderung »Gampen-Paß« folgend ist man froh, Meran (km 0,0), die zweitgrößte, aber auch zweitverkehrsreichste Stadt Südtirols bald verlassen zu können. In Lana (km 6,5) läßt der Verkehr glücklicherweise nach, dafür steigt nun die Straße mit 9% am westlichen Rand des breiten Meraner Beckens an. Es wird jedoch bald wieder flacher, und nach Durchfahrung eines kurzen, unbeleuchteten Tunnels (km 10,5) ragt neben der Straße die Leonburg empor. Über bis zu 9%igen Steigungen, meist jedoch flacher, durchfährt man zwei weitere, 100 m lange, unbeleuchtete Tunnels (km 11,5), während weit vorne, am östlichen Talrand des Beckens, die Spitzen des Latemarmassivs sichtbar werden. Mischwald am Straßenrand verstellt kurz den Blick nach Osten, gibt dann aber wieder die Sicht frei, die nun vom Schlern über Rosengarten bis zum Latemar reicht. Die Straße wendet sich, dem Einschnitt des Prissianer Tales folgend, nach Westen. Kurvenreich, durch dichten Mischwald radelt man mit 9% Steigung am Albergo Gfriller Hof (km 17,5) vorbei, um sich dann wieder nach Süden zu wenden. Mit Blick auf die Dolomiten geht es zuerst flach, dann mäßig ansteigend zum Gasthaus Bad Gfrill (km 19,5) und in zwei Kehren auf wieder bis 9% ansteigender Straße zum Alpenhotel Panorama (km 21,5). Durch einen 100 m langen, unbeleuchteten Kehrentunnel fährt man in dichten Mischwald ein und erreicht auf etwa 7% zurückgehender Steigung unvermittelt die Paßhöhe (km 24,5), die aber leider keinerlei Aussicht bietet.

Rückfahrt Wie Auffahrt. Oder Abfahrt mit Gefälle bis 8% und zwei Kehren nach Fondo (km 14,0). Ein Tunnel, 150 m lang.

Besonderer Hinweis Wegen der Tunnels ist Beleuchtung ratsam.

Bozen
Gampen-Paß
Eppan
Fondo
Monte Pénegal
Mendel-Paß
St. Nikolaus
Kaltern
Kalterer See
Tramin

Hm
1800
1500
1200
900
600
300
Monte Pénegal
1737
Mendel-Paß
1363
St. Nikolaus
630
Fondo
987
Kaltern
426
5,0
16,0
25,5
4
8
12
16
20
24
28
32 km

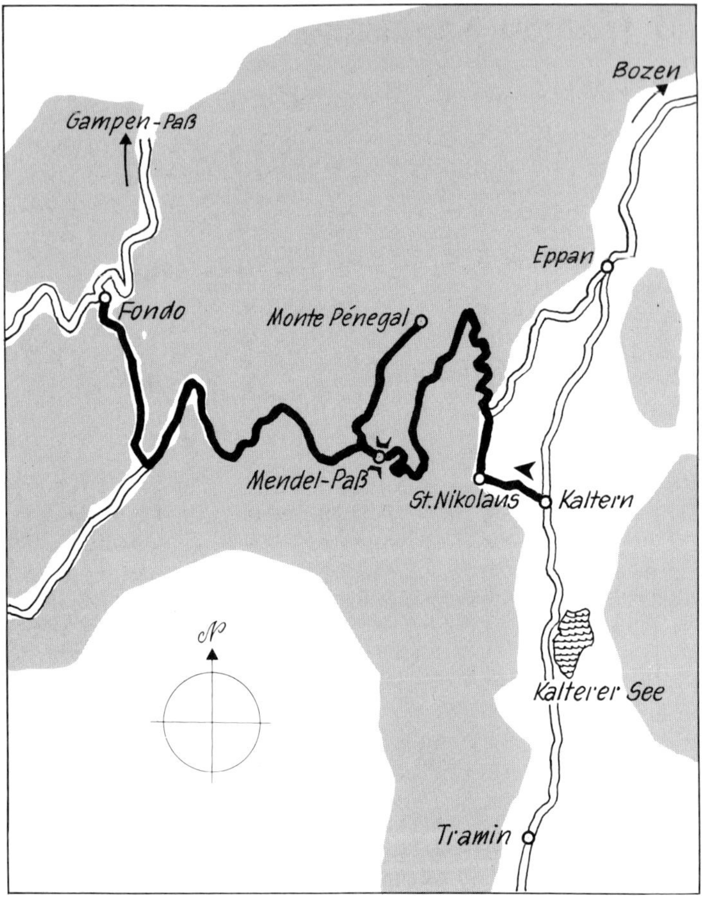

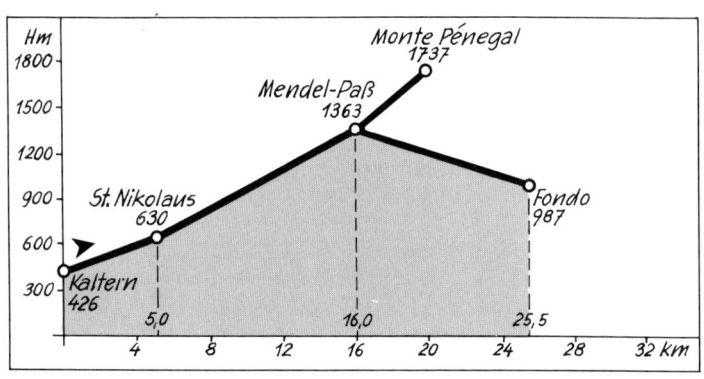

24 Mendel-Paßstraße

1363 m   Italien/Südtirol

Charakter Mittelschwere Radtour mit maximal 10% Steigung über dem Etschtal

Offen 1.1.–31.12.

Zeit 1¼–2 Stunden

Länge 16 km

Höhendifferenz 937 m

Übersetzung 42/21–23

Karte Freytag & Berndt Wanderkarte 1:50000, Blatt S 7

Ausgangspunkt Kaltern (426 m), am Nordende des Kalterer Sees, Autobahnausfahrt Ora/Auer

Persönliche Angaben

Gefahren am

Zeit

Übersetzung

Streckenbeschreibung In Kaltern (km 0,0), der Beschilderung »Mendelpaß« folgend, zieht die Straße mit gleichmäßigen 10% Steigung durch den engen Ortskern nach St. Nikolaus (km 5,0). Hoch oben an den Hängen des Mendelkamms ist ihr Verlauf als langes weißes Band gut sichtbar. Kurz hinter St. Nikolaus fährt man in schattenspendendem Wald und erreicht über mehrere Kehren mit Höhenangaben den Beginn des Bandes (km 11,0). Bei einer Steigung von ca. 8% kann man den herrlichen Blick auf das Etschtal und die Dolomiten im Osten mit Schlern, Rosengarten und Latemar genießen. Am Ende des Bandes zeigt ein Schild den Beginn von 9 Kehren an. Den größten Teil der Schwierigkeiten bereits hinter sich, erreicht man über diese in relativ kurzer Zeit die Paßhöhe (km 16,0). Wer den bissigen Hund des Hotels nicht scheut, kann kurz nach der Paßhöhe die neun Kehren und 4 km mit maximal 12% Steigung zum Monte Pénegal (1737 m) in Angriff nehmen. Er wird dafür mit einem großartigen Rundblick auf den Ortler, die Presanella und die Brenta im Westen, die Sarntaler, Ötztaler und Zillertaler Berge im Norden und die Dolomiten im Osten belohnt.

Rückfahrt Wie Auffahrt. Oder Abfahrt mit Gefälle bis 8% und drei Kehren bis Fondo im Nocetal (km 9,5).

Besonderer Hinweis Wegen der schlechten Fahrbahndecke ist bei der Abfahrt ins Nocetal Vorsicht geboten.

Brenner
Sterzing
Bozen
Kalch
Jaufen-Hs.
Jaufenspitze
Jaufenpaß
St. Leonhard
Timmelsjoch
Meran

Hm
2100
1800
1500
1200
900
600
Jaufen-Hs.
1998
Jaufenpaß
2094
Kalch
1457
Sterzing
948
St. Leonhard
693
9,0
17,0
18,5
39,5
4
8
12
16
20
24
28
32
36
40 Km

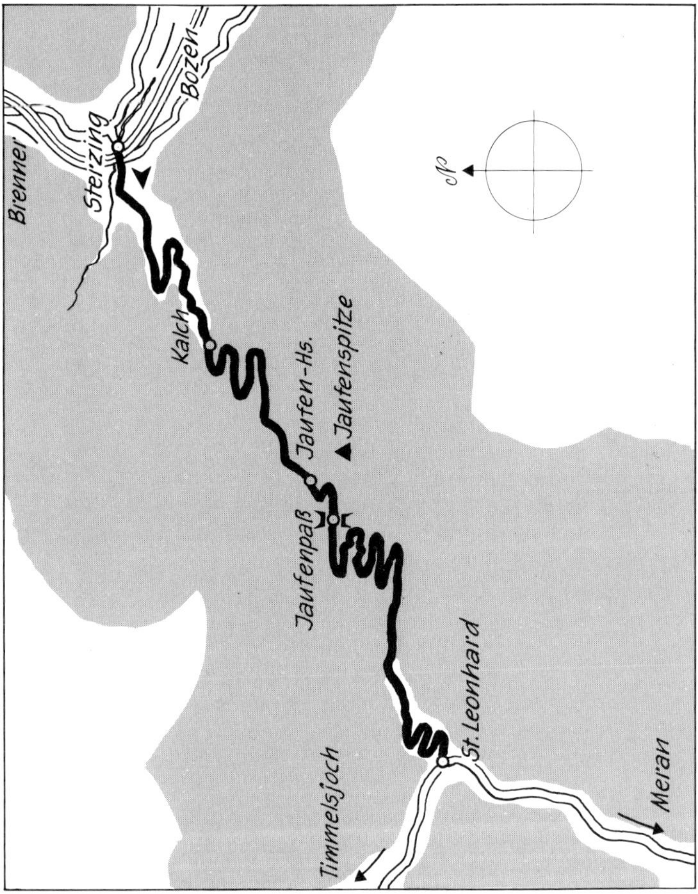

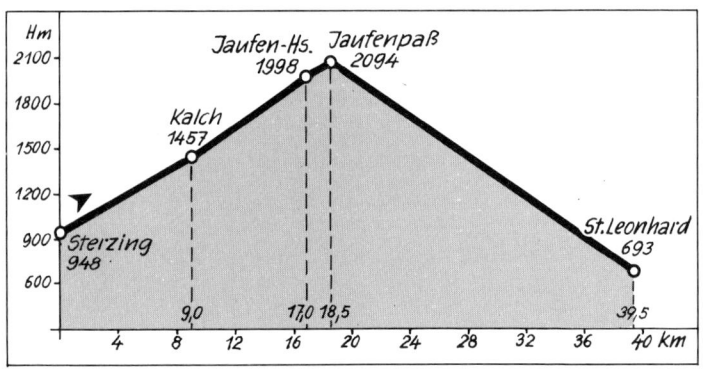

25 Jaufen-Paßstraße

2094 m   Italien/Südtirol

Charakter Mittelschwere Radtour mit maximal 10% Steigung vom Eisack- ins Passeiertal

Offen 1.5.–15.11.

Zeit 1½–2 Stunden

Länge 18,5 km

Höhendifferenz 1146 m

Übersetzung 42/23

Karte Freytag & Berndt Wanderkarte 1:50 000, Blatt S 4

Ausgangspunkt Sterzing (948 m)

Persönliche Angaben

Gefahren am

Zeit

Übersetzung

Streckenbeschreibung Am südlichen Ende von Sterzing (km 0,0) zweigt die Straße zum Jaufenpaß und Penser Joch ab. Der Beschilderung Jaufenpaß folgend erreicht man auf ebener Strecke Gasteig (km 3,0). Kurz danach steigt die Straße auf 10% an und führt an den Nordosthängen des Gastjöchls kurvenreich in Mischwald bergauf. Der lichter werdende Wald gestattet Ausblicke auf die Gletscher um die östlichen und westlichen Feuersteine sowie die Gipfel von Weißwandspitze und Pflerscher Tribulaun der Stubaier Alpen im Norden. Bei km 5,5 beginnen Kehren. Über 8–10%ige Steigungen, teils durch Nadelwald, teils an grünen Wiesen vorbei, erreicht man Kalch (km 9,0). Hinter dem Ort beginnen in dichtem Nadelwald wieder Kehren mit einer Steigung von 10%. Danach wird es langsam ebener, man kommt schneller voran und hat bei km 10,0 die Baumgrenze erreicht. Weit oben am Taleinschnitt ist die Paßhöhe am Fuße der Zakken der Jaufenspitz bereits sichtbar, und über 8–10%ige Steigungen gelangt man zum Jaufen-Haus (km 17,0) bei Kehre 8. In zwei großzügig angelegten Kehren wird der Gipfelhang überwunden, und die Panorama-Hütte auf der Paßhöhe (km 18,5) erreicht, neben der ein Rad den Wind aus dem Passeiertal zur Stromerzeugung nutzt.

Rückfahrt Wie Auffahrt. Oder Abfahrt mit Gefälle bis 12% und elf Kehren nach St. Leonhard im Passeiertal (km 21,0). Eine Tunnelgalerie mit Kurve, 150 m lang.

Sterzing
Brenner
Zinseler
Egg
Penser Joch
Weißhorn
Sarnthein
Rittner Horn
Bozen

Hm
2400
2100
1800
1500
1200
900
600
300
Penser Joch
2211
Egg
1493
Sterzing
948
Bozen-Süd
265
8,0
16,5
69,0
4 8 12 16 20 24 28 32 36 40 44 48 52 56 60 64 68 72 km

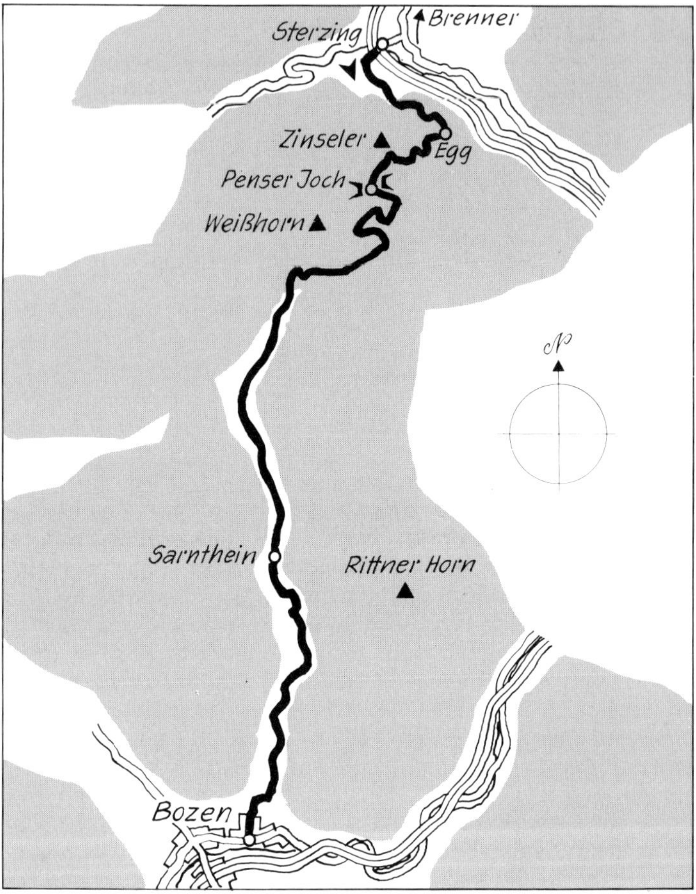

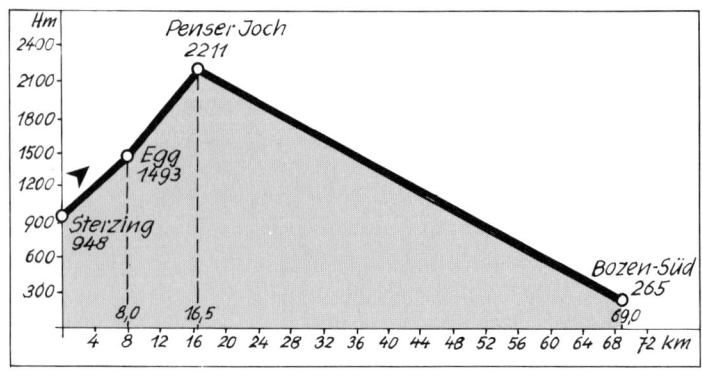

26 Penser-Joch-Straße

2211 m   Italien/Südtirol

Charakter   Mittelschwere Radtour mit maximal 13% Steigung über die Sarntaler Alpen vom Eisack- zum Etschtal

Offen   15.5. oder 1.6.–31.10.

Zeit   1½–2 Stunden

Länge   16,5 km

Höhendifferenz   1263 km

Übersetzung   42/26

Karte   Freytag & Berndt Wanderkarte 1:50 000, Blatt S 4

Ausgangspunkt   Sterzing (948 m)

Persönliche Angaben

Gefahren am

Zeit

Übersetzung

Streckenbeschreibung   Am Ortsausgang von Sterzing (km 0,0) folgt man diesmal der Beschilderung »Penser Joch«. Man überquert den Ridnaunbach, der von den Gletschern der Stubaier Alpen im Nordosten gespeist wird, fährt am Lkw-Zollhof vorbei, bis die Straße bei km 1,5 zuerst noch mäßig bergauf führt. Dann zeigt ein Schild den Beginn einer 13%igen Steigung an. Über dem Eisacktal und der Autobahn hält die Steigung an den bewaldeten Hängen des Mandlseitejochs bis km 5,5 an. Der Wald wird lichter, die Steigung geht auf 10% zurück, und man erreicht Egg (km 8,0). Die Straße biegt nun nach Südwesten ab, und man verläßt in Kehren mit Steigungen bis 10% das Eisacktal und fährt in das Eggertal hinein. Kurvenreich windet sich die Straße an den Südosthängen des Zinseler nach oben, während auf der gegenüberliegenden Talseite die Talschspitze eine Aussicht nach Süden verhindert. Den Berggasthof Alpenrose auf der Paßhöhe bereits vor Augen, überfährt man bei km 13,5 die Baumgrenze. Zwischen Almmatten und Felsschrofen steigt die Straße in einer weiten Schleife, dem Bergkamm des Hühnerspiels folgend, mit einer Steigung von 10% bergan, bis man dann den Gasthof und das Penser Joch (km 16,5) erreicht.

Rückfahrt   Wie Auffahrt. Oder Abfahrt mit Gefälle bis 12% und sechs Kehren nach Bozen. 23 unbeleuchtete Tunnels, 20–500 m lang.

Besonderer Hinweis   Wegen der Tunnels ist bei der Abfahrt nach Bozen Beleuchtung notwendig.

Lienz
Huben
Matrei
Schwarzach
St. Veit
Defereggental
Stallersattel
Enzian-H.
Hochgall
Rieserferner-Gruppe
Ruthner Horn
Antholzer See
Antholz-Niedertal
Antholzer-B.
Niederrasen
Toblach
Bruneck

Hm
2100
1800
1500
1200
900
600
Stallersattel
2052
Antholzer See
1641
Enzian-H.
1650
Antholz-
Niedertal
1124
Niederrasen
1005
Huben
814
7,0
17,0
18,5
24,0
52,0
4
8
12
16
20
24
28
32
36
40
44
48
52
56
60 km

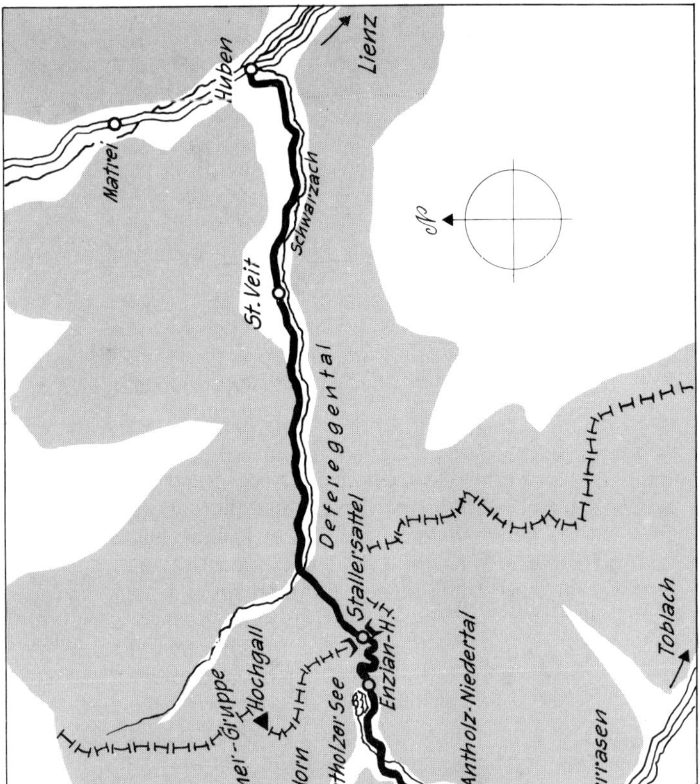

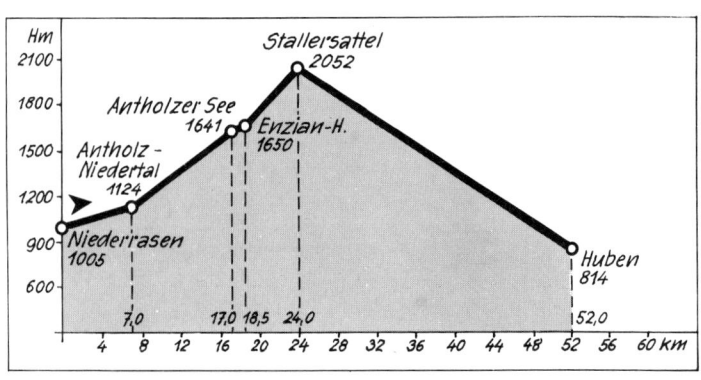

27 Stallersattel-Straße

2052 m   Italien/Südtirol

Charakter   Mittelschwere Radtour mit maximal 12% Steigung von den Dolomiten ins Urgestein

Offen   1.6.–31.10.

Zeit   1½–2 Stunden

Länge   24 km

Höhendifferenz   1047 m

Übersetzung   42/23–26

Karte   Freytag & Berndt Wanderkarte 1:50000, Blatt S 3

Ausgangspunkt   Niederrasen (1005 m), an der Gabelung der Pustertal-Staatsstraße (SS 49) und Südtiroler Landesstraße 44, ca. 11 km östlich von Bruneck

Persönliche Angaben

Gefahren am

Zeit

Übersetzung

Streckenbeschreibung   Zwischen grünen Wiesen im breiten Antholzer Tal verläuft die Straße von Niederrasen (km 0,0) nach Oberrasen (km 1,5) mit einer Steigung von 10%. Völlig eben, die Berge der Rieserferner-Gruppe in Fahrtrichtung, rollt es dann bis Antholz-Niedertal (km 7,0). Über 10%ige Steigungen und längere flache Stücke radelt man an Antholz-Mittertal vorbei nach Antholz-Obertal. Die breite Straße wird nun enger, und ein Schild zeigt den Beginn einer 13%igen Steigung an (km 16,0). Kurz danach ist das Leistungszentrum der italienischen Biathlon-Mannschaft am Antholzer See (km 17,0) erreicht. Durch dichten Tannenwald geht es am südöstlichen Ufer entlang zur Enzian-Hütte (km 18,5). Auf maximal 3 m breiter Straße nimmt die Steigung wieder auf 13% zu, geht aber nach Durchfahrung eines 50 m langen, unbeleuchteten Tunnels bei km 20,0 wieder auf 10% zurück. Kehren mit kurzen Steigungen bis 12% gestatten den Blick auf den Antholzer See, während über die Südostabstürze von Hochgall und Wildgall noch im Mai Lawinen herunterdonnern können. Bei km 21,5 macht ein Schild auf den Beginn der letzten vier Kehren aufmerksam, über die man die österreichische Grenzstation inmitten einer herrlichen Hochgebirgslandschaft erreicht (km 24,0).

Rückfahrt   Wie Auffahrt. Oder Abfahrt mit Gefälle bis 12% und fünf Kehren nach Huben (km 28,0). Ein Tunnel, 300 m lang. Eine Galerie, 150 m lang.

Besondere Hinweise   Die Auffahrt ab Antholzer See ist nur von jeder 30. bis 45. Minute jeder Stunde, die Rückfahrt nach Niederrasen vom Stallersattel nur von jeder 1. bis 15. Minute jeder Stunde möglich. Wegen der Tunnels ist Beleuchtung notwendig.

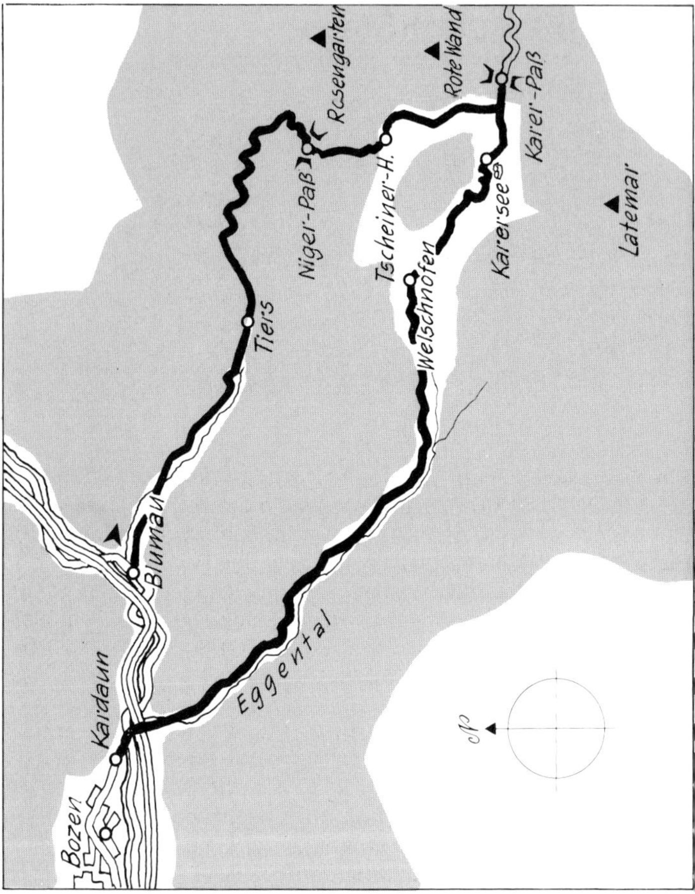

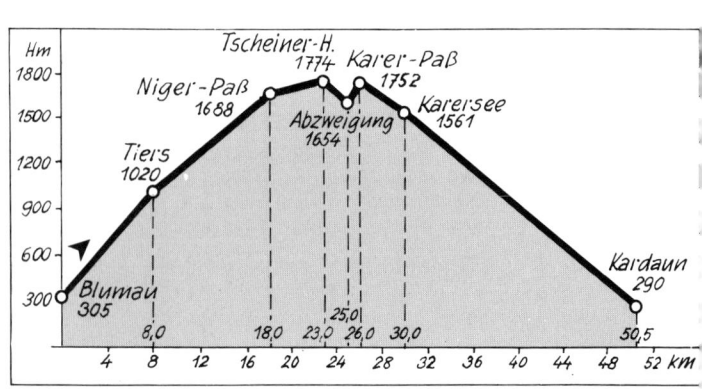

Rosengarten

Rote Wand

Karer-Paß

Niger-Paß

Tscheiner-H.

Karersee

Latemar

Tiers

Welschnofen

Blumau

Kardaun

Eggental

Bozen

Hm							
1800			Tscheiner-H. 1774	Karer-Paß 1752			
1500		Niger-Paß 1688	Abzweigung 1654	Karersee 1561			
1200	Tiers 1020						
900							
600						Kardaun 290	
300	Blumau 305						

8,0   18,0   23,0 25,0 26,0   30,0   50,5

4   8   12   16   20   24   28   32   36   40   44   48   52 km

76

28 Niger-Paßstraße

1774 m   Italien/Dolomiten

Charakter Schwere Radtour mit maximal 24% Steigung zwischen Schlern und Rosengarten
Offen 1.1.–31.12.
Zeit 2½–3½ Stunden
Länge 26 km
Höhendifferenz 1469 m
Übersetzung 42/28–30

Karte Freytag & Berndt Wanderkarte 1:50 000, Blatt S 7
Ausgangspunkt Blumau (305 m), Autobahnausfahrt Bozen-Nord

Persönliche Angaben
Gefahren am
Zeit
Übersetzung

<u>Streckenbeschreibung</u> Von Blumau (km 0,0), dem blauen Hinweisschild nach Brie/Breien folgend, steigt die Straße im Tierser Tal auf den ersten 3 km mit Steigungen bis 10% an. Man überquert den Breibach und sieht das Hinweisschild auf den Beginn der 20%igen Steigung. Kaum hat man in einen höheren Gang geschaltet, ist diese auch schon überwunden, und über Steigungen bis 10% erreicht man das Gasthaus Halbweg (km 6,5). Ein weiteres Schild mit der Aufschrift »24% Steigung« läßt das Kommende nur vage ahnen, zumal diese anfangs noch nicht erkennbar ist. Kurz darauf aber muß man auch mit dem 28er Ritzel aus dem Sattel. Die ohnehin schmale Fahrbahn ganz ausnutzend kämpft man sich zwischen Fels zur Linken und dem wilden Breibach zur Rechten bergauf, bis man eine Brücke mit Eisengeländer wie eine rettende Insel erreicht. Doch nur noch wenige Meter um eine Kurve sind zu fahren, bevor das vielleicht berüchtigtste Steigungsstück des gesamten Alpenraums überwunden ist. Dann folgt – mit Blick auf die mächtige Felsbastion des Rosengartens mit den Vajolettürmen, davor das sich weiß abhebende Dorf Tiers mit dem rot leuchtenden Zwiebelturm seiner Kirche – die Belohnung. Hinter Tiers (km 8,0) windet sich die Straße nun kehren- und kurvenreich das Purgamentschtal hinauf. Die 20%ige Steigung bei der Kapelle St. Cyprian ist rasch überwunden und zwischen Tannenwäldern am Fuß des Rosengartens über Steigungen bis 8% die Niger-Hütte (km 18,0), wo man den Niger-Paß nur tangiert, bald erreicht. Die Weiterfahrt zur Tscheiner-Hütte (km 23,0) entpuppt sich als Sprintstrecke. Dann fällt die Straße bis zur Abzweigung Karer-Paß (km 25,0) leicht ab, und nach 1 km erreicht man den zweiten Paß (km 26,0) dieses Tages.
<u>Rückfahrt</u> Wie Auffahrt. Oder Abfahrt wie Tour 29 bis Kardaun (km 24,5) und auf der SS 12 zum Ausgangspunkt Blumau (km 30,5).

Canazei
San Giovanni
Predazzo
Rosengarten
Rote Wand
Karer-Paß
Latemar
Karersee
Welschnofen
Birchabruck
Eggental
Kardaun
Bozen

Hm
1800
1500
1200
900
600
300
Karersee
1561
Karer-Paß
1752
San Giovanni
1382
Birchabruck
877
Kardaun
290
10,5
20,5
24,5
34,5
4
8
12
16
20
24
28
32
36
40 km

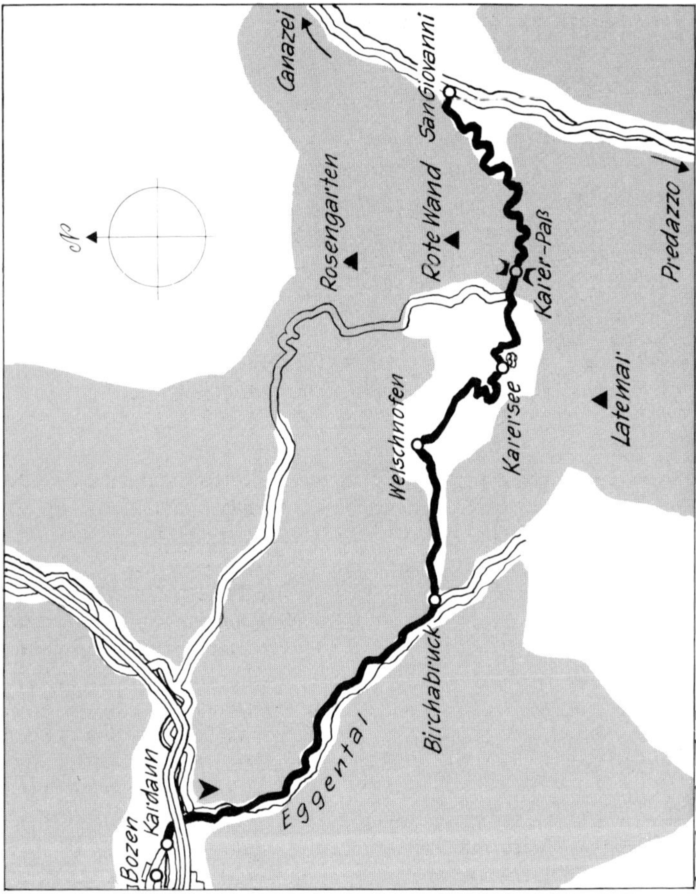

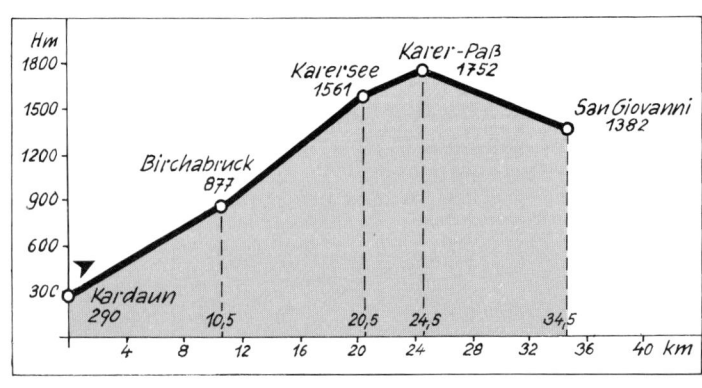

29 Karer-Paßstraße

1752 m   Italien/Dolomiten

Charakter Schwere Radtour mit maximal 16% Steigung zwischen Rosengarten und Latemar

Offen 1.1.–31.12.

Zeit 2½–3½ Stunden

Länge 24,5 km

Höhendifferenz 1462 m

Übersetzung 42/26

Karte Freytag & Berndt Wanderkarte 1:50000, Blatt S 7

Ausgangspunkt Kardaun (290 m), Autobahnausfahrt Bozen-Nord

Persönliche Angaben

Gefahren am

Zeit

Übersetzung

Streckenbeschreibung Hinter Kardaun (km 0,0) verläuft die Straße mit 16% Steigung schluchtartig am Karneidbach entlang das Eggental aufwärts. Bereits nach 1,5 km wird es merklich flacher, und bald lösen bewaldete Hügel den rötlichen Porphyrfels ab. Mit maximal 10% Steigung, von längeren ebeneren Stücken unterbrochen, erreicht man Birchabruck (km 10,5). Mit Blick auf die Westabstürze des Rosengartenmassivs geht es der Beschilderung »Karer-Paß« folgend mit Steigungen zwischen 8 und 10% durch mehrere unbeleuchtete Tunnels und Galerien nach Welschnofen (km 13,5). Die Steigung nimmt bis auf 12% zu, und man nähert sich mit Blick auf das Latemarmassiv einem der schönsten Alpenseen, dem an den Nordhängen der Latemarspitzen im Karerforst gelegenen Karersee (km 20,5). Nach weiteren Kehren mit Steigungen bis 12% wird die Straße wieder flacher, und zwischen den mächtigen Gebirgsstöcken des Rosengartens und des Latemar erreicht man die Abzweigung zum Niger-Paß (km 23,5). Ein weiterer Kilometer und mit der Paßhöhe ist auch die deutsch-italienische Sprachgrenze erreicht (km 24,5).

Rückfahrt Wie Auffahrt. Oder Abfahrt mit Gefälle bis 10% nach San Giovanni im Fassatal (km 10,0).

Besonderer Hinweis Wegen der Tunnels bei der Auffahrt zum Karer-Paß ist Beleuchtung ratsam.

St. Ulrich
Grödner Joch
Hotel Miramonti
Langkofel
Sella-Gruppe
Sella-Joch
Piz Boè
Rodella
Pordoi-Joch
Lupo Bianco
N
Canazei
Bozen

Hm
2250
2100
1950
1800
1650
1500
1350
Sella-Joch 2240
Abzweigung 1850
Lupo Bianco 1759
Hotel Miramonti 1900
Canazei 1463
4,5
6,0
12,0
17,5
2
4
6
8
10
12
14
16
18 km

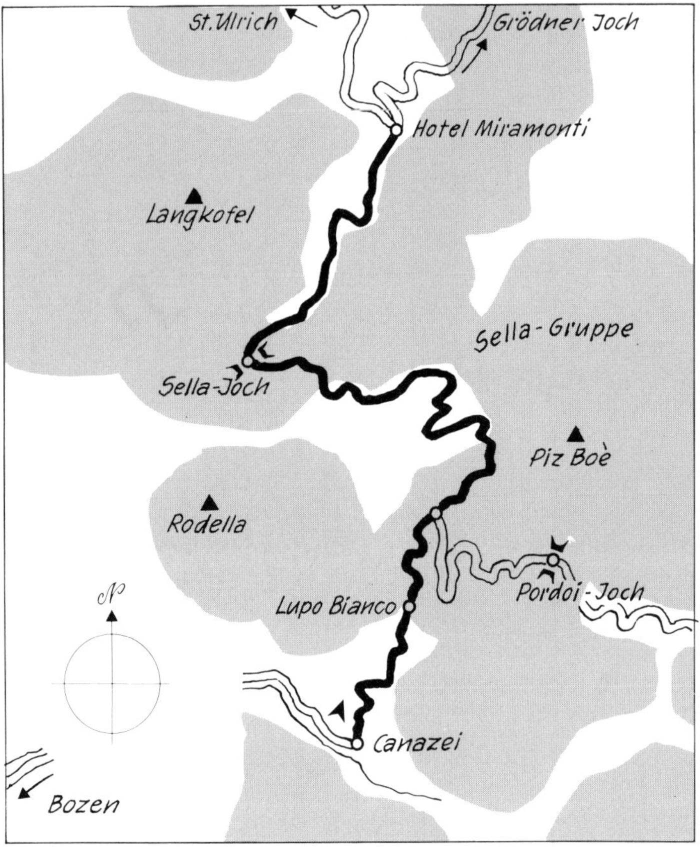

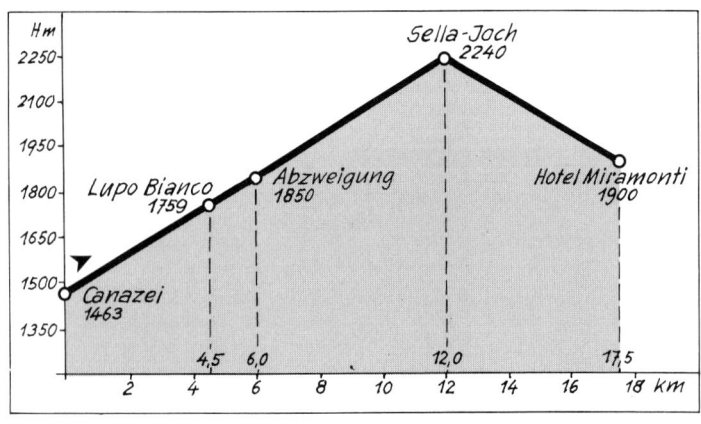

30 Sella-Joch-Straße

2240 m   Italien/Dolomiten

Charakter Mittelschwere Radtour mit maximal 11 % Steigung im Herzen gewaltiger Dolomitenfelsen

Offen 1.1.–31.12.

Zeit 1–1½ Stunden

Länge 12 km

Höhendifferenz 777 m

Übersetzung 42/21–23

Karte Freytag & Berndt Wanderkarte 1:50000, Blatt S 5

Ausgangspunkt Canazei (1463 m)

Persönliche Angaben

Gefahren am

Zeit

Übersetzung

Streckenbeschreibung Kurz hinter Canazei (km 0,0) beginnt die erste Kehre mit der Höhenangabe 1485 m. Durch schattigen Tannenwald erreicht man über weitere Kehren mit gleichmäßigen 11 % Steigung den Albergo Lupo Bianco (km 4,5). Eine weitere Biegung, und die Südwestabstürze des Piz Ciavázes tauchen auf. Bei gleichbleibender Steigung erreicht man bei Kehre 14 die Abzweigung zum Pordoi-Joch (km 6,0). Nicht nur die Hälfte der zu bewältigenden Strecke, sondern auch die Gedenktafel für den berühmten »Campionissimo« Fausto Coppi laden zum Verweilen ein. Man folgt der SS 242, die sich unmittelbar unter den gewaltigen schwarz-gelben Felsabstürzen der Pordoi-Nordwestwand und den gelb-grauen Wänden der Piz Ciavázes-Südwand zum Sella-Joch emporzieht. Über mehrere kopfsteingepflasterte Kehren erreicht man ein Schild mit der Höhenangabe 2000 m. Noch 240 Höhenmeter sind es bis zur Paßhöhe, der man sich mit Blick auf die Spitzen des Langkofels, der Fünffinger- und Grohmannspitze nähert. Nach weiteren 2 km ist sowohl die Paßhöhe als auch die beste Blickposition auf die gesamte Ostwand des Langkofelmassivs erreicht (km 12,0).

Rückfahrt Wie Auffahrt. Oder Abfahrt mit Gefälle bis 9 % kurvenreich zum Hotel Miramonti (km 5,5).

Besondere Hinweise Insbesondere im Scheitelbereich weist die Straße erhebliche Belagschäden auf. Bei der Abfahrt ist Vorsicht geboten.

Gadertal
Corvara
Arabba
Sella - Gruppe
Grödner Joch
Hotel Gerard
Hotel Miramonti
Canazei
St. Ulrich
Sella-Joch
N

Hm
2400
2100
1950
1800
1650
Grödner Joch
2137
Hotel Gerard
2020
Hotel Miramonti
1900
Corvara
1568
2,0
4,0
6,0
15,5
2
4
6
8
10
12
14
16
18 km

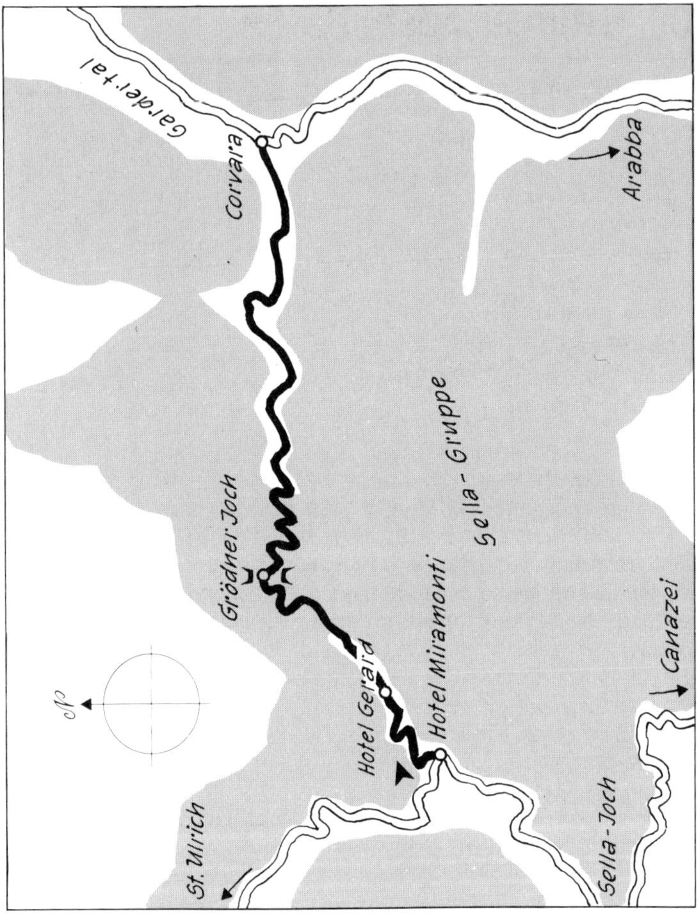

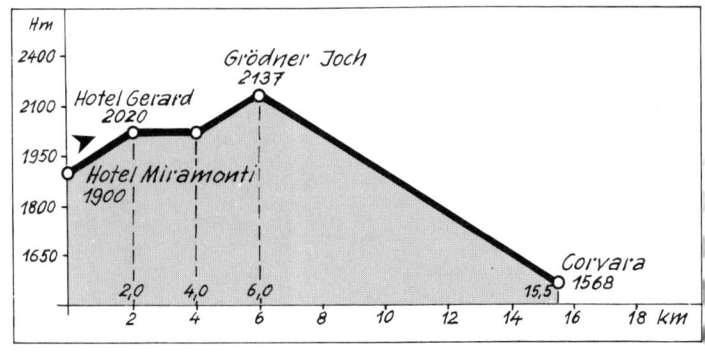

31 Grödner-Joch-Straße

2137 m   Italien/Dolomiten

Charakter   Leichte Radtour mit maximal
8% Steigung unter den Nordwestwänden
der Sella-Gruppe

Offen   1.1.–31.12.

Zeit   ½–¾ Stunden

Länge   6 km

Höhendifferenz   237 m

Übersetzung   42/21–23

Karte   Freytag & Berndt Wanderkarte
1:50000, Blatt S 5

Ausgangspunkt   Hotel Miramonti (1900 m), ca. 5 km hinter
Wolkenstein im Grödnertal

Persönliche Angaben

Gefahren am

Zeit

Übertsetzung

Streckenbeschreibung   Vom Hotel Miramonti (km 0,0) windet sich
die Straße die ersten beiden Kilometer mit einer Steigung von 8%
durch grüne Almmatten zum Hotel Gerard (km 2,0) empor. Völlig eben
führt sie dann auf eine Länge von weiteren 2 km unmittelbar unter den
steilen Felswänden des Großen Murfreitturms und der Murfreitspitze
entlang. Die bei km 4 beginnenden Kehren sind ein absolutes Ge-
genstück zu den beiden vorangehenden km, und schon nach kurzer
Zeit sind das Grödner-Joch-Hospiz und die Paßhöhe am Fuße der
Tschierspitzen (km 6,0) erreicht.

Rückfahrt   Wie Auffahrt. Oder Abfahrt mit Gefälle bis 12% und
17 Kehren nach Corvara/Kurfar (km 9,5).

Besonderer Hinweis   Wegen der schlechten Straße und den teilweise engen, gefährlichen Kehren, ist bei der Abfahrt nach Corvara/
Kurfar Vorsicht geboten.

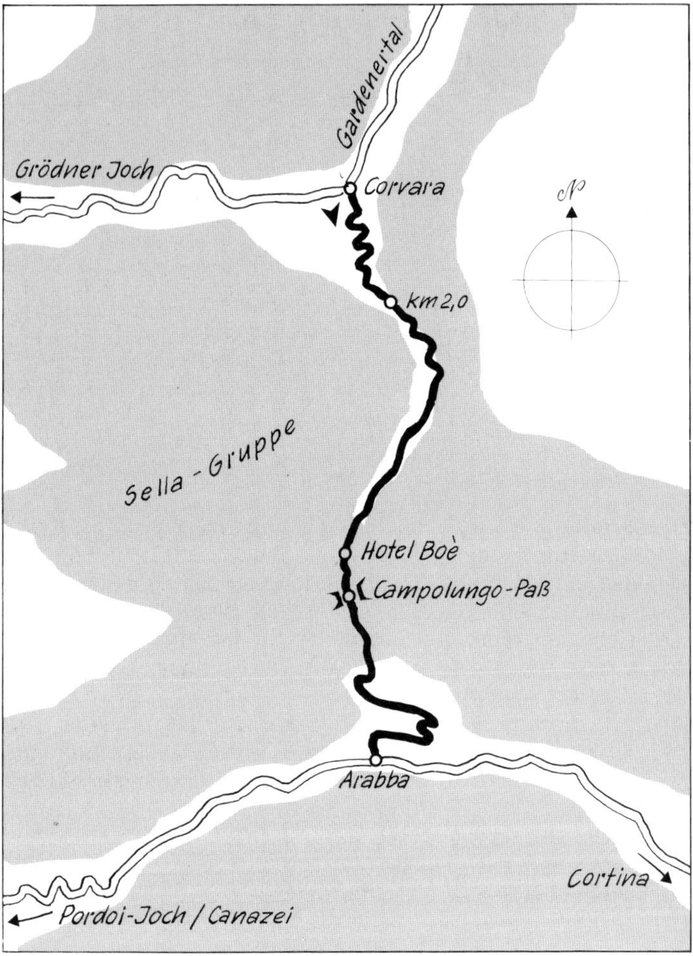

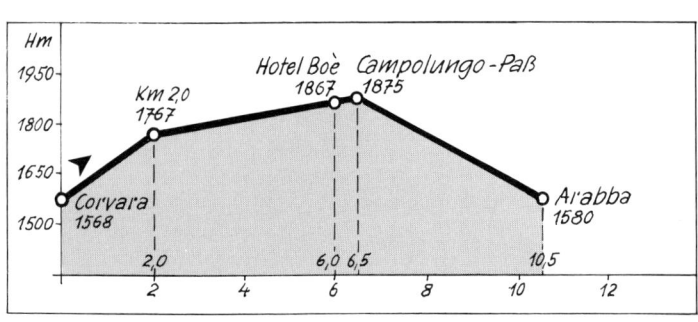

Grödner Joch

Gardenertal

Corvara

km 2,0

Sella - Gruppe

Hotel Boè

Campolungo-Paß

Arabba

Cortina

Pordoi-Joch / Canazei

N

Hm							
1950			Hotel Boè	Campolungo-Paß			
		Km 2,0	1867	1875			
1800		1767					
1650	▼						Arabba
	Corvara						1580
1500	1568						
		2,0	6,0	6,5			10,5
		2	4	6	8	10	12

32 Campolungo-/Campolongo-Paßstraße

1875 m   Italien/Dolomiten

Charakter Leichte Radtour mit maximal 10% Steigung an der Ostseite der Sella-Gruppe	**Ausgangspunkt** Corvara/Kurfar (1568 m)
Offen 1.1.–31.12.	**Persönliche Angaben**
Zeit ½–1 Stunden	Gefahren am
Länge 6,5 km	Zeit
Höhendifferenz 307 m	Übersetzung
Übersetzung 42/21–23	
Karte Freytag & Berndt Wanderkarte 1:50 000, Blatt S 5	

Streckenbeschreibung Hinter Corvara/Kurfar (km 0,0) windet sich die Straße mit gleichbleibenden 10% Steigung an einem Berghang über dem Ort hoch. Zehn Kehren, die dabei auf den ersten beiden km zu überwinden sind, gestatten schöne Rückblicke auf den Ort und die Felsbarriere des Sass Songher im Norden. Bei nachlassender Steigung geht es an der Ostseite der Sella-Gruppe mit Pizkofel, Boeseekofel, Zehner, Neuner und Vallonspitze entlang. Bei km 5,0 überfährt man die Provinzgrenze von Bozen und gelangt in die Provinz Belluno. Kurz darauf erreicht man auch schon das Hotel Boè und nach wenigen m bereits die zwischen grünen Wiesen eingebettete Paßhöhe (km 6,5).

Rückfahrt Wie Auffahrt. Oder Abfahrt mit Gefälle bis 10% und fünf Kehren bis Arabba/Réba (km 4,0).

Besondere Hinweise Besonders im oberen Bereich ist die Straße in schlechtem Zustand. Bei der Abfahrt ist hier Vorsicht geboten.

Cortina
Arabba
Corvara
Piz Boè
Gasthof Lezuo
Pordoi-Joch
Marmolada
Canazei
Sella-Joch
Bozen

Hm
2250
2100
1950
1800
1650
1500
Gasthof Lezuo
2210
Pordoi - Joch
2239
Arabba
1602
Canazei
1465
8,0
9,0
20,0
2
4
6
8
10
12
14
16
18
20 km

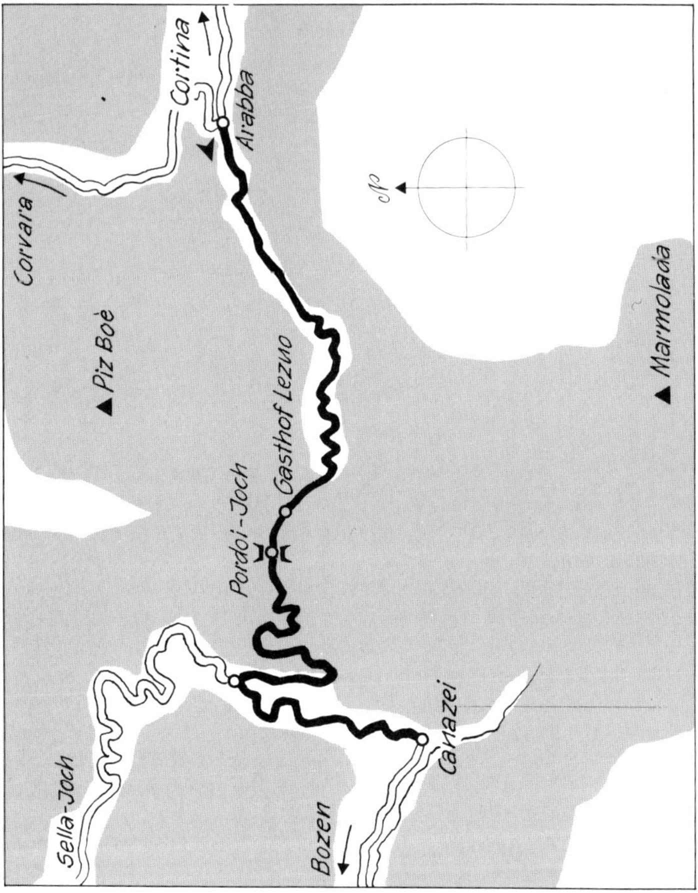

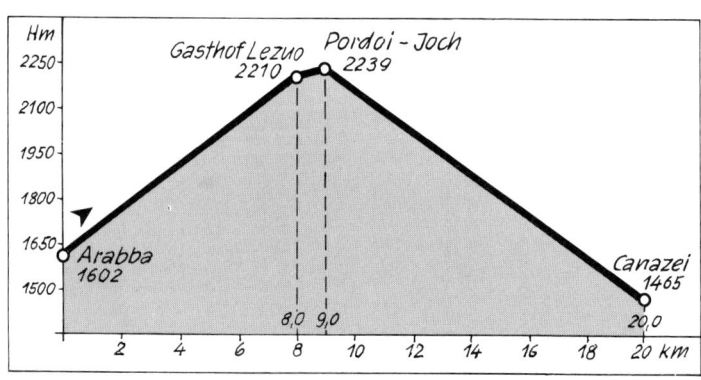

33 Pordoi-Joch-Straße

2239 m   Italien/Dolomiten

Charakter Mittelschwere Radtour mit
maximal 8% Steigung zwischen Sella-
Gruppe und Marmolada

Offen 1.1.–31.12.

Zeit 1–1½ Stunden

Länge 9 km

Höhendifferenz 637 m

Übersetzung 42/21–23

Karte Freytag & Berndt Wanderkarte
1:50 000, Blatt S 5

Ausgangspunkt Arabba/Rèba
(1602 m)

Persönliche Angaben

Gefahren am

Zeit

Übersetzung

<u>Streckenbeschreibung</u> Insgesamt 33 Kehren sind von Arabba/
Rèba (km 0,0) bis zur Paßhöhe zu bewältigen, deren erste noch im
Ort auf einer Höhe von 1609 m beginnt. Kurz danach zeigt uns ein Kilometerstein noch eine Strecke von 8,7 km an. Zwischen grünen Almmatten, begrenzt von den Südwänden der Sella mit deren höchster
Erhebung, dem 3152 m hohen Piz Boè, und den dunklen Felszügen
der Padonberge folgt eine Kehre mit gleichmäßigen 8% Steigung unmittelbar der anderen. Bei Kehre 20 sieht man hoch oben bereits den
Gasthof Lezuo, knapp unterhalb der Paßhöhe. Ab Kehre 27 werden
die Abstände zwischen den Serpentinen etwas größer. Trotzdem ist
der Gasthof bei Kehre 32 (km 8,0) bald erreicht. Nur noch eine Kurve
und ein weiterer km ist bis zum Pordoi-Paß (km 9,0) am Einschnitt
zwischen Sasso Beccè und Sellastock zu überwinden.

<u>Rückfahrt</u> Wie Auffahrt. Oder Abfahrt mit Gefälle bis 11% und
27 Kehren bis Canazei (km 11,0).

Cortina
Caprile
Fedáia-Paß
Arabba
Stausee
Marmolada
Pordoi-Joch
Sella-Joch
Canazei
Penia
Bozen

Hm
2100
1950
1800
1650
1500
1350
1200
1050
Stausee
2044
Fedáia-Paß
2056
Penia
1487
Canazei
1465
Caprile
1023
3,0
12,0
14,5
29,0
2
4
6
8
10
12
14
16
18
20
22
24
26
28
30 km

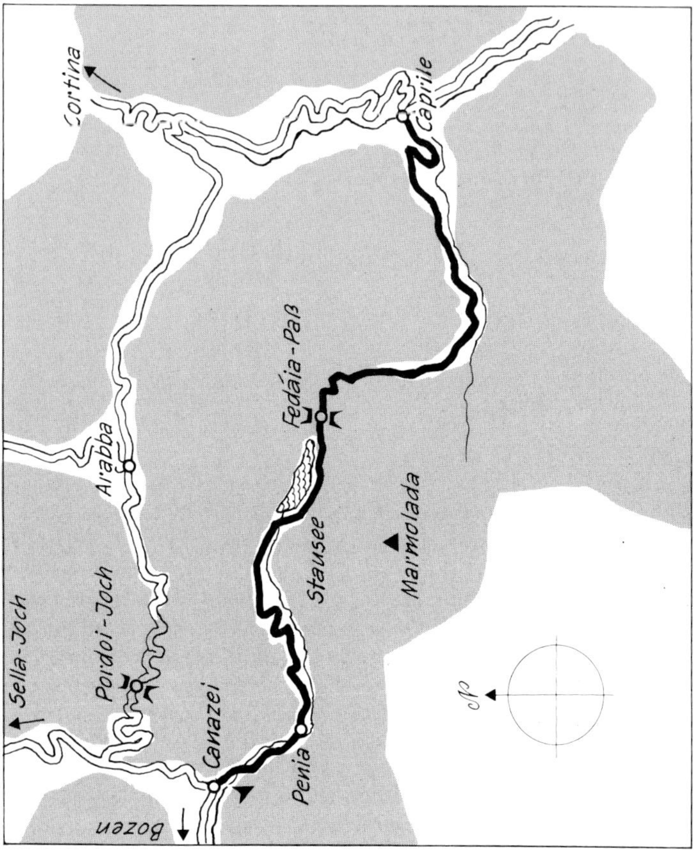

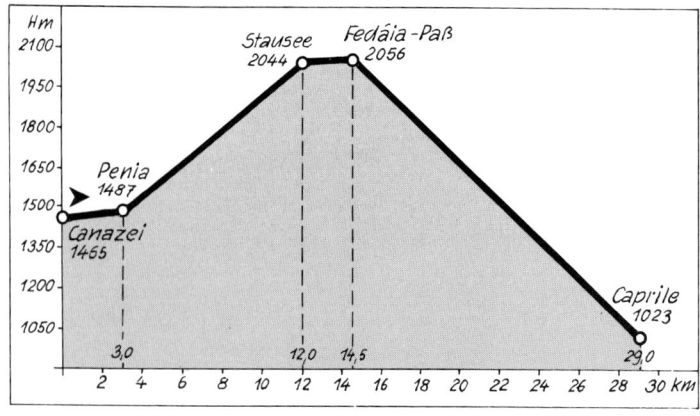

34 Fedáia-Paßstraße

2056 m   Italien/Dolomiten

Charakter   Leichte Radtour mit maximal 10% Steigung an der Nordseite der Marmolada

Offen   15.4.–15.10.

Zeit   1–1½ Stunden

Länge   14,5 km

Höhendifferenz   591 m

Übersetzung   42/21–23

Karte   Freytag & Berndt Wanderkarte 1:50 000, Blatt S 5

Ausgangspunkt   Canazei (1465 m)

Persönliche Angaben

Gefahren am

Zeit

Übersetzung

Streckenbeschreibung   Man verläßt Canazei (km 0,0) in südöstlicher Richtung. Auf nur mäßig ansteigender Straße durchfährt man die Orte Alba und Penia (km 3,0). Die Steigung nimmt zu, und nach einer Kehre kommt man in Nadelwald, der jedoch bald zurückweicht und den Blick auf die schneebedeckten Hänge der Vernel-Gruppe freigibt (km 5,5). Am Fuße der Nordwände von Pala di Vernel, Gran Vernel und Roda de Mulon entlang erreicht man die erste von vier numerierten Kehren (km 7,0), die sich mit einer gleichmäßigen Steigung von 10% bis km 9,0 hinziehen. Nach der letzten Kehre kann man den Verlauf der Straße bis zur Paßhöhe bereits verfolgen. Auf kurvenreicher Straße durchfährt man insgesamt 10 Galerien und abschließend einen 300 m langen, unbeleuchteten Tunnel. Nach diesem radelt man direkt auf den Fodáia-Stausee (km 12,0) zu. Über die Staumauer und die Straße am Südufer erreicht man in wenigen Minuten die Paßhöhe (km 14,5) unter den vergletscherten Hängen der Marmolada-Nordseite.

Rückfahrt   Wie Auffahrt. Oder Abfahrt mit Gefälle bis 16% und 18 Kehren nach Caprile (km 14,5). Ein Tunnel, 250 m lang.

Besonderer Hinweis   Wegen der Tunnels ist Beleuchtung notwendig.

Cortina
Cencenighe
Mas
Canale d'Agordo
Falcade
Fior di Roccia
San-Pellegrino-Paß
Marmolada
Predazzo
Canazei
Moena
Bozen
Predazzo

Hm
2100
1800
1500
1200
900
600
San-Pellegrino-Paß
1918
Fior di Roccia
1752
Moena
1184
Canale d'Agordo
976
Cencenighe
774
5,0
18,0
20,5
32,5
4
8
12
16
20
24
28
32
36
40 km

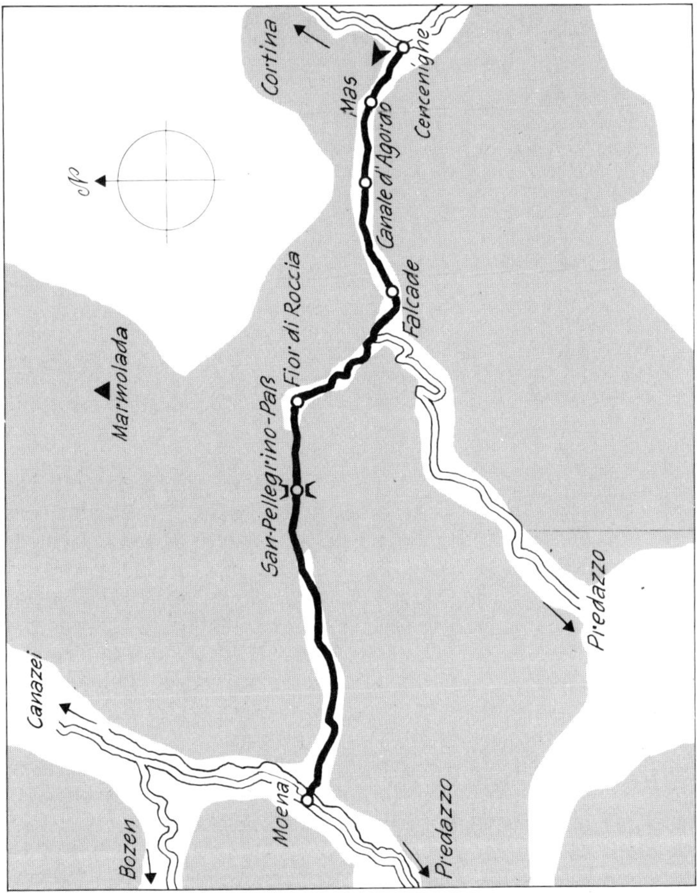

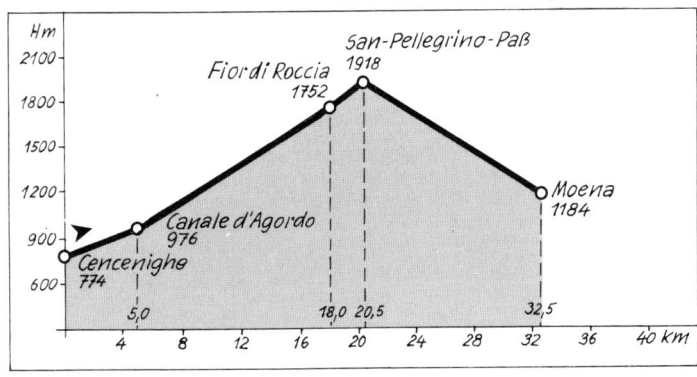

35 San-Pellegrino-Paßstraße

1918 m   Italien/Dolomiten

Charakter Mittelschwere Radtour mit maximal 18% Steigung an der Südwestseite der Marmolada

Offen 1.1.–31.12.

Zeit 1½–2 Stunden

Länge 20,5 km

Höhendifferenz 1144 m

Übersetzung 42/26

Karte Freytag & Berndt Wanderkarte 1:50000, Blatt S 5

Ausgangspunkt Cencenighe (774 m), an der SS 203

Persönliche Angaben

Gefahren an

Zeit

Übersetzung

Streckenbeschreibung In Ortsmitte von Cencenighe (km 0,0), folgt man der Beschilderung »Canale d'Agordo/Pso. di S. Pellegrino«. Die Straße steigt auf 10% an, und man gelangt in ein enges, schluchtartiges Tal. Durch einen 400 m langen, schwach beleuchteten Tunnel hindurch erreicht man Mas (km 2,5). Das enge Tal wird breiter, und Wiesen lösen den Fels ab. Rechts sind bereits die Felsspitzen des Sasso Bianco, der Cima di Pezza und der Cima dell'Auta, die östlichen Ausläufer der Marmolada, zu sehen. Auf bis zu 12% ansteigender Straße kommt man über Canale d'Agordo (km 5,0) nach Falcade (km 7,5). Im Süden die Bergspitzen und Türme der nördlichen Pala-Gruppe mit Monte Predazzo und Col Margherita, sieht man vor sich bereits die nach Falcade Alto (km 12,5) hinaufziehenden Kehren. Hat man diese überwunden, zeigt ein Schild die Steigung von 14% an. Über nicht enden wollende Kurven und Kehren windet sich die Straße durch dichten Nadelwald und steigt auf eine Länge von 1 km sogar auf 18% an. Kurz danach geht die Steigung auf fast angenehme 10% zurück, und man erreicht die Bar Fior di Roccia (km 18,0). Bevor man die Provinz Belluno verläßt, kann man sich hier noch etwas stärken, denn noch sind etwa 2,5 km mit Steigungen bis zu 10% zur Paßhöhe zu überwinden (km 20,5).

Rückfahrt Wie Auffahrt. Oder Abfahrt mit Gefälle bis 14% und drei Kehren nach Moena (km 12,0).

Besonderer Hinweis Wegen des Tunnels ist Beleuchtung ratsam.

Misurina
Toblach
Cortina d'Ampezzo
Pocol
Tofana
Falzárego-Paß
Andraz
Belluno
Abteital
Pordoi-Joch
N

Hm
2250
2100
1950
1800
1650
1500
1350
1200
Falzárego-Paß
2117
Pocol
1540
Andraz
1428
Cortina d'Ampezzo
1210
5,5
16,5
27,5
2 4 6 8 10 12 14 16 18 20 22 24 26 28 km

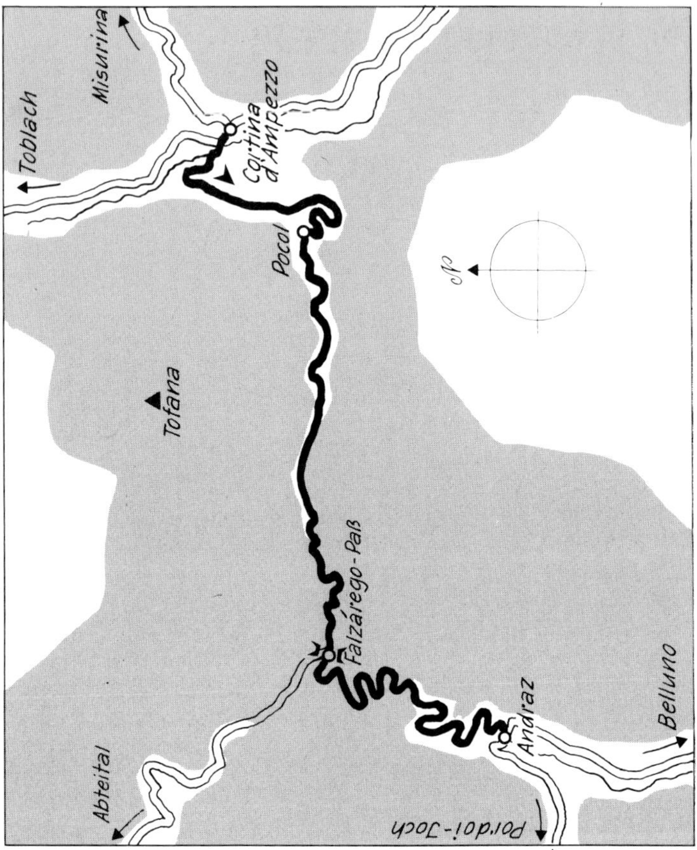

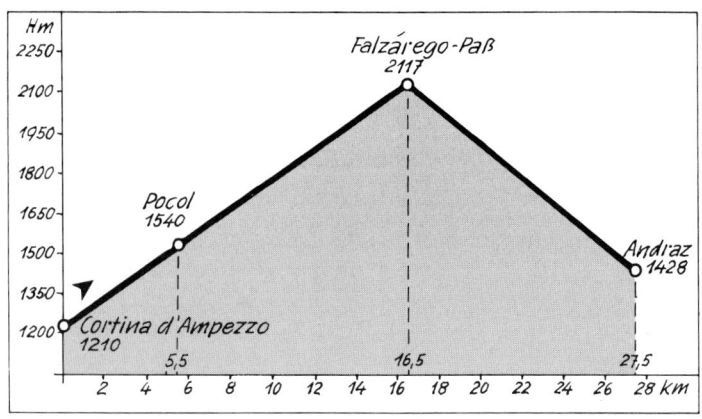

36 Falzárego-Paßstraße

2117 m   Italien/Dolomiten

Charakter Mittelschwere Radtour mit maximal 11% Steigung an der Südseite der Tofana

Offen 1.1.–31.12.

Zeit 1¼–2 Stunden

Länge 16,5 km

Höhendifferenz 907 m

Übersetzung 42/21–23

Karte Freytag & Berndt Wanderkarte 1:50000, Blatt S 5

Ausgangspunkt
Cortina d'Ampezzo (1210 m)

Persönliche Angaben

Gefahren am

Zeit

Übersetzung

Streckenbeschreibung In Kehren mit gleichmäßigen 11% Steigung verläßt man Cortina (km 0,0) in westlicher Richtung. Bevor man bei km 3,5 ein 20 m langes Felstor durchfährt, kann man noch letzte Blicke auf das Ampezzaner Becken und die umliegende Bergwelt mit der gewaltigen Felsmauer des Pomagagnonzuges im Norden werfen. Über numerierte, teils mit Höhenangaben versehene Kehren erreicht man Pocol (km 5,5). Weitere Serpentinen lassen die Südwände der Tofana immer näher rücken. Ein Schild zeigt an, daß bereits eine Höhe von 1600 m erreicht ist. Nach ca. 8 km wird die Straße eben, und ein fast 2 km langes Stück verführt zum Einlegen des 52er Zahnkranzes. Unmittelbar unter den rötlich-grauen Südabstürzen der Tofana di Rozes steigt die Straße wieder auf 11% an, und man erreicht Kehre Nr. 16 (km 13,0). Überragt von den Felsspitzen der Cinque Torri sind noch 3,5 km zur Paßhöhe zu überwinden, die durch lichten Lärchenwald bereits zu erahnen ist. Hat man die 21ste und letzte Kehre bei einer Höhe von 2020 m erreicht, sind die verbleibenden 97 m zur Paßhöhe (km 16,5) rasch überwunden.

Rückfahrt Wie Auffahrt. Oder Abfahrt mit Gefälle bis 8% und 17 Kehren bis Andraz (km 11,0). Ein unbeleuchtetes Kehrentunnel, 50 m lang. Zwei Galerien, 40 m und 100 m lang.

Besonderer Hinweis Wegen des Tunnels ist bei der Abfahrt nach Andraz Beleuchtung ratsam.

Toblach
Misurina
Tofana
Cortina d'Ampezzo
Falzárego-Paß
Pocol
Giau-Paß
Selva di Cadore
N

Hm
2500
2200
1900
1600
1300
Giau-Paß 2236
Pocol 1540
Selva di Cadore 1300
Cortina d'Ampezzo 1210
5,5
16,0
26,0
4
8
12
16
20
24
28
km

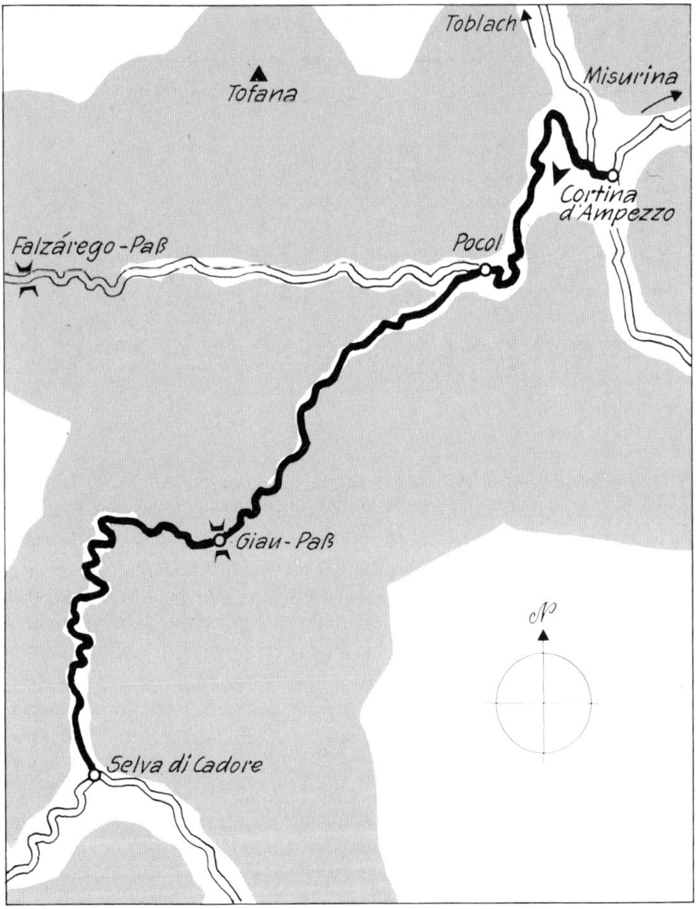

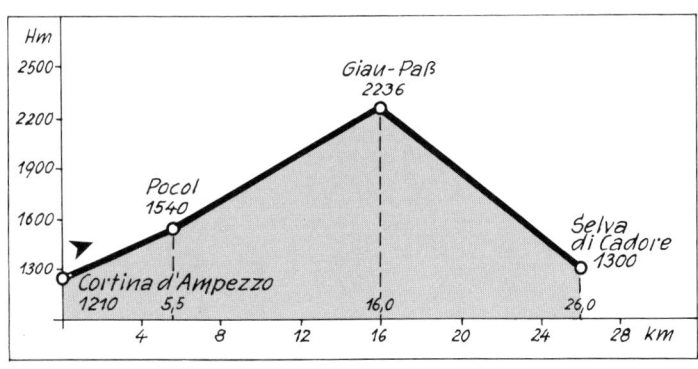

37 Giau-Paßstraße

2236 m   Italien/Dolomiten

Charakter Mittelschwere Radtour mit
maximal 12% Steigung vom Ampezzaner
Tal zur Civetta

Offen 1.5.–30.11.

Zeit 1¼–2 Stunden

Länge 16 km

Höhendifferenz 1026 m

Übersetzung 42/26

Karte Freytag & Berndt Wanderkarte
1:50000, Blatt S 5

Ausgangspunkt
Cortina d'Ampezzo (1210 m)

Persönliche Angaben

Gefahren am

Zeit

Übersetzung

<u>Streckenbeschreibung</u>   Man verläßt Cortina d'Ampezzo (km 0,0)
wie in Tour 36 beschrieben. In Pocol (km 5,5) folgt man diesmal der
Beschilderung »Pso. di Giau« und fährt erst einmal 2 km bergab.
Dann aber geht es mit 12% Steigung weiter. Trotz dichtem Nadelwald
gestatten die Kehren wechselweise immer wieder Blicke auf die Süd-
abstürze der Tofana. Zwischen km 10 und 11 geht die Steigung zurück
und wird teilweise von flacheren Stücken unterbrochen. Danach beginnen wieder Kehren und auch die Steigung nimmt wieder auf 12%
zu. Eine Höhenangabe bei km 12 zeigt an, daß man bereits auf
1800 m ist. Der Wald geht zurück, und man fährt in einen Hochkessel,
umschlossen von den Cinque Torri im Nordwesten und der Croda di
Lago im Südwesten. Über Steigungen bis 12%, von flacheren Stük-
ken unterbrochen, nähert man sich den Zacken des Nuvolau. Erst bei
km 15,0 läßt die Steigung nach, und man erkennt das Rifugio auf der
Paßhöhe im Taleinschnitt zwischen Ra Gusela und Col Piombin. Bald
darauf ist die Paßhöhe (km 16,0) mit Blick auf die Gletscher der Marmolada und die Felsenbastion der Sella im Westen erreicht.
<u>Rückfahrt</u>   Wie Auffahrt. Oder Abfahrt mit Gefälle bis 14% und
24 Kehren bis Selva di Cadore (km 10,0).

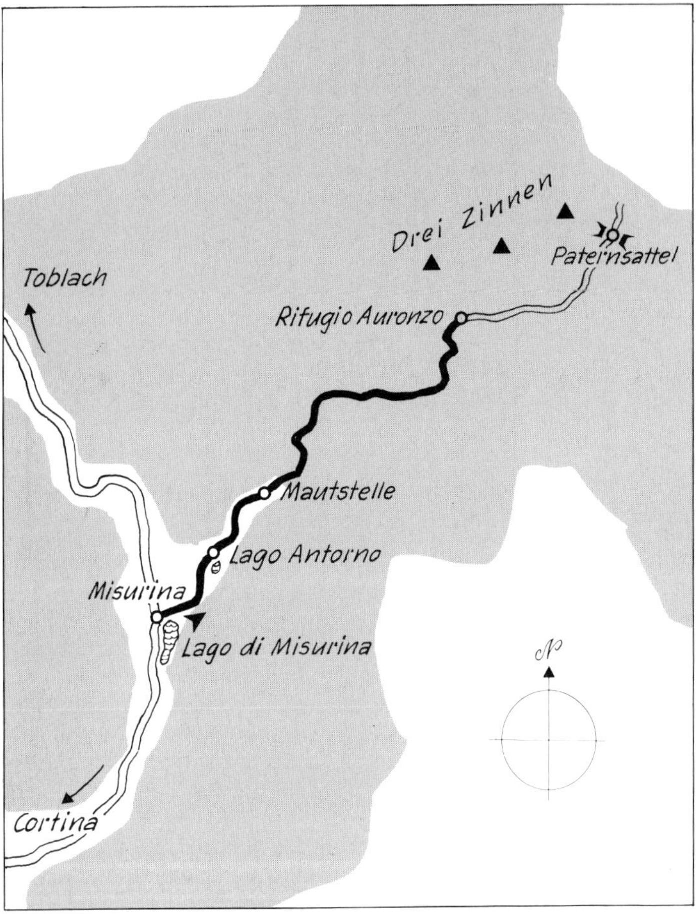

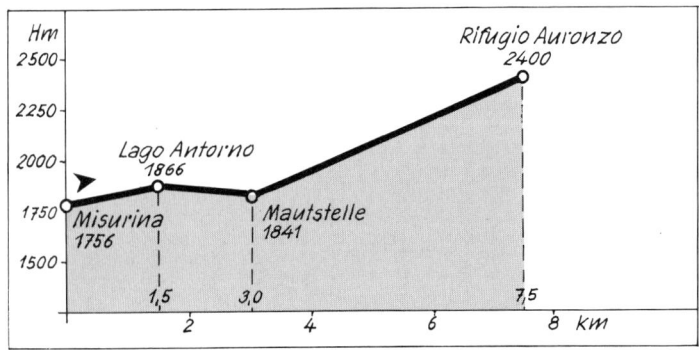

Toblach

Drei Zinnen

Paternsattel

Rifugio Auronzo

Mautstelle

Lago Antorno

Misurina

Lago di Misurina

Cortina

N

Hm
2500

2250

2000

1750

1500

Rifugio Auronzo
2400

Lago Antorno
1866

Misurina
1756

Mautstelle
1841

1,5   3,0   7,5

2   4   6   8   km

Auf dem Lautaret-Paß (Westseite) unter der Meije. ▷

Oben: Die Nordseite des Galibier-Passes.

Links: Kurz unter der Galibier-Paßhöhe.

Unten: Auffahrt zum Galibier-Paß (Südseite).

COL DU
GALIBIER
OUVERT

Oben: Kehre am Flüela-Paß.

Rechts: Am Timmelsjoch (Südseite).

Unten: Tunnel am Susten-Paß (Westseite).

Oben: Auf der Nordseite des Timmelsjochs.

Rechts: Am Timmelsjoch (Südseite).

Unten: Auffahrt zum Timmelsjoch (Südseite).

Oben: Kurz unter der Timmelsjoch-Paßhöhe.

Rechts: Auf der Nordseite des Galibier-Passes.

Unten: Auf der Südseite des Galibier-Passes.

Oben: Auf dem Croix-de-Fer-Paß (Ostseite).

Rechts: Die Südseite des Timmelsjochs.

Unten: Auf der Galibier-Paßhöhe.

Oben: Auffahrt zum Lautaret-Paß (Ostseite).

Links: Abfahrt vom Timmelsjoch (Nordseite).

Unten: Rast am Lautaret-Paß.

Oben: Auf der Télégraphe-Paßstraße (Nordseite).

Links: Timmelsjoch-Südseite.

Unten: Am Beginn des Jaufen-Passes (Ostseite).

38 Drei-Zinnen-Bergstraße

2400 m   Italien/Dolomiten

Charakter   Mittelschwere Radtour mit maximal 16% Steigung zu einem Höhepunkt der Dolomiten

Offen   1.6.–30.9.

Zeit   ¾–1¼ Stunden

Länge   7,5 km

Höhendifferenz   669 m

Übersetzung   42/26–28

Karte   Freytag & Berndt Wanderkarte 1:50 000, Blatt S 10

Ausgangspunkt   Misurina (1756 m)

Persönliche Angaben

Gefahren am

Zeit

Übersetzung

<u>Streckenbeschreibung</u>   Kurz vor dem Ortsende von Misurina folgt man der Beschilderung »Rifugio Auronzo«. Unmittelbar hinter dem Ristorante Ginzernella (km 0,0) verläuft die Strecke mit gleichbleibenden 16% Steigung bis zum Lago Antorno (km 1,5) und gibt so bereits einen Vorgeschmack auf das Kommende. Zuerst aber fällt die Straße nochmals bis kurz nach der Mautstelle (km 3,0) ab, um dann wieder 16% zu erreichen. Kurvenreich windet sie sich bergauf. Bei km 4,5 erinnert die Aufschrift »Soli 3 km Bartagli« an vergangene Girod'-Italia-Zeiten. Eine Kurve, ein kurzes, mit 10% Steigung fast als flach empfundenes Stück, und wieder zwingen 16% Steigung aus dem Sattel. Bei km 6,0 beginnen Kehren, und kurz danach wird das Rifugio Auronzo am Fuße der westlichen Zinne sichtbar. Noch 1,5 km sind bei kaum nachlassender Steigung von ca. 14% zu überwinden, bevor man das Haus (km 7,5) erreicht hat. Erst jetzt kann man den Blick auf die umliegende Bergwelt genießen. Wer allerdings die berühmten Nordwände der Drei Zinnen sehen will, muß die Radschuhe mit Bergschuhen tauschen und an den Süd- und Osthängen der Drei Zinnen entlang über die Lavaredo-Hütte zum Paternsattel aufsteigen.

<u>Rückfahrt</u>   Wie Auffahrt. Als Tagestour kann die Route auch von Toblach im Pustertal über den Col San Angelo oder Cortina d'Ampezzo über den Passo Tre Croci gelegt werden.

<u>Besonderer Hinweis</u>   Als landschaftlicher Höhepunkt ist die Drei-Zinnen-Bergstraße sehr stark befahren; sie sollte deshalb zu bekannten Ausflugszeiten gemieden werden.

◁ Im Ötztal

Bozen
Dimaro
Piano
Pinzolo
Fucine
Vermiglio
Presanella
Tonale-Paß
Gavia-Paß
Ponte di Legno
Edolo

Hm
2100
1800
1500
1200
900
600
Dimaro 767
Piano 831
Fucine 978
Vermiglio 1260
Tonale-Paß 1884
Ponte di Legno 1258
4,0
12,0
16,5
27,5
39,0
4 8 12 16 20 24 28 32 36 40 km

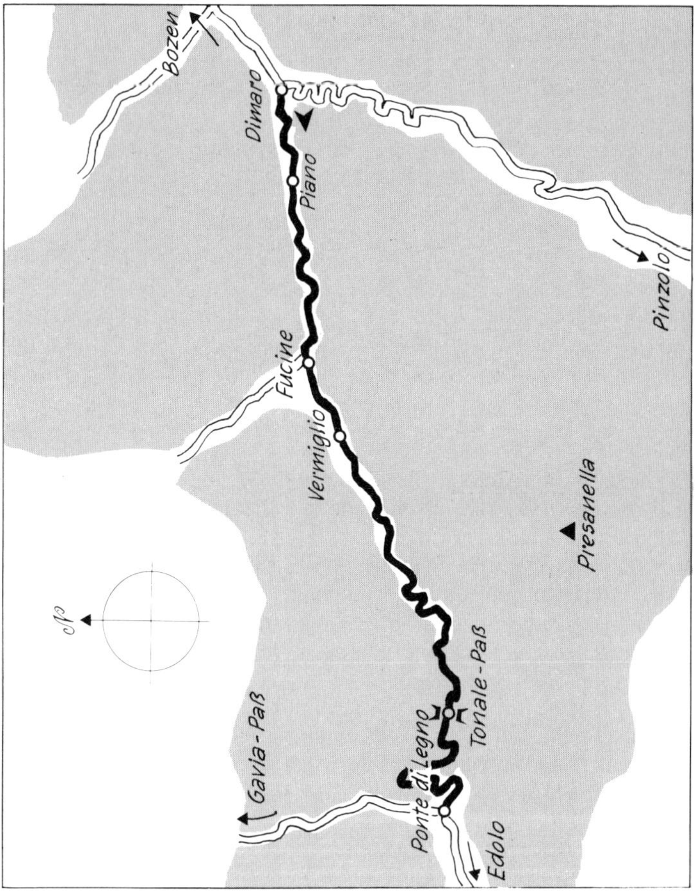

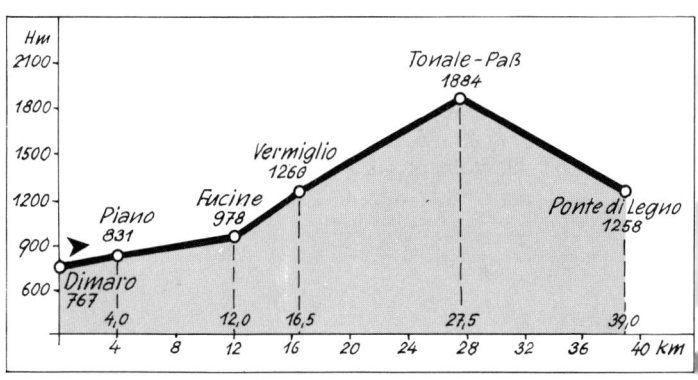

39 Tonale-Paßstraße

1884 m   Italien/Trentino

Charakter Mittelschwere Radtour mit maximal 10% Steigung von der Brenta in die Presanella-Gruppe

Offen 1.1.–31.12.

Zeit 2–3 Stunden

Länge 27,5 km

Höhendifferenz 1117 m

Übersetzung 42/23

Karte Freytag & Berndt Wanderkarte 1:50000, Blatt S 11

Ausgangspunkt Dimaro (767 m), im Val di Sole an der Abzweigung nach Madonna di Campiglio

Persönliche Angaben

Gefahren am

Zeit

Übersetzung

Streckenbeschreibung Von Dimaro (km 0,0), die schneebedeckten Hänge des Presanellamassivs und die Ausläufer der Ortler-Gruppe vor sich, erreicht man auf nur mäßig ansteigender Strecke Piano (km 4,0). Die Straße wird merklich enger, und über die Orte Mezzana und Pellizzano geht es nach Fucine (km 12,0). Die Fahrbahn wird noch mal schmäler, und die Steigung nimmt zu. Mit gleichbleibenden 10% erreicht man mit Vermiglio (km 16,5) die letzte Ortschaft vor der Paßhöhe. Kurvenreich, aber ohne Kehren zieht die Straße unter den vergletscherten Dreitausendern des Presanellamassivs bergan. Ein Schild zeigt die Höhenangabe 1600 m. Beeindruckend ist die Aussicht auf die Hängegletscher der Nordwand der Cima Presanella. Kurz danach nimmt die Steigung ab und gibt den Blick auf den Gipfelhang mit mehreren Kehren frei. Danach läßt einen der Anblick der mit Hochhäusern und Liftanlagen verunstalteten Paßhöhe schier erschauern, die man nach weiteren 2 km unschwierig erreicht (km 27,5).

Rückfahrt Wie Auffahrt. Oder Abfahrt mit Gefälle bis 8% und neun Kehren nach Ponte di Legno (km 11,5).

Besondere Hinweise Für einen Tag bietet es sich an, die Tour bereits in Cles (658 m) oder Ponte Mostizzolo am Nordende des Lago di San Giustina im Val di Sole zu beginnen. Konditionsstarke Fahrer können auch in Mezzocorona (224 m) im Etschtal starten.

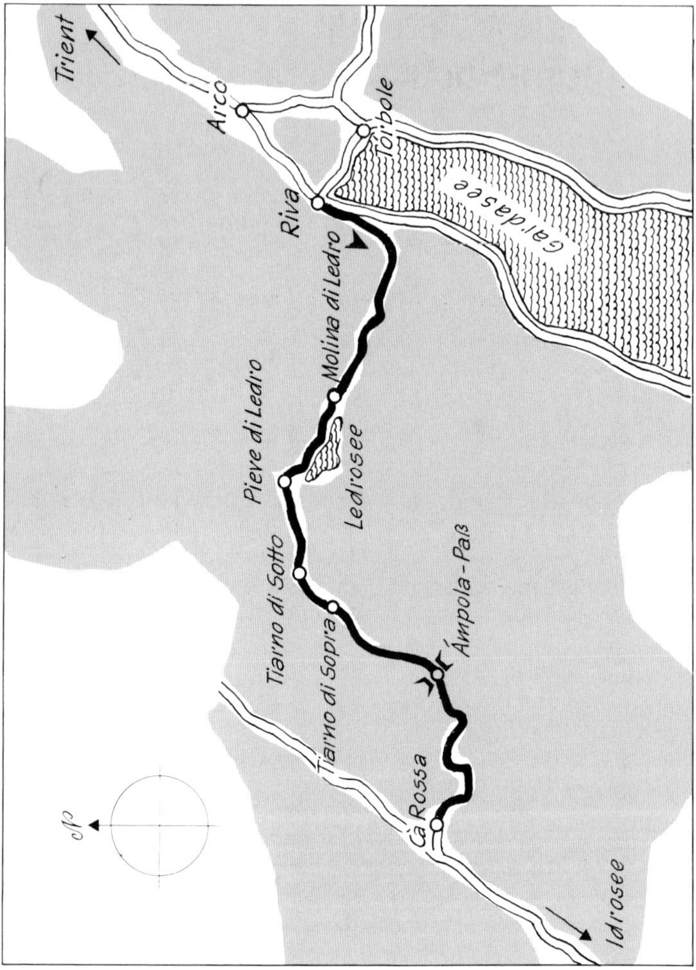

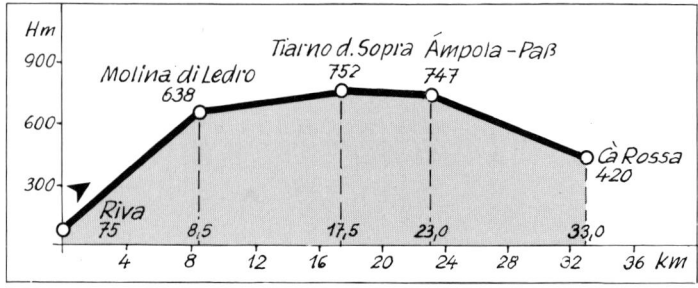

Trient

Arco

Toíbole

Riva

Gardasee

Molina di Ledro

Pieve di Ledro

Ledrosee

Tiarno di Sotto

Tiarno di Sopra

Ámpola-Paß

Cà Rossa

Idrosee

N

Hm							
900			Tiarno d. Sopra	Ámpola-Paß			
		Molina di Ledro	752	747			
600		638					Cà Rossa
							420
300							
	Riva						
	75	8,5	17,5	23,0		33,0	

| | 4 | 8 | 12 | 16 | 20 | 24 | 28 | 32 | 36 km |

116

40 Ámpola-Paß- und Ledro-Hochtalstraße

747 m   Italien/Lombardei

Charakter Leichte Radtour mit maximal 11% Steigung über dem Gardasee

Offen 1.1.–31.12.

Zeit 1¼–2 Stunden

Länge 23 km

Höhendifferenz 672 m

Übersetzung 42/23

Karte Kompass Wanderkarte 1:50000, Blatt 102 und 71

Ausgangspunkt Abzweigung der SS 45 am südwestlichen Ortsende von Riva (75 m)

Persönliche Angaben

Gefahren am

Zeit

Übersetzung

Streckenbeschreibung   Am Ortsende von Riva (km 0,0) folgt man der Beschilderung ins Val di Ledro. Kurvenreich windet sich die Straße mit Steigungen zwischen 8 und 10% an den mit subtropischer Flora bewachsenen Felshängen über dem Gardasee bergan. Sieben kurze, unbeleuchtete Tunnels sind dabei auf den ersten beiden km zu durchfahren. Über eine Kehre mit Rückblick auf die Nordspitze des Gardasees gelangt man ins Val di Ledro und erreicht nach Durchfahrung des achten und letzten Tunnels auf mäßig ansteigender Straße Biacesa (km 5,5). Bis Molina di Ledro (km 8,5) am Ostende des Lago di Ledro sind nochmals Kehren mit Steigungen bis 11% zu überwinden. Am rechten Ufer des landschaftlich herrlich gelegenen Sees entlang rollt es auf ebener Trasse bis Pieve di Ledro (km 13,5). Die im unteren Teil vorherrschende subtropische Vegetation wird von einer Landschaft mit Mittelgebirgscharakter abgelöst. Durch grüne Wiesen mit Maisfeldern, begrenzt von Nadelwäldern an den Berghängen, geht es durch mehrere kleine Ortschaften mit mäßiger Steigung bis Tiarno di Sopra (km 17,5). Am Ort vorbeifahrend erreicht man, dem leichten Auf und Ab der Straße folgend, die Paßhöhe (km 23,0) und hätte es wohl kaum bemerkt, wenn nicht ein Schild mit der Aufschrift »Ámpola-Paß« darauf hinweisen würde.

Rückfahrt   Wie Auffahrt. Oder Abfahrt mit Gefälle bis 7% und acht Kehren bis Cà Rossa (km 10,0).

Besonderer Hinweis   Wegen der acht unbeleuchteten Tunnels, 30 bis 150 m lang, ist Beleuchtung ratsam.

Livigno
Bórmio
Albergo Forcola
N
St. Moritz
M. Vago
Livigno-Paß
P. Paradisino
La Motta
Poschiavo

Hm
2500
2250
2000
1750
1500
Livigno
1816
Albergo
Forcola
1816
Livigno-Paß
2315
La Motta
2056
7,0
14,5
18,5
2
4
6
8
10
12
14
16
18
20 km

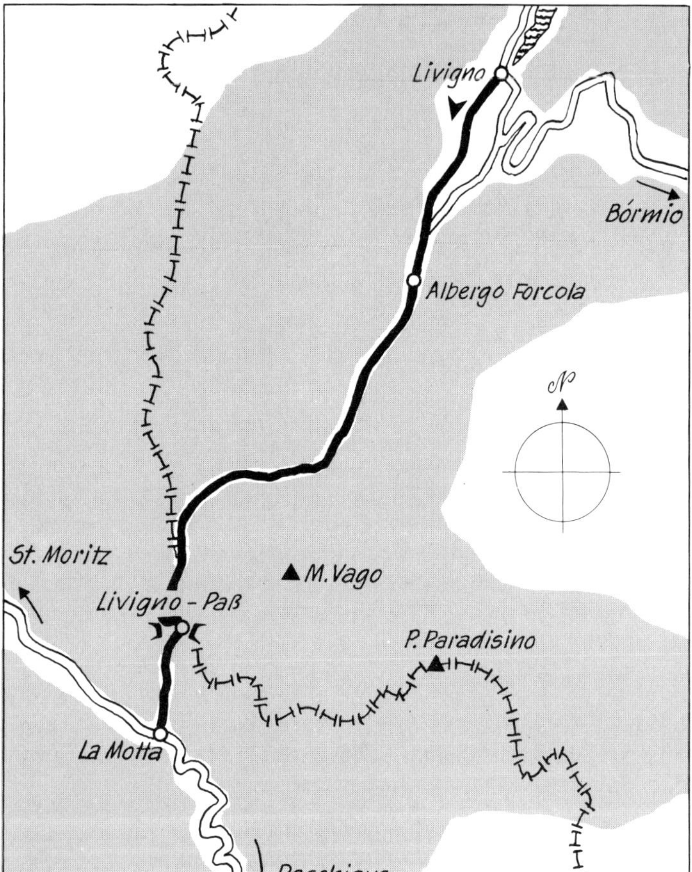

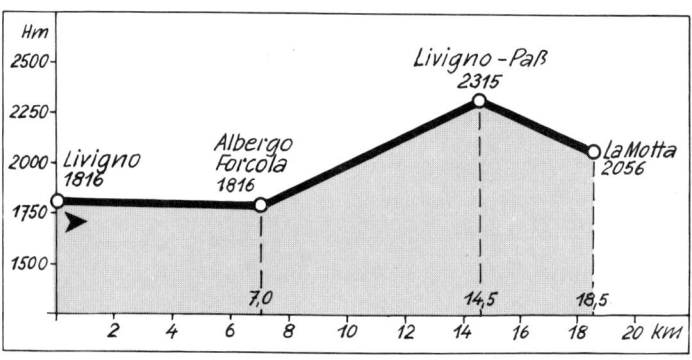

41 Livigno-Paßstraße

2315 m   Italien/Lombardei

Charakter Leichte Radtour mit maximal 9% Steigung vom ital. Zollausschlußgebiet zum Berninapaß

Offen 15.6.–6.11. oder 10.5.–15.12.

Zeit ¾–1¼ Stunden

Länge 14,5 km

Höhendifferenz 499 m

Übersetzung 42/21

Karte Kompass Wanderkarte 1:50000, Blatt 96

Ausgangspunkt Livigno (1816 m)

Persönliche Angaben

Gefahren am

Zeit

Übersetzung

Streckenbeschreibung Man verläßt Livigno (km 0,0), dem man seinen schnellen wirtschaftlichen Aufschwung deutlich ansieht, auf der Via Isola in südwestlicher Richtung. Völlig eben geht es in dem langgestreckten Hochtal, das, eingebettet zwischen Ortler-Gruppe, Rätische Alpen und Bernina-Gruppe, fast parallel zum benachbarten Oberengadin verläuft, zum Albergo Forcola (km 7,0). Auf mäßig ansteigender Straße, die nun Via Forcola heißt, erreicht man bei km 7,5 das Ende von Livigno. An der Abzweigung ins Val Nera (km 9,0), mit Blick auf den vom Piz Valnera und Colle Val Nera herabziehenden Gletscher vorbei, steigt die Strecke weiterhin nur mäßig an. Die Landschaft wird hochgebirgiger, und der Straßenverlauf ist an der westlichen Talseite erkennbar. Mit Steigungen bis 9% führt die Trasse nun ohne Kehren nach oben. Bei km 11,5 sind bereits die Häuser auf der Paßhöhe sichtbar. Die Zollstation am Livigno-Paß (km 14,5) wird mit Steigungen, die nicht über 9% hinausgehen und von flacheren Stücken unterbrochen werden, durch eine kurze Galerie rasch erreicht. Auf der Paßhöhe – sie bildet die Wasserscheide zwischen Inn und Adda – blickt man auf die südlichen Ausläufer der Bernina-Gruppe.

Rückfahrt Wie Auffahrt. Oder Abfahrt mit Gefälle bis 12% und einer Kehre zur schweizerischen Zollstation La Motta (km 4,0).

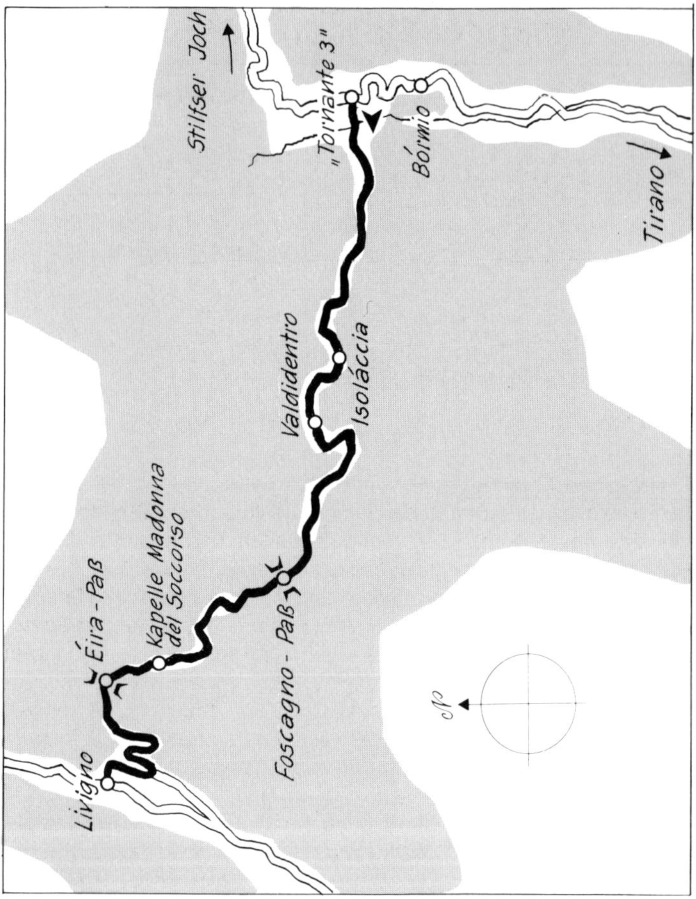

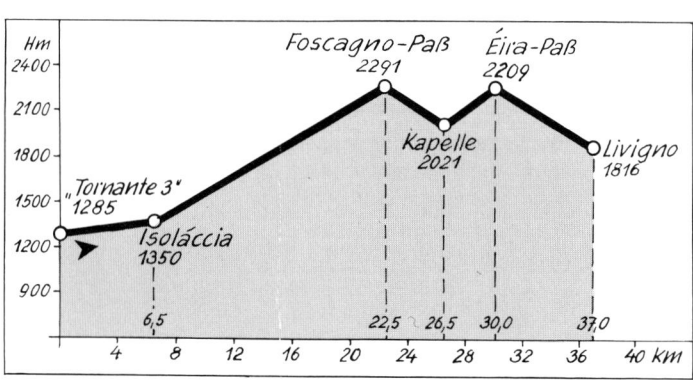

Stilfser Joch

"Tornante 3"

Bormio

Tirano

Valdidentro

Isoláccia

Kapelle Madonna del Soccorso

Eira-Paß

Foscagno-Paß

Livigno

Hm			Foscagno-Paß		Eira-Paß	
2400			2291		2209	
2100				Kapelle		Livigno
1800	"Tornante 3"			2021		1816
1500	1285					
1200		Isoláccia				
900		1350				
		6,5	22,5	26,5	30,0	37,0
	4	8	12 16	20 24	28 32	36 40 km

42 Foscagno- mit Éira-Pässestraße

2291 m   Italien/Lombardei

Charakter Mittelschwere Radtour mit maximal 12% Steigung vom Ortlergebiet ins Zollausschlußgebiet von Livigno

Offen 1.1.–31.12.

Zeit 2¼–3 Stunden

Länge 37 km

Höhendifferenz 1276 m

Übersetzung 42/23

Karte Kompass Wanderkarte 1 : 50 000, Blatt 96

Ausgangspunkt »Tornante 3« nördlich von Bórmio (1285 m) an der SS 38

Persönliche Angaben

Gefahren am

Zeit

Übersetzung

Streckenbeschreibung Von Bórmio, der SS 38 zum Stilfser Joch folgend, zweigt die Straße bei der »Tornante 3« (km 0,0) nach Livigno ab. Eben gelangt man über die Ortschaften Turripiano (km 3,0) und Pedenosso (km 4,5) nach Isoláccia (km 6,5). Hier geht es bergauf, und man erreicht über Steigungen bis 10% nach den Orten Semogo (km 8,0) und San Carlo (km 11,0) auf schmäler werdender Straße den Beginn einer Kehrenstrecke (km 13,0). Serpentinen, die eine Steigung von 8% kaum überschreiten, gestatten wechselseitig schöne Blicke auf die Firnfelder der Cima di Piazzi im Süden. Hinter den weit verstreuten Häusern der Ortschaft Arnoga, die sich auf eine Länge von fast 2 km verteilen, blickt man auf das grüne Tal von Bórmio. Nach Durchfahrung mehrerer Galerien sollte man einen Blick zurück auf die über Bórmio sichtbar werdenden Spitzen der Ortler- und Cevedale Gruppe werfen. Bei angenehmen Steigungen zwischen 6 und 8% ist mit der Zollstation die Paßhöhe des Foscagno-Passes (km 22,5) rasch erreicht. Über drei Kehren mit Gefälle bis 10% fährt man zur Kapelle Madonna del Soccorso (km 26,5) ab. An einem baumlosen, grasbewachsenen Berghügel zieht sich die Straße mit Steigungen bis 12%, meist aber flacher, durch die weit verstreuten Häuser von Trepalle bis zum zweiten Paß des Tages, dem Éira-Paß (km 30,0).

Rückfahrt Wie Auffahrt. Oder Abfahrt mit Gefälle bis 12% und drei Kehren bis Livigno/Ortsmitte (km 7,0).

Besonderer Hinweis Wegen des starken Einkaufsverkehrs sollte die Tour nicht an Wochenenden unternommen werden.

Chamonix
Aosta
Villeneuve
Introd
Molerè
Cogne
N
Bien
Pont
Gran Paradiso

Hm
2100
1800
1500
1200
900
600
Pont
1960
Bien
1635
Molerè
1192
Introd
884
Villeneuve
650
3,5
11,5
21,5
27,0
4
8
12
16
20
24
28 km

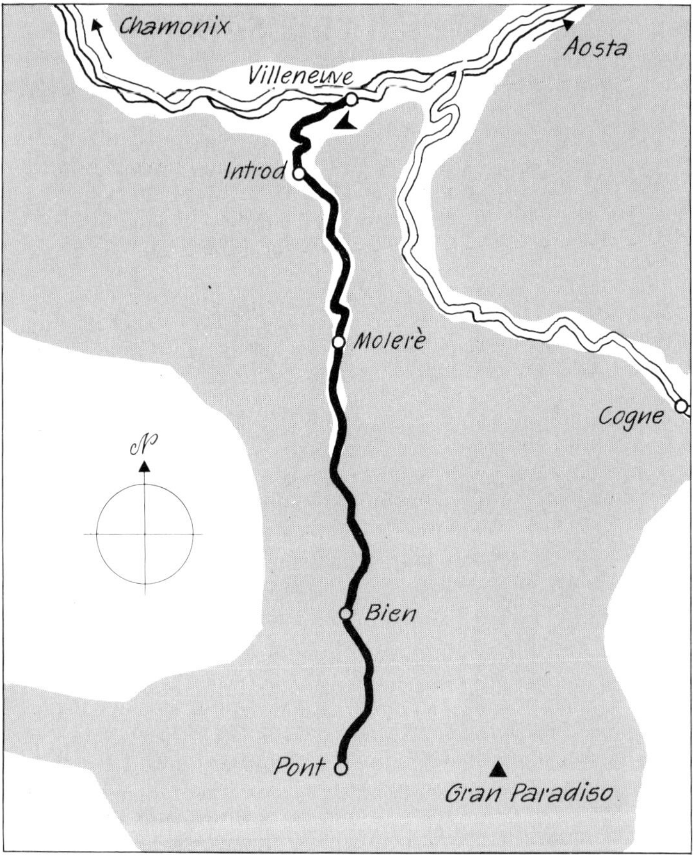

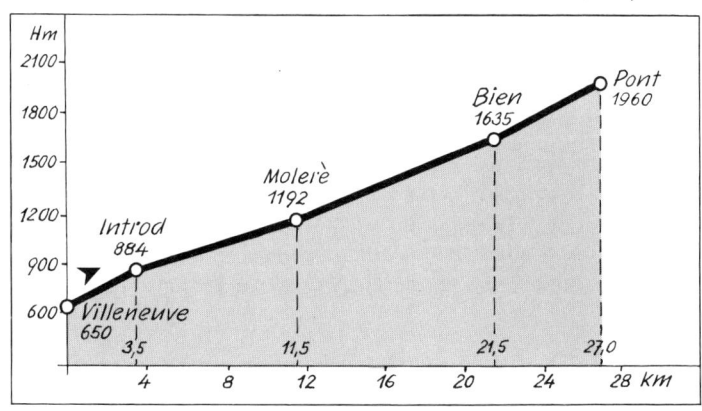

43 Savarenche-Hochtalstraße

1960 m   Italien/Piemont

Charakter Mittelschwere Radtour mit
maximal 12% Steigung zum Gran Paradiso

Offen 15.6.–31.10.

Zeit 2–3 Stunden

Länge 27,0 km

Höhendifferenz 1310 m

Übersetzung 42/23–26

Karte Kompass Wanderkarte 1:50000,
Blatt 86

Ausgangspunkt Villeneuve
(650 m), an der SS 26 im Aostatal

Persönliche Angaben

Gefahren am

Zeit

Übersetzung

<u>Streckenbeschreibung</u> Hinter Villeneuve (km 0,0), der Beschilde-
rung »Val Savarenche« folgend, überquert man auf einer altertüm-
lichen Brücke mit wenig vertrauenerweckenden Holzplanken die
Savàra. Über Steigungen bis 12% kommt man auf der nun besser
werdenden Straße an Villa Dessous (km 2,5) vorbei nach Introd
(km 3,5). Die sich über den Ort hinziehenden Kehren gestatten erstmals einen Blick auf die Spitze des Montblanc im Nordwesten. Die
Abzweigung ins Val di Rhèmes (km 5,0) läßt man rechts liegen und
folgt den Kehren, die sich zwischen Birken, Zypressen und Hagebut-
tensträuchern steil nach oben winden. Bei km 7,0 wirft man einen
letzten Blick auf die Südseite des höchsten Berges Europas, bevor
man nach einem längeren flachen Stück auf bis 8% ansteigender
Straße Molerè (km 11,5) erreicht. Hinter den schiefergedeckten Häusern des Dorfes überwindet die Strecke über Kehren mit 10–12%
Steigung eine düstere Felsschlucht. Nach Durchfahrung eines 250 m
langen, unbeleuchteten Kehrentunnels wird das Tal etwas breiter. Auf
dem nun folgenden Stück bis Eau Rousse (km 22,0), an der Savàra
entlang, sorgt neben Kehren mit 10% Steigung, längeren flacheren
Passagen und kurzen Abfahrten auch die glänzende Schneekuppe
des Gran Paradiso für Kurzweil. Danach verengt sich das Tal wieder,
die Steigung nimmt zu, um nach Überwindung mehrerer Aufschwün-
ge bis 12% in einem fast bezaubernden Hochtal mit herrlichen Was-
serfällen, die von den Gletschern des Gran Paradiso herunterziehen,
zu enden. Nach dem Talende (km 25,0) trennt nur noch ein 10%iger
Anstieg von Pont (km 27,0) und dem Blick auf die westlichen Ausläufer des Gran Paradiso.

<u>Rückfahrt</u> Wie Auffahrt.

<u>Besonderer Hinweis</u> Wegen des Kehrentunnels ist Beleuchtung
ratsam.

Schweiz

Landeck
Gasth. Weinberg
Nauders
Inn
Engadin
Pfandshof (Km 7,0)
Spissermühle
Ravaisch
Samnaun
Muttler

Hm
2000
1750
1500
1250
1000
750
Gasth. Weinberg 1087
Spissermühle 1600
Ravaisch 1799
Samnaun 1846
8,0
13,0
15,0
2 4 6 8 10 12 14 16 Km

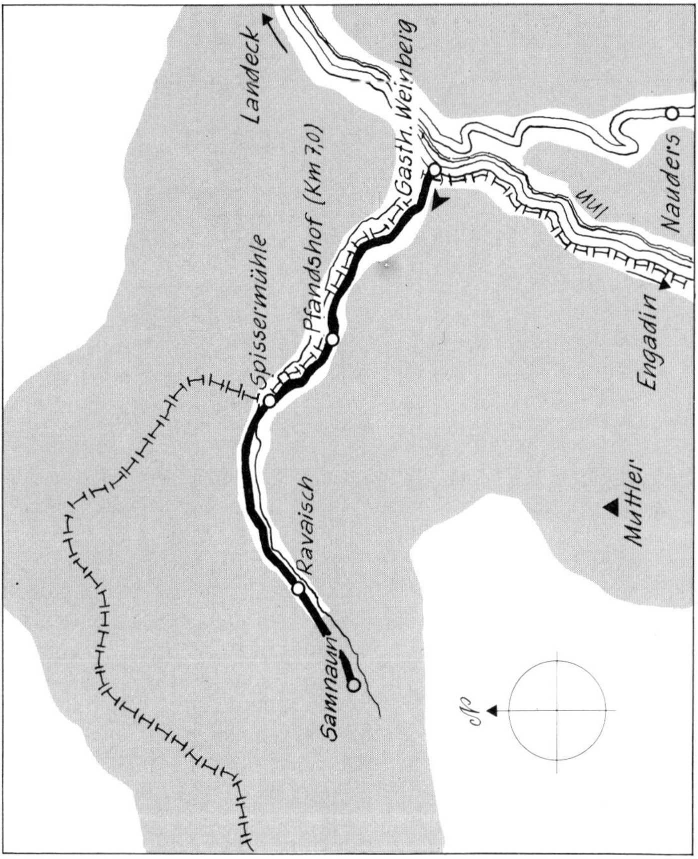

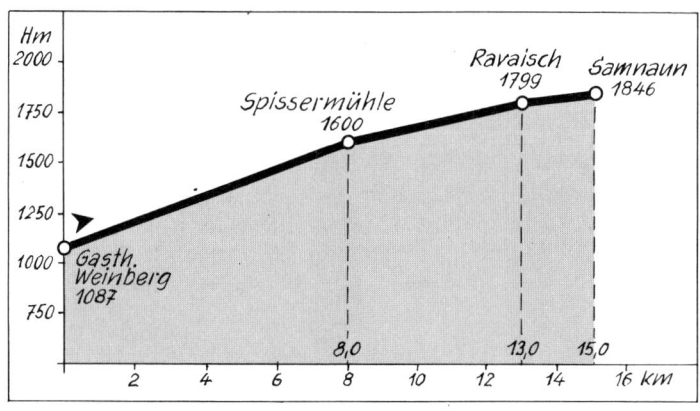

44 Samnaun-Bergstraße

1846 m   Schweiz/Graubünden

Charakter   Mittelschwere Radtour mit maximal 12% Steigung in die Zollfreizone des Samnauntals

Offen   1.1.–31.12.

Zeit   1–1½ Stunden

Länge   15 km

Höhendifferenz   759 m

Übersetzung   42/23–26

Karte   Freytag & Berndt Wanderkarte 1:50000, Blatt 372

Ausgangspunkt   Gasthof Weinberg (1087 m), kurz hinter der österreichisch/schweizerischen Grenze beim Zollamt Kajetansbrücke

Persönliche Angaben

Gefahren am

Zeit

Übersetzung

<u>Streckenbeschreibung</u>   Beim Gasthof Weinberg (km 0,0) darf man die Abzweigung nach Samnaun nicht übersehen. An den Hängen des Piz Alpetta steigt die Straße mit 12% das dicht bewaldete Schergenbachtal hinauf, und man durchfährt drei kurze, in den Fels gesprengte Tunnels. Erst nach 3 km läßt die Steigung wesentlich nach. Nach Durchradeln mehrerer unbeleuchteter, teils einspuriger und mit Kehren versehener Tunnels erreicht man die Zollfreizone des Samnauntales und bald darauf das erste Einkaufszentrum mit Duty Free Shop bei Pfandshof (km 7,0). Auf den Hängen der gegenüberliegenden Schluchtseite sieht man die Galerien der von der österreichischen Seite heraufführenden Straße, auf die man bei der Spissermühle (km 8,0) stößt. Zwischen Bergwiesen und Tannenwald steigt die Straße am Schergenbach entlang wieder auf 12% an. Bei der Abzweigung nach Compatsch wird sie wieder flacher, und mit Blick auf den Piz Ot erreicht man Ravaisch (km 13,0). In Fahrtrichtung sind bereits die den Talschluß bildende Vesilspitze und der Paulinerkopf sowie links die schneebedeckten Hänge der Stammerspitz, des Muttler und des Piz Malmurainza zu sehen. Nach weiteren 2 km ist Samnaun (km 15,0) auf unschwieriger Straße rasch erreicht.

<u>Rückfahrt</u>   Wie Auffahrt.

<u>Besondere Hinweise</u>   Ab dem Kehrentunnel beim Val Alpetta (km 3,5) bis zur Spissermühle ist die Straße teilweise in einem sehr schlechten Zustand; insbesondere bei der Abfahrt ist hier Vorsicht geboten. Wegen der Tunnels ist Beleuchtung unbedingt notwendig.

Schluderns
Müstair
Santa Maria
Stilfser Joch
P. Sesvenna
Gasth.
Alp Buffalora
Ofen-Paß
Punt la Drossa
Ova Spin
Landeck
Zernez
Inn
St. Moritz

Hm
2400
2100
1800
1500
1200
900
Ofen-Paß
2149
Ova Spin
1882
Alp Buffalora
1968
Punt la Drossa
1706
Zernez
1472
Santa Maria
1375
8,0
13,0
20,0
22,0
36,0
4
8
12
16
20
24
28
32
36 km

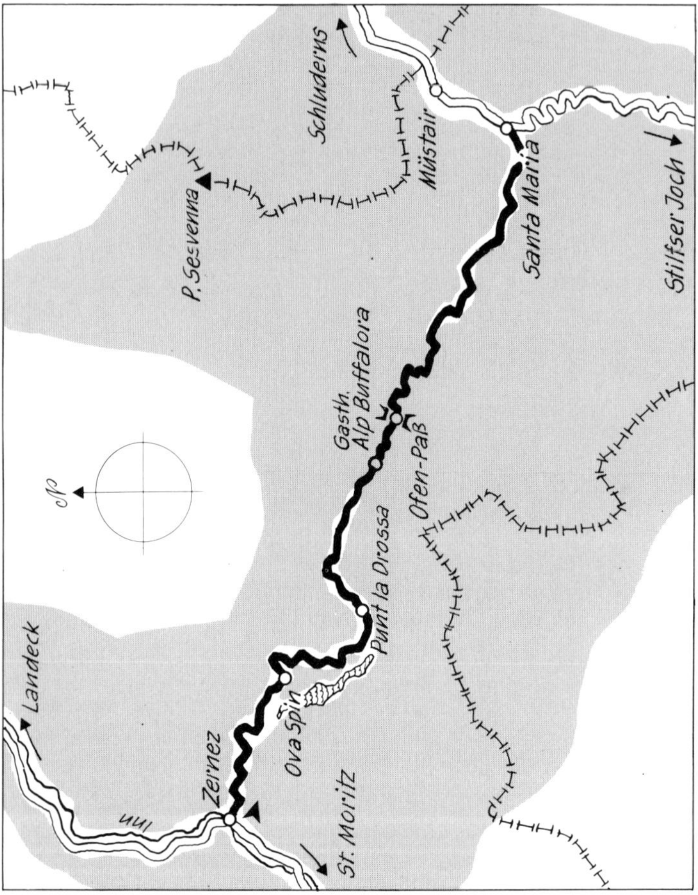

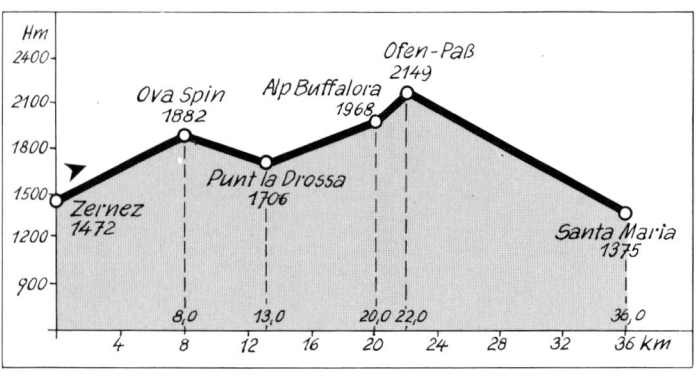

45 Ofen-Paßstraße

2149 m   Schweiz/Graubünden

Charakter Mittelschwere Radtour mit
maximal 10% Steigung im Schweizer
Nationalpark

Offen 1.1.–31.12.

Zeit 1¼–2 Stunden

Länge 22 km

Höhendifferenz 853 m

Übersetzung 42/23

Karte Landeskarte der Schweiz
1:50 000, Blatt 5017

Ausgangspunkt Zernez
(1472 m)

Persönliche Angaben

Gefahren am

Zeit

Übersetzung

Streckenbeschreibung In der Ortsmitte von Zernez (km 0,0) folgt
man der Beschilderung Ofen-Paß/Meran. Nach 2 km steigt die Straße auf 10% an, und man gewinnt, drei Galerien durchfahrend, rasch
an Höhe. Im Süden ragt der Piz Quattervals über dem bereits im
schweizerischen Nationalpark liegenden Val Cluozza empor. Bei
km 5,5 läßt die Steigung etwas nach und gestattet Ausblicke in die
tief unten liegende Spölschlucht. Die wieder auf 10% ansteigende
Strecke tritt bei Ova Spin (km 8,0) in den Nationalpark ein. Danach
steht eine lange Abfahrt bis zur Grenzstation Punt la Drossa (km 13,0)
bevor, wo eine Straße ins italienische Livigno abbiegt. Nun fast auf
Höhe der Spöl erreicht man über Steigungen bis 10%, der Beschilderung Müstair/Ofen-Paß folgend, das Hotel Parc Naziunal Il Fuorn
(km 15,5). Das Tal wird breiter, und karstige Gipfel ragen über den
lichter werdenden Wäldern empor. Mit 10%igen Steigungen, in regel-
mäßigen Abständen von kürzeren flacheren Stücken unterbrochen,
nähert man sich der Felswand des Piz Nair, bis sich beim Restaurant
Buffalora (km 20,0) ein kleines Hochplateau mit Wiesen und Tannen-
wäldern eröffnet. Die beiden letzten km zur Scheitelhöhe des Ofen-
Passes (km 22,0) steigt die Straße nochmals gleichmäßig auf 10% an,
bevor man über das Münstertal auf die Ortler-Gruppe im Osten blik-
ken kann.

Rückfahrt Wie Auffahrt. Oder Abfahrt mit Gefälle bis 10% und Kehren bis Santa Maria im Münstertal (km 14,0).

Schluderns
Zernez
Santa Maria
Gasth. Alpenrose
Gasth. Muraunza
Spondinig
Umbrail-Paß
Cantoniera IV
Stilfser Joch
Bórmio

Hm
2750
2500
2250
2000
1750
1500
1250
Stilfser Joch
2757
Umbrail-Paß
2503
Cantoniera IV
Gasth.Muraunza
2170
Gasth. Alpenrose
1788
Santa Maria
1375
6,0
11,5
14,0
14,5
17,5
2
4
6
8
10
12
14
16 km

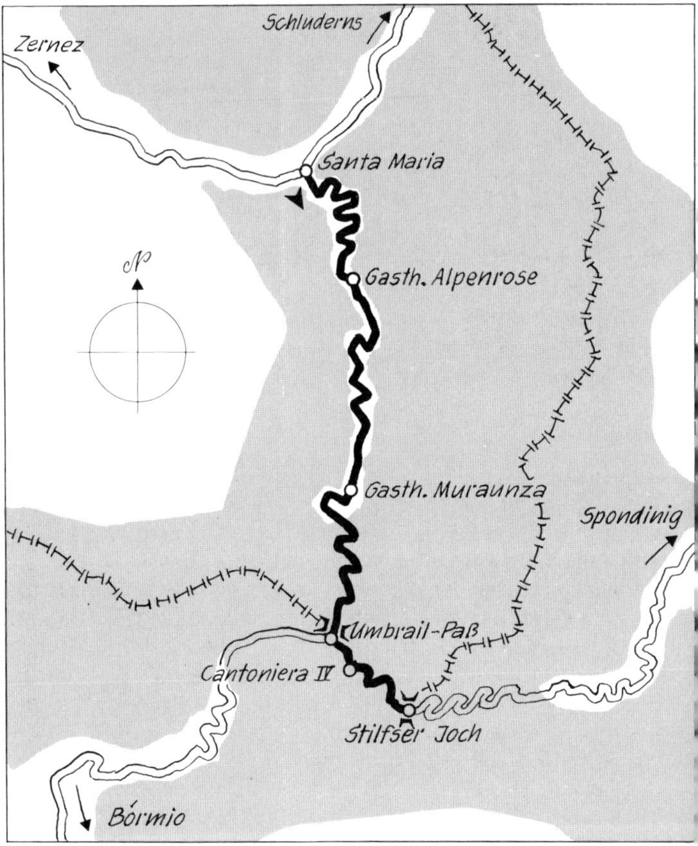

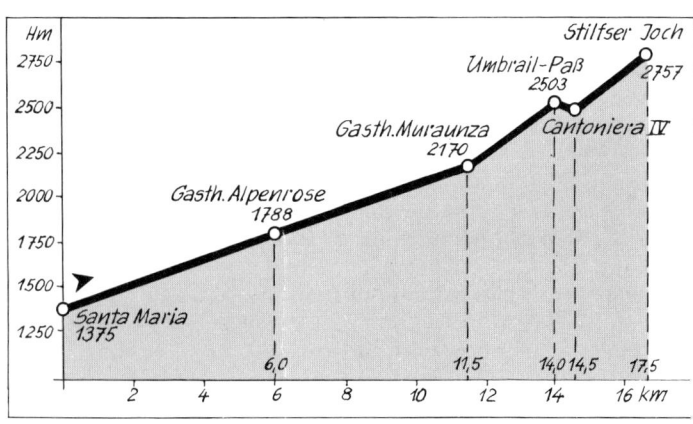

46 Umbrail-Paßstraße

2503 m   Schweiz/Graubünden

Charakter Mittelschwere Radtour mit
maximal 11% Steigung auf den höchsten
Schweizer Alpenpaß

Offen 15.5.–15.11.

Zeit 1½–2 Stunden

Länge 14 km

Höhendifferenz 1128 m

Übersetzung 42/23–26

Karte Landeskarte der Schweiz
1:50000, Blatt 5017

Ausgangspunkt Santa Maria
im Münstertal (1375 m)

Persönliche Angaben

Gefahren am

Zeit

Übersetzung

Streckenbeschreibung Nach der engen Ortsdurchfahrt von Santa
Maria (km 0,0) steigt die Straße mit 11% über dem Ort bergan. Nach
2 km wird man von Nadelwald und den ersten von insgesamt 33 Kehren empfangen. Bei km 4,5 tut sich ein baumloser Grashang, der von
mehreren eng aufeinander folgenden Kehren schleifenartig durchzogen wird, auf. Hat man diese Kehren mit Steigungen bis 11% und
Blick auf das Münstertal und Santa Maria überwunden, folgt die
nächste Überraschung. Aus der bisher asphaltierten Straße wird eine
reine Sand- und Schotterpiste, die jedoch auch für Fahrräder mit
schmalen Schlauchreifen gut befahrbar ist. Nach dem Gasthaus Alpenrose (km 6,0) steigt die Straße kurvenreich in dem nun enger werdenden Tal an. Bei km 7,5 läßt die Steigung nach, um nach Überque-
rung der Muraunza, an den Hängen des Piz Laid, wieder auf 10%
anzuheben. Bei km 9,5 überquert man den Fluß nochmals und fährt,
nunmehr wieder auf Asphalt, kehren- und kurvenreich im kahlen
Hochtal aufwärts. Über Steigungen bis 11%, von flacheren Stücken
unterbrochen, erreicht man beim Gasthaus Muraunza (km 11,5) auch
wieder Sandstraße. Je weiter man bei kaum nachlassender Steigung
nach oben kommt, desto besser wird die Aussicht auf die Firnhänge
des Sommerskigebiets über dem Stilfser Joch zwischen der Nagler-
und der Geisterspitze. Ein kurzes asphaltiertes Kehrenstück bei
km 11,5 täuscht, denn bis knapp vor der schweizerischen Grenzstation auf der Paßhöhe (km 14,0) hält sowohl die Steigung als auch der
Sandbelag an.

Rückfahrt Wie Auffahrt. Oder Abfahrt mit Gefälle bis 8% zur Cantoniera IV/SS 38 (km 0,5) und von dort weiter auf das Stilfser Joch
(km 3,0). Oder Abfahrt nach Bórmio (km 19,0).

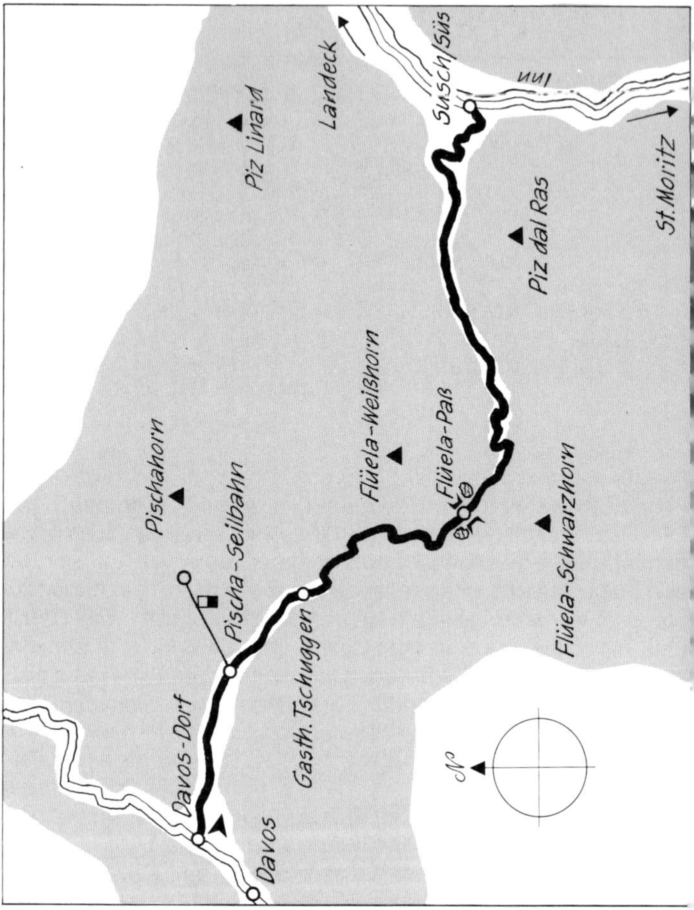

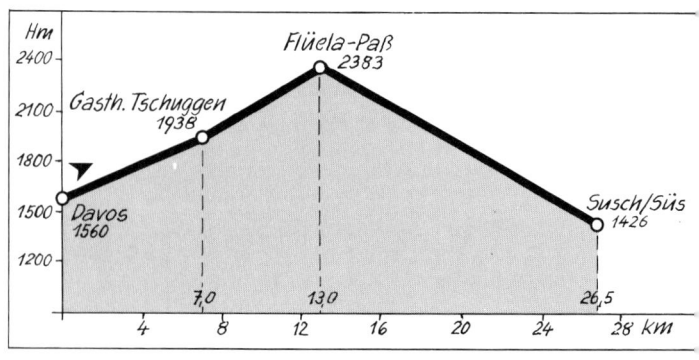

Piz Linard

Landeck

Susch/Süs

Inn

St. Moritz

Piz dal Ras

Pischahorn

Pischa-Seilbahn

Flüela-Weißhorn

Flüela-Paß

Flüela-Schwarzhorn

Davos-Dorf

Gasth. Tschuggen

Davos

N

Hm

Flüela-Paß
2383

Gasth. Tschuggen
1938

Davos
1560

Susch/Süs
1426

2400
2100
1800
1500
1200

7,0   13,0   26,5

4   8   12   16   20   24   28 km

47 Flüela-Paßstraße

2383 m   Schweiz/Graubünden

Charakter   Mittelschwere Radtour mit maximal 10% Steigung vom Prättigau ins Engadin

Offen   1.1.–31.12.

Zeit   1–1½ Stunden

Länge   13 km

Höhendifferenz   823 m

Übersetzung   42/23

Karte   Landeskarte der Schweiz 1:50000, Blatt 5002

Ausgangspunkt   Davos (1560 m)

Persönliche Angaben

Gefahren am

Zeit

Übersetzung

Streckenbeschreibung   Nach Davos-Dorf (km 0,0) verläuft die Straße mit Steigungen zwischen 8 und 10% in östlicher Richtung das Flüelatal aufwärts. Vom Flüelabach ist wegen des dichten Tannenwaldes links und rechts nur das Rauschen zu hören. An Bergwiesen und alten, ursprünglichen Bauernhäusern vorbei erreicht man die Talstation der Pischa-Seilbahn (km 4,0). Langsam weicht der Wald zurück und gibt den Blick auf den weißschäumenden Flüelabach frei. Beim Gasthaus Alpenrose (km 5,0) überfährt man endgültig die Waldgrenze und kommt bei gleichbleibender Steigung von 8 bis 10% zum Gasthaus Tschuggen (km 7,0). In einer immer unwirtlicher werdenden Landschaft zwischen Felsbrocken und vereinzelten Grasmatten gewinnt man über Kehren mit 10% Steigung rasch an Höhe. An einer kleinen Almhütte vorbei überquert man den Flüelabach, überwindet die vierte und letzte Kehre (km 12,0), und über eine S-Kurve ist das Paßhotel Flüela (km 13,0) am Fuße des Flüela Schwarzhorns bald erreicht. Auch den beiden kleinen Seen, dem Schwarzsee und dem Schottensee, gelingt es nicht, die unwirtliche Geröllandschaft auf der Paßhöhe einladender zu machen.

Rückfahrt   Wie Auffahrt. Oder Abfahrt mit Gefälle bis 11% und zehn Kehren bis Susch/Süs (km 13,5).

Zernez
La Punt
Inn
Samedan
St. Moritz
Albula-Paß
Lai da Palpuogna
Bergün
Alvaneu-Bad
Tiefencastel
Chur
St. Moritz
N

Hm
2400
2100
1800
1500
1200
900
600
Albula-Paß
2315
Lai da Palpuogna
1918
Bergün
1367
Alvaneu-Bad
951
Tiefencastel
851
La Punt
1687
5,5
17,0
25,0
31,5
41,0
4
8
12
16
20
24
28
32
36
40
44 km

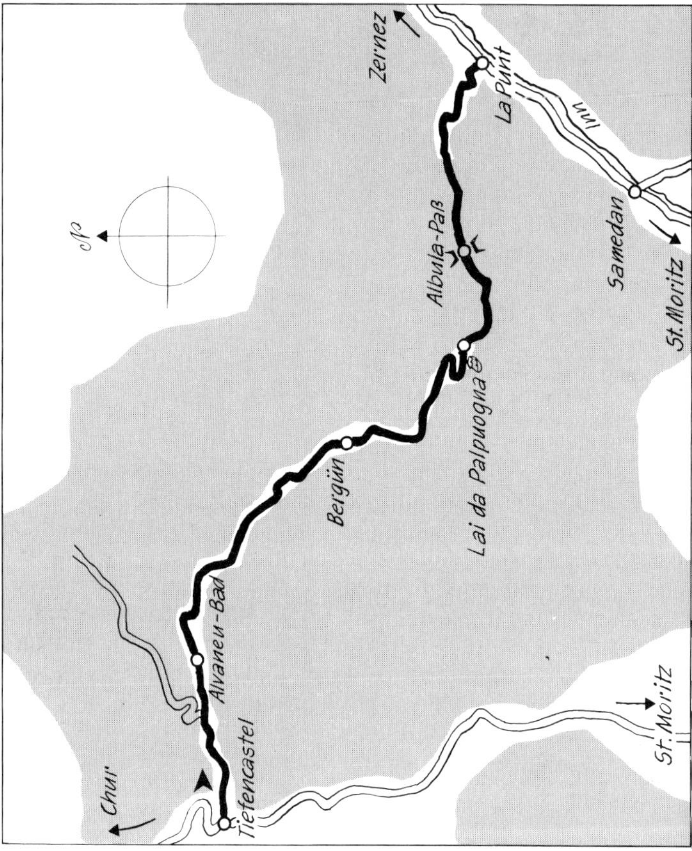

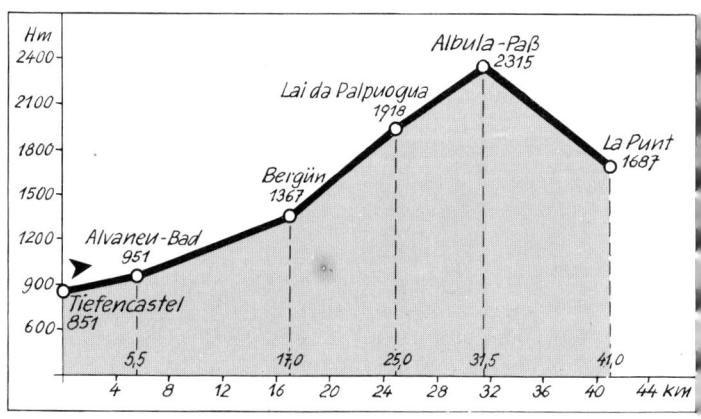

48 Albula-Paßstraße

Charakter   Mittelschwere Radtour mit maximal 12% Steigung durch das Albulatal ins Oberengadin

Offen   1.6.–31.10.

Zeit   2–3 Stunden

Länge   31,5 km

Höhendifferenz   1464 m

Übersetzung   42/23-26

Karte   Landeskarte der Schweiz 1:50 000, Blatt 258

Ausgangspunkt   Tiefencastel (851 m)

Persönliche Angaben

Gefahren am

Zeit

Übersetzung

<u>Streckenbeschreibung</u>   Von kurzen 10%igen Anstiegen in den Orten abgesehen, steigt die Straße von Tiefencastel (km 0,0) über Surava (km 2,5) bis Alvaneu-Bad (km 5,5) nur mäßig an. Auch Filisur (km 9,5) mit seiner engen Ortsdurchfahrt, die bereits Engadiner Einfluß erkennen läßt, ist rasch erreicht. In dem sich langsam verengenden Tal bleibt die Straße noch bis km 13,5 in der Talsohle und steigt erst dann auf 10% an. Die enge Klamm des Bergüner Steins mit der schäumenden Albula im 150 m tiefer liegenden Flußbett wird über zwei Kehren mit 12% Steigung überwunden und bei nachlassender Steigung Bergün (km 17,0) erreicht. Danach wird die Landschaft hochgebirgiger, und auch die Steigung nimmt wieder auf 10 bis 12% zu. Man durchfährt zwischen km 20,5 und 22,0 insgesamt vier Kehrentunnels, über die die Rhätische Bahn dieses schwierige Steilstück meistert. In Preda (km 23,5) wird die Bahnstrecke verlassen, die den Paß in einem 5865 m langen Tunnel unterquert. Auf den nächsten km bis zum dunkelgrün schimmernden Bergsee Lai da Palpuogna (km 25,0) ist die mit 10% ansteigende Straße nur in den Kehren asphaltiert. Bei der Versuchsalp für Tierproduktion Weißenstein (km 27,5) sind die mustergültig gehaltenen Kühe und Schafe eine kurze Rast wert. Am Fuße des Piz Dschimels steigt die Straße wieder auf 10 bis 12% an, bis man zwischen den Geröllfeldern des Teufelstales, einer Trümmerlandschaft ohnegleichen, die Paßhöhe (km 31,5) erreicht.

<u>Rückfahrt</u>   Wie Auffahrt. Oder Abfahrt mit Gefälle bis 12% und neun Kehren nach La Punt (km 9,5).

<u>Besonderer Hinweis</u>   Von den drei Innerschweizer Zufahrten ins Engadin ist die Albula-Paßstraße die landschaftlich schönste.

Chur
Filsur
Tiefencastel
Albula-Paß
Oberhalbstein
Savognin
Tinizong
Piz d'Err
Sur
Piz Nair
St. Moritz
Julier-Paß
Bivio
Silvaplana

Hm
2400
2100
1800
1500
1200
900
600
Julier-Paß 2284
Bivio 1769
Sur 1538
Silvaplana 1815
Oberhalbstein 1180
Tinizong 1232
Tiefencastel 851
6,0
12,0
20,5
27,5
37,0
44,5
4
8
12
16
20
24
28
32
36
40
44
48 km

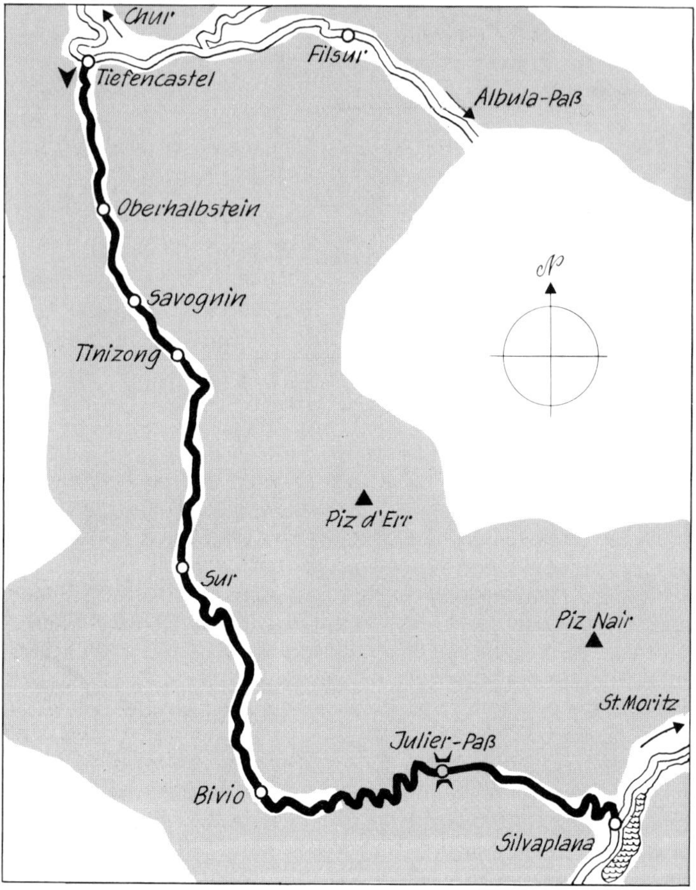

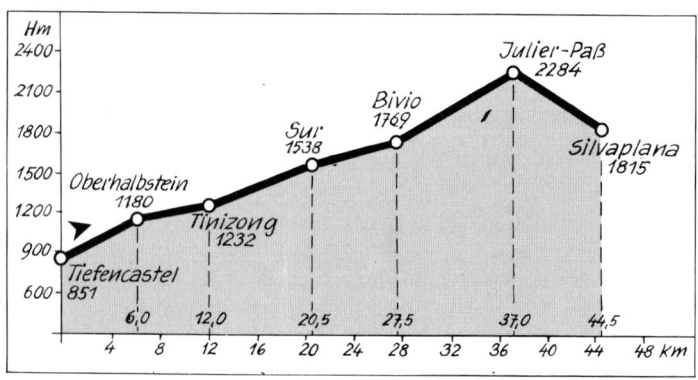

49 Julier-Paßstraße

<table>
<tr><td>2284 m</td><td>Schweiz/Graubünden</td></tr>
</table>

Charakter Mittelschwere Radtour mit maximal 10% Steigung vom Rheintal ins Oberengadin	**Ausgangspunkt** Tiefencastel (851 m)
Offen 1.1.–31.12.	**Persönliche Angaben**
Zeit 2½–3½ Stunden	Gefahren am
Länge 37 km	Zeit
Höhendifferenz 1433 m	Übersetzung
Übersetzung 42/23	
Karte Landeskarte der Schweiz 1:50 000, Blatt 5013	

Streckenbeschreibung Von Tiefencastel (km 0,0) verläuft die Straße mit 10% Steigung zuerst zwischen gepflegten Bergwiesen, dann durch Tannenwald bergauf. Bei km 4,5 geht die Steigung zurück, und nach Passieren zweier Galerien und zweier unbeleuchteter Tunnels fährt man in den weiten Talboden des Oberhalbsteins (km 6,0) ein. Dem Talboden folgend gewinnt die Straße über die Orte Cunter (km 8,5) und Savognin (km 9,5) bis Tinizong (km 12,0) keine Höhe. Danach rückt das Tal wieder näher zusammen, und auch die Steigung nimmt bis Rona (km 15,0) auf 10% zu. Bis Sur (km 20,5) wechseln längere Steigungen mit flacheren Stücken ab. Über mehrere Kehren mit 10% Steigung erreicht man unvermittelt den Marmorera-Stausee (km 22,5), dessen 70 m hoher, grasbewachsener Erddamm sich nicht von der Landschaft abhobt. Am linken Ufer des Sees entlang geht es unschwierig nach Bivio (km 27,5). Hinter dem engen Ortskern wendet sich die Straße nach Osten und steigt in der nun alpiner werdenden Landschaft wieder auf 10% an. Flachere Stücke gestatten bis zum Beginn der Kehren bei km 31,0 jedoch ein relativ zügiges Vorwärtskommen. Über Kehren mit Steigungen bis 10%, im Norden die Berge der Piz d'Err-Gruppe, erreicht man in endgültig hochalpiner Landschaft das Julier-Hospiz (km 35,5). Bis zur Paßhöhe (km 37,0) mit den beiden Juliersäulen sind nochmals 1,5 km bei kaum nachlassender Steigung von 10% zu bewältigen.

Rückfahrt Wie Auffahrt. Oder Abfahrt mit Gefälle bis 11% und drei Kehren nach Silvaplana (km 7,5).

Besonderer Hinweis Wegen der beiden Tunnels, 200 und 150 m lang, ist Beleuchtung ratsam.

Zernez
Pontresina
St. Moritz
Morteratsch
Bernina-Paß
Diavolezza
Piz Bernina
Piz Palü
Poschiavo
Le Prese
Bórmio
Tirano
Sondrio

Hm
2400
2100
1800
1500
1200
900
600
Bernina-Paß
2330
Bernina Häuser
2046
Morteratsch
1896
Pontresina
1805
Tirano
438
49,5
3,5
8,0
15,0
4
8
12
16
20
29
28
32
36
40
44
48
52 Km

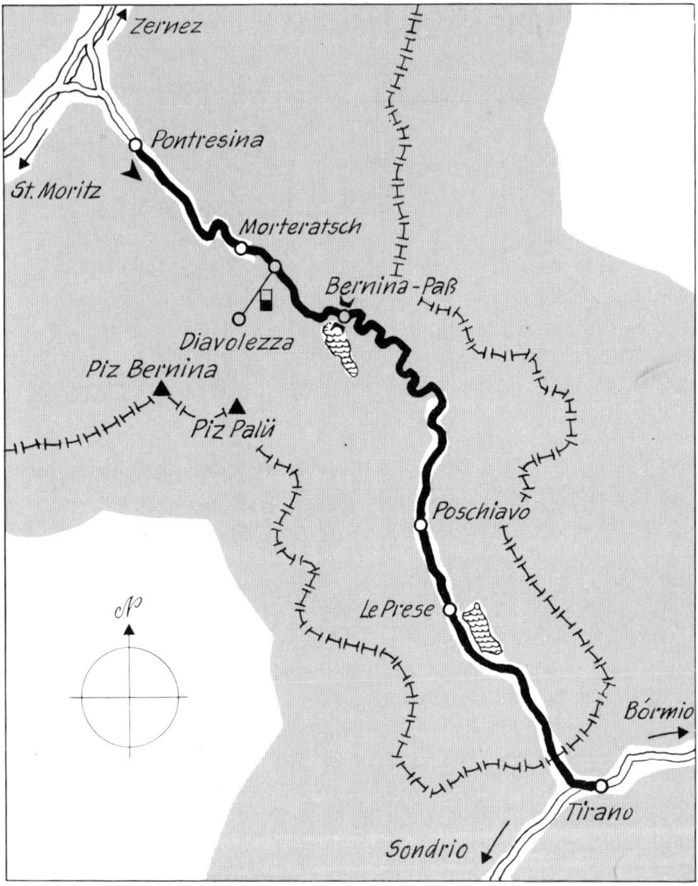

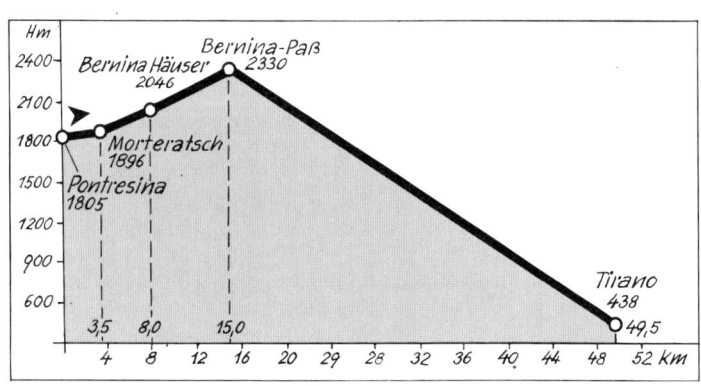

50 Bernina-Paßstraße

2330 m   Schweiz/Graubünden

Charakter Leichte Radtour mit maximal 10% Steigung zu den höchsten Bergen der Ostalpen

Offen 1.1.–31.12.

Zeit 1–1½ Stunden

Länge 15 km

Höhendifferenz 525 m

Übersetzung 42/21–23

Karte Landeskarte der Schweiz 1:50000, Blatt 5013

Ausgangspunkt Pontresina (1805 m)

Persönliche Angaben

Gefahren am

Zeit

Übersetzung

Streckenbeschreibung   Auf flacher Straße radelt man von Pontresina (km 0,0) ins Berninatal hinein. Schon nach wenigen 100 m blickt man auf die Bergspitzen über dem Morteratschtal, an dessen Abzweigung man bei km 3,5 vorbeifährt. Danach steigt die Strecke auf 8% an und eröffnet durch lichten Kiefern- und Lärchenwald immer großartigere Ausblicke auf die Bergwelt des Talschlusses. Über zwei Kehren mit den bezeichnenden Namen »Montebello« erreicht man einen Parkplatz (km 5,0), der ungehinderte Sicht auf eine der schönsten Berggruppen des Alpenraums gewährt. Über den Morteratschgletscher wandert der Blick vom Piz Palü im Osten, über die vier Gipfel der Bellavista, die Zacken des Piz Zupò, den Piz Bernina mit der einmaligen Firnschneide des Biancograts bis hin zum Piz Morteratsch. Bald darauf wird die Straße flacher, und begleitet von den Schienen der Berninabahn kommt man zu den Bernina-Häusern (km 8,0). Am Piz Minor vorbei erreicht man die Talstation der Diavolezza-Seilbahn (km 9,0) und erkennt am Straßenverlauf, daß keine größeren Schwierigkeiten mehr zu erwarten sind. Erst nach der Talstation der Lagalb-Seilbahn (km 10,5) nimmt die Steigung teilweise auf 10% zu, bevor man den milchiggrünen Lago Bianco (km 13,5), der sein Wasser von den Gletschern des darüberliegenden Piz Cambrena erhält, erreicht. Vom Ospizio Bernina (km 15,0) trennen dann nur noch einige Kehren, die rasch überwunden sind. Wer die tatsächliche Paßhöhe erreichen will, muß jedoch nochmals 150 m bis zu einem weißen Strich auf der Straße mit der Aufschrift »Ziel« weiterfahren.

Rückfahrt   Wie Auffahrt. Oder Abfahrt mit Gefälle bis 12% und drei Kehren bis Tirano (km 34,5).

Chur
Splügen
Hinterrhein
Hinterrhein
Splügen-Paß
Dürrenbüel
San-Bernardino-Paß
Pzo. Tambò
Pzo. Ferre
N
Mesocco
Soazza
Bellinzona

Hm
2400
2100
1800
1500
1200
900
600
San-Bernardino-Paß
2066
Dürrenbüel
1860
Hinterrhein
1620
Soazza-Nord
580
7,0
9,5
34,5
4
8
12
16
20
24
28
32
36 km

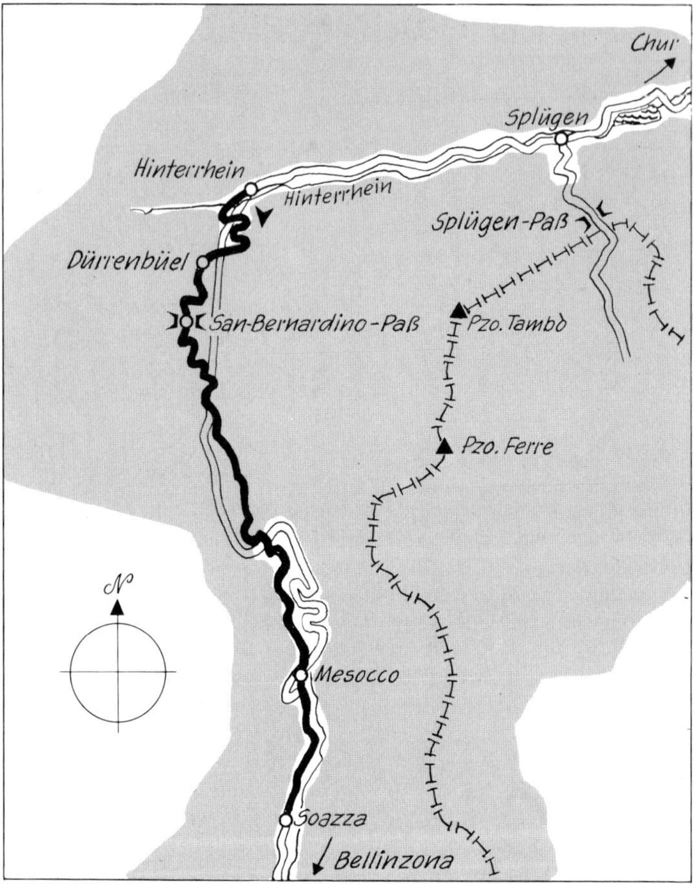

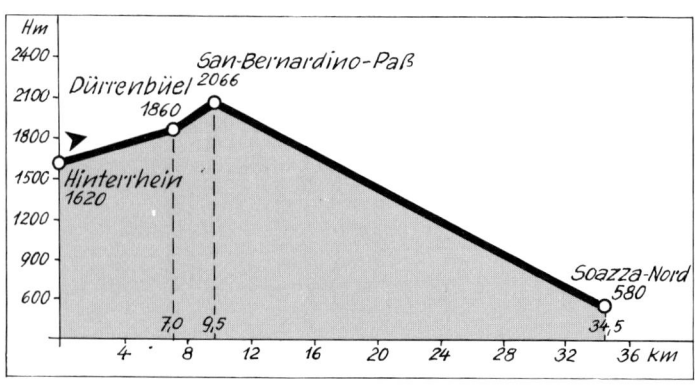

51 San-Bernardino-Paßstraße

2066 m   Schweiz/Graubünden

Charakter Leichte Radtour mit maximal 9% Steigung vom Hinterrhein ins Tessin

Offen 1.5.–31.10.

Zeit ¾–1¼ Stunden

Länge 9,5 km

Höhendifferenz 446 m

Übersetzung 42/21

Karte Landeskarte der Schweiz 1:50000, Blatt 267

Ausgangspunkt Hinterrhein (1620 m) an der H 13, ca. 10 km westlich von Splügen

Persönliche Angaben

Gefahren am

Zeit

Übersetzung

Streckenbeschreibung   Von Hinterrhein (km 0,0) fährt man, mit Blick auf den von den Rheinwaldbergen herabziehenden Zapportglet-scher, noch ein Stück neben der Schnellstraße her. Nach 1,5 km überquert man den Hinterrhein, und die Schnellstraße verschwindet endgültig im 6,6 km langen San-Bernardino-Tunnel. 16 Kehren, die so eng sind, daß Schweizer Militär LKW rangieren müssen, führen zwischen üppiger Vegetation an der Südseite des Tales nach oben. Bei einer Steigung, die 9% nicht überschreitet, wird man, nachdem der Straßentunnel den Verkehr fast vollständig abgezogen hat, nur noch von Geschützlärm des Militärübungsgeländes unterhalb be-gleitet. Nach dem Ende der ersten Kehrenstrecke (km 6,5) kurz fla-cher, steigt die Straße bei den Almhütten von Dürrenbüel (km 7,0) wieder an. Über mehrere Kehren erreicht man bei km 8,0 einen rätsel-haften Betonbau, der sich bei näherem Hinsehen als Lüftungsturm der Tunnelanlage entpuppt. Flacher führt die Straße in einer von Glet-schern geformten kargen Rundhöckerlandschaft aufwärts, um erst auf den letzten 500 m über Kehren nochmals auf 9% anzusteigen. Die Stille auf der Paßhöhe (km 9,5) wird von dem kleinen Bergsee Laghetto Moésola noch optisch verstärkt.

Rückfahrt   Wie Auffahrt. Oder Abfahrt mit Gefälle bis 12% und 38 Kehren nach Soazza-Nord (km 25,0).

Chur
Splügen
San-Bernardino-Paß
Schweizer Zollamt
Surettahorn
Splügen-Paß
Pizzo Tambo
P. Timun
N
St. Moritz
Chiavenna
Comer See

Hm
2400
2100
1800
1500
1200
900
600
Schweizer Zollamt 2022
Splügen-Paß 2118
Splügen 1457
Chiavenna 333
8,5
9,5
41,0
4
8
12
16
20
24
28
32
36
40
44 Km

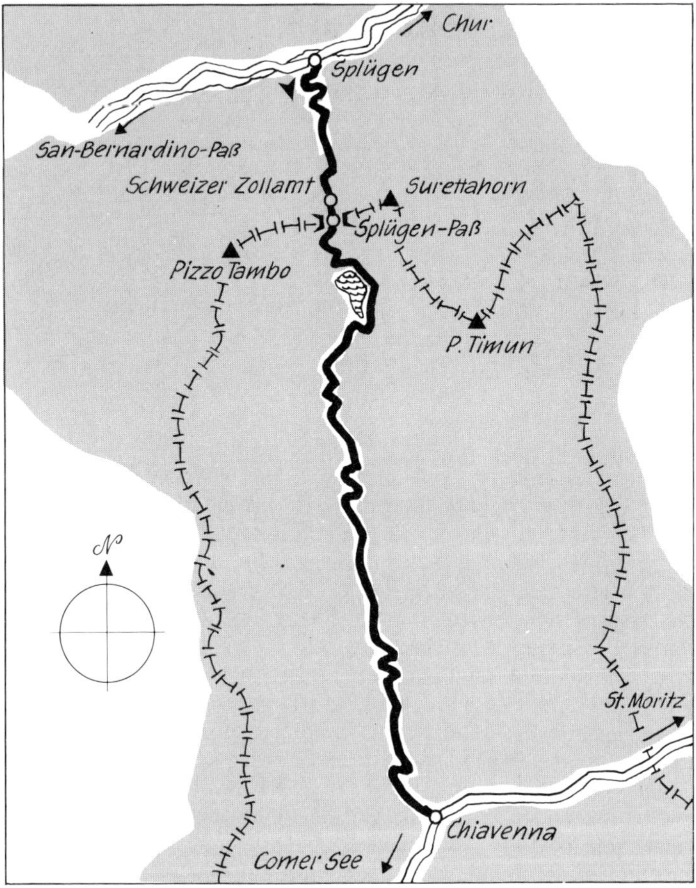

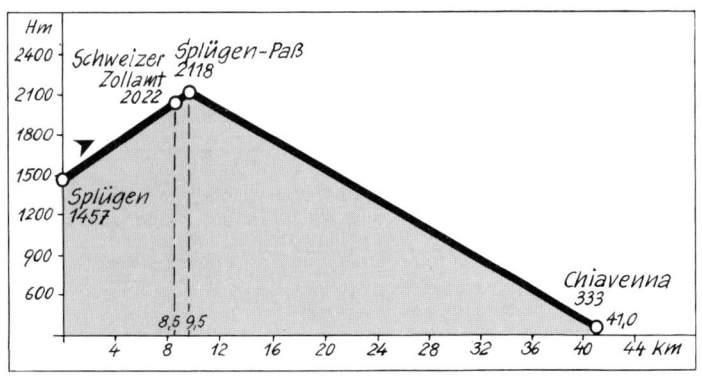

52 Splügen-Paßstraße

2118 m   Schweiz/Graubünden

Charakter Mittelschwere Radtour mit maximal 11% Steigung auf der Grenze zwischen Ost- und Westalpen

Offen 1.1.–31.10.

Zeit 1–1½ Stunden

Länge 9,5 km

Höhendifferenz 661 m

Übersetzung 42/23

Karte Landeskarte der Schweiz 1 : 50 000, Blatt 267

Ausgangspunkt Splügen (1457 m)

Persönliche Angaben

Gefahren am

Zeit

Übersetzung

Streckenbeschreibung Nachdem man in Splügen (km 0,0) den Hinterrhein überquert hat, windet sich die Straße mit einer Steigung von 10% zwischen grünen Bergwiesen aufwärts. Über fünf Kehren läßt man das Betonband der Schnellstraße zum San Bernardino rasch unter sich und fährt in dichten Tannenwald ein. Nach 3 km läßt die Steigung am Hüscheren Bach entlang, über dessen bewaldeten Hänge die Spitzen des Äußeren und Mittleren Schwarzhorns sichtbar sind, nach. Nur kurz nimmt die Steigung nach einer Brücke über den Bach (km 4,0) zu, vermindert sich dann aber auf kurvenarmer Straße wieder. Erst nach Überfahrung der Baumgrenze steigt die Straße wieder an. Unter den Berghängen des Surettahorns im Osten, von denen Wasserbäche wie glänzende Perlenschnüre herabführen, erreicht man bei km 6,0 wieder eine Kehrentrasse. Insgesamt 13 eng aufeinanderfolgende Serpentinen mit Steigungen bis 11% sind bis zum schweizerischen Zollamt (km 8,5) zu überwinden. Über eine weitere Kehre fährt man dann zur Paßhöhe (km 9,5), auf der sich auch die italienische Zollstelle befindet.

Rückfahrt Wie Auffahrt. Oder Abfahrt mit Gefälle bis 13% und 47 Kehren nach Chiavenna (km 31,5). Drei unbeleuchtete Tunnels, 2mal 50 m und 350 m lang. Sechs Tunnelgalerien, 150 bis 650 m lang. Sieben Galerien, 20 bis 250 m lang.

Besondere Hinweise Der Grenzübergang ist vom 1.6. bis 30.9. von 24 bis 5 Uhr, in der übrigen verkehrsoffenen Zeit von 22 bis 6 Uhr geschlossen. Bei der Abfahrt nach Chiavenna ist Beleuchtung unbedingt notwendig.

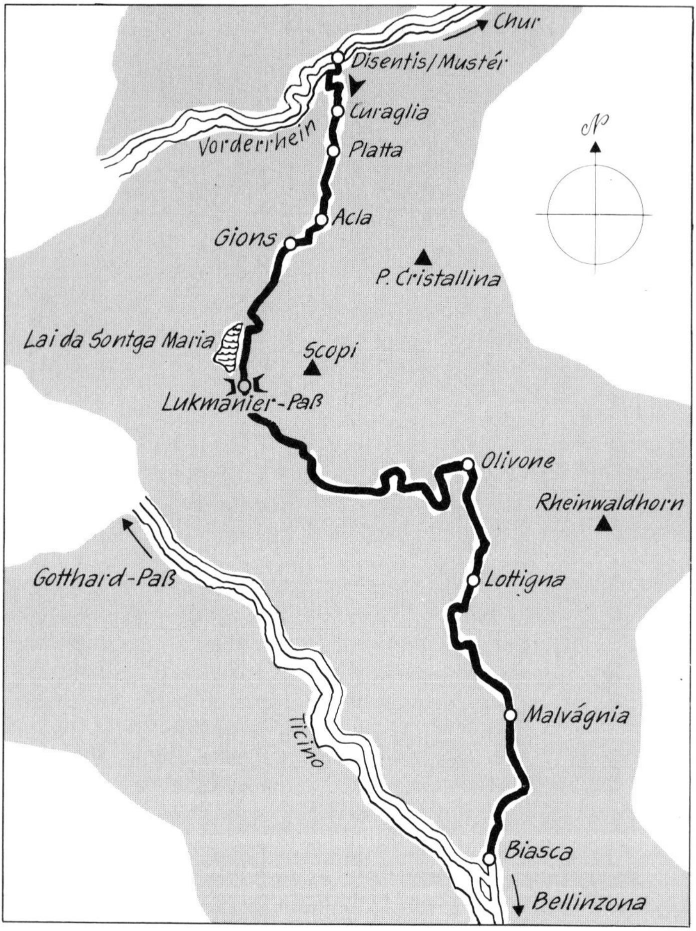

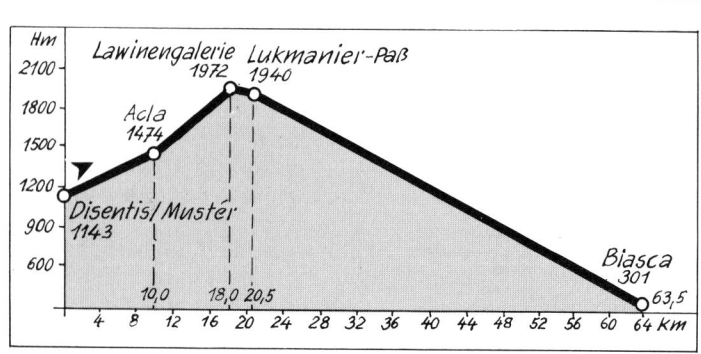

Chur
Disentis/Mustér
Curaglia
Vorderrhein
Platta
Acla
Gions
P. Cristallina
Lai da Sontga Maria
Scopi
Lukmanier-Paß
Olivone
Rheinwaldhorn
Gotthard-Paß
Lottigna
Malvágnia
Ticino
Biasca
Bellinzona

Hm
2100
1800
1500
1200
900
600
Lawinengalerie
1972
Lukmanier-Paß
1940
Acla
1474
Disentis/Mustér
1143
Biasca
301
10,0
18,0
20,5
63,5
4 8 12 16 20 24 28 32 36 40 44 48 52 56 60 64 Km

53 Lucmagn-/Lukmanier-Paßstraße

1940 m   Schweiz/Graubünden

Charakter Mittelschwere Radtour mit maximal 10% Steigung über den »Großen Hain«	**Ausgangspunkt** Disentis/ Mustér (1143 m) an der H 13, ca. 23 km östlich von Andermatt
Offen 15.5.–30.11.	
Zeit 1¼–1¾ Stunden	**Persönliche Angaben**
Länge 20,5 km	Gefahren am
Höhendifferenz 797 m	Zeit
Übersetzung 42/23	Übersetzung
Karte Landeskarte der Schweiz 1:50 000, Blatt 5001	

Streckenbeschreibung   In Disentis (km 0,0) fällt die Straße auf den ersten beiden km bis zur Mündungsschlucht des Medelser Rheins in den Vorderrhein ab. Über eine Brücke fährt man in die Schlucht ein, und die Straße steigt auf 8 bis 10% an. Nach drei 60 bis 100 m langen Tunnels und einer 600 m langen, schwach beleuchteten Tunnelgalerie erreicht man über zwei Kehren mit 10% Steigung Curaglia (km 5,0). In dem weiten Hochtal steigt die Straße durch die Orte Platta (km 7,0) und Parde (km 8,0) nur mäßig an. Erst bei Acla (km 10,0) nimmt die Steigung bis Gions (km 11,5) wieder auf 10% zu. Die nun hochgebirgiger werdende Landschaft mit felsdurchsetztem, schütterem Bewuchs läßt nichts mehr von dem Waldreichtum, der dem Paß einst seinen Namen (lucus magnus = großer Hain) gab, erkennen. Dem Straßenverlauf am östlichen Borghang folgend ist weit oben bereits die 100 m hohe Betonmauer des Lai da Sontga Maria sichtbar. Sie wird auf der mit 6 bis 8% über dem steinigen Flußbett der Froda ansteigenden Straße durch mehrere kurze Tunnels und Galerien sowie zwei Kehren erreicht (km 17,5). Kurz danach fährt man am linken Ufer des Sees in eine Lawinengalerie ein, deren Fenster immer wieder Ausblicke auf den See und den darüberliegenden Piz Lai Blau gestatten. Etwa in der Mitte geht die leicht ansteigende Straße mit 1972 m über die eigentliche Paßhöhe hinaus, die man dann wieder leicht abfallend beim Hospezi San Marie (km 20,5) erreicht.

Rückfahrt   Wie Auffahrt. Oder Abfahrt mit Gefälle bis 8% und fünf Kehren bis Biasca (km 43,0). Zwei Tunnels, je 100 m lang. Eine Galerie, 50 m lang.

Besonderer Hinweis   Wegen der Tunnels und Galerien ist Beleuchtung ratsam.

Chur
Disentis/Mustér
Vorderrhein
Sedrun
Rueràs
Tschamut
Oberalp-Paß
Andermatt
Bellinzona
Gotthard-Paß
Vierwaldstätter See
Reuß

Hm
2400
2100
1800
1500
1200
900
Disentis/Mustér 1143
Sedrun 1404
Rueràs 1407
Tschamut 1667
Oberalp-Paß 2045
Andermatt 1447
8,5
12,0
16,5
22,0
33,5
4
8
12
16
20
24
28
32
36 km

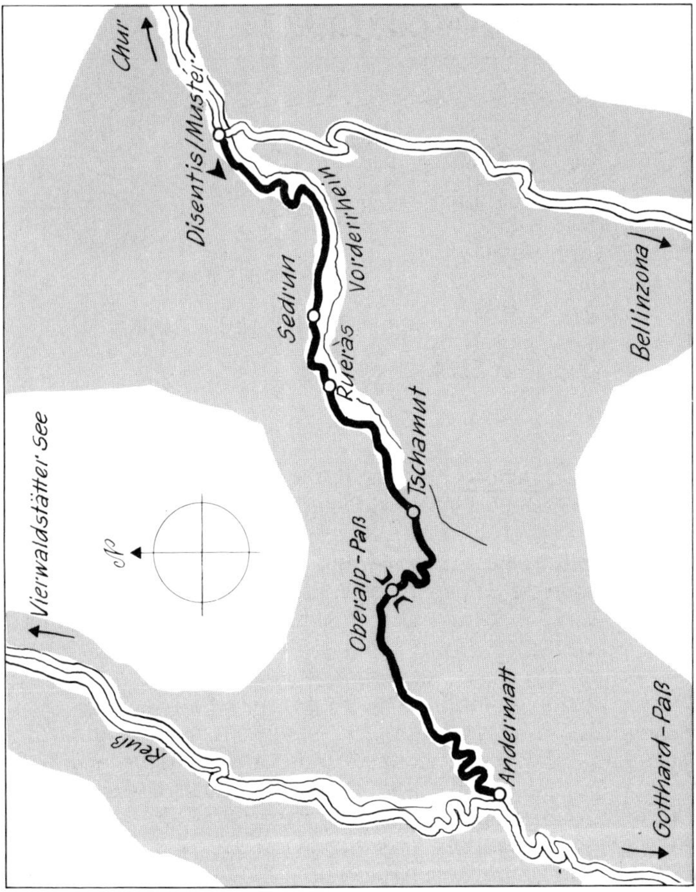

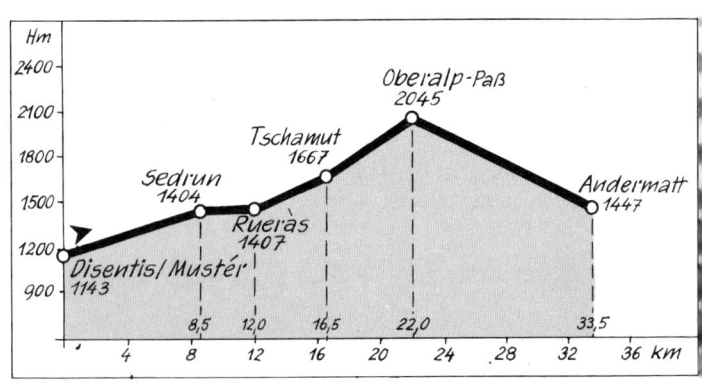

54 Oberalp-Paßstraße

2045 m   Schweiz/Graubünden

Charakter   Mittelschwere Radtour mit maximal 10% Steigung von Graubünden in den Kanton Uri

Offen   15.5.–15.11.

Zeit   1¼–2 Stunden

Länge   22 km

Höhendifferenz   902 m

Übersetzung   42/23

Karte   Landeskarte der Schweiz 1:50000, Blatt 5001

Ausgangspunkt   Disentis/Mustér (1143 m) an der H 13, ca. 23 km östlich von Andermatt

Persönliche Angaben

Gefahren am

Zeit

Übersetzung

Streckenbeschreibung   Auf den ersten 5 km nach Disentis (km 0,0) verläuft die Straße mit längeren Steigungen bis 10%, immer wieder von flacheren Strecken unterbrochen, aufwärts. Die bisher breit ausgebaute Trasse wird schmäler und fällt bis kurz vor Sedrun (km 8,5) ab. Im Norden die Berge um den Witenalpstock, im Süden Piz Ganneretsch und Piz Blas, steigt die Straße im »Tavetsch« genannten obersten Vorderrheintal bis Rueràs (km 12,0) nur mäßig an. Unter den Hängen des Chrüzlistockes nimmt die Steigung in dem nun enger werdenden Tal bis Tschamut (km 16,5) wieder auf 8 bis 10% zu. In Fahrtrichtung die Gletscher des Rossbodenstocks und des Badus, ist an den Hängen der nördlichen Talseite der Straßenverlauf und darüber die Galerien der Furka-Oberalp-Bahn erkennbar. Bei km 18,0 beginnt die Kehrenstrecke, über die man sich mit 10% Steigung, mit Blick auf Piz Cavradi und Piz Ravetsch im Süden, den Schienen der Bahnlinie (km 21,0) nähert. Die Strecke zur Paßhöhe (km 22,0) am Fuße des Piz Tiarms, wo auch der 2,5 km lange Oberalpsee die eher eintönige Landschaft kaum verschönern kann, ist dann rasch erreicht.

Rückfahrt   Wie Auffahrt. Oder Abfahrt mit Gefälle bis 10% und neun Kehren nach Andermatt (km 11,5). Ein Kehrentunnel, 200 m lang. Eine unbeleuchtete Galerie, 800 m lang.

Besonderer Hinweis   Bei der Abfahrt nach Andermatt ist wegen der Tunnels Beleuchtung ratsam.

Andermatt
Bellinzona
Altdorf
Gotthard-Paß
Hospental
Realp
Tiefenbach
Dammastock
Galenstock
Furkahorn
Furka-Paß
Rhônegletscher
Hotel Belvédère
Meiringen
Gletsch
Rhône
Brig
N

Hm
2500
2250
2000
1750
1500
1250
Hospental 1480
Realp 1538
Tiefenbach 2106
Furka-Paß 2436
Hotel Belvédère 2274
Gletsch 1757
5,5
12,5
17,5
20,0
25,0
2 4 6 8 10 12 14 16 18 20 22 24 26 Km

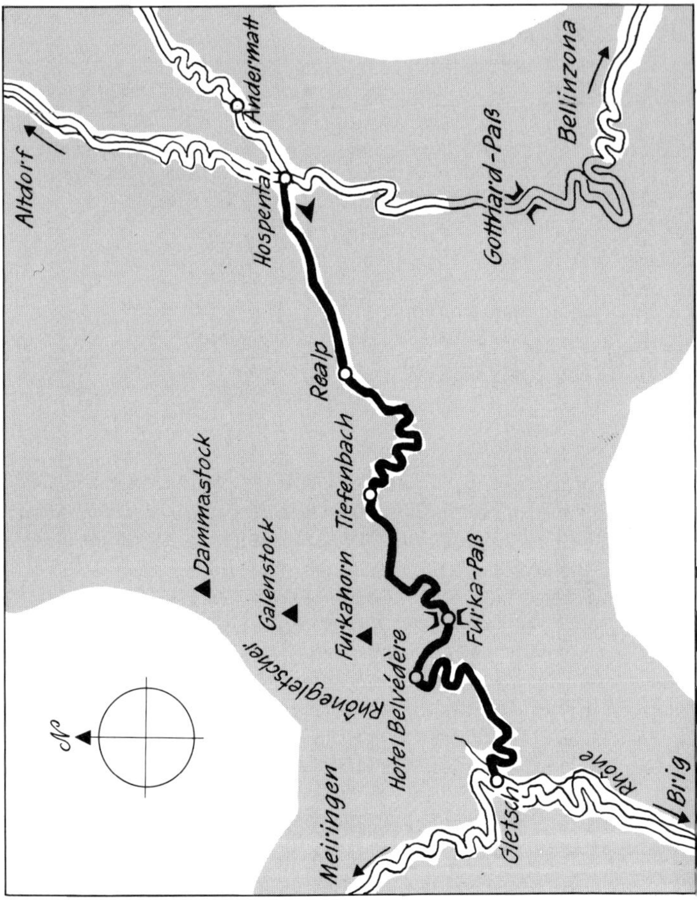

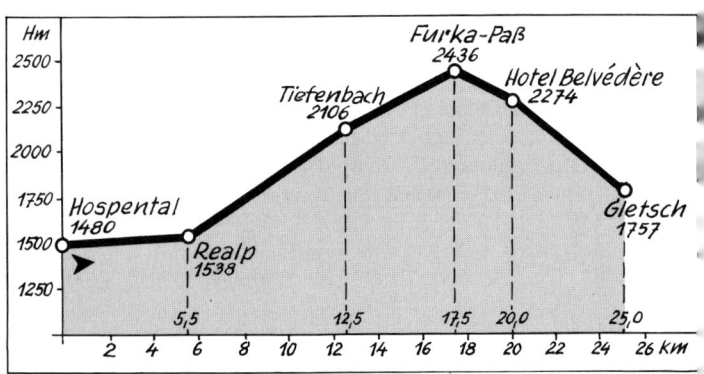

55 Furka-Paßstraße

2436 m   Schweiz/Uri

Charakter Mittelschwere Radtour mit
maximal 11% Steigung auf Radbreite an
den Rhône-Gletscher

Offen 1.6.–31.10.

Zeit 1½–2 Stunden

Länge 17,5 km

Höhendifferenz 956 m

Übersetzung 42/23–26

Karte Landeskarte der Schweiz
1:50000, Blatt 5001

Ausgangspunkt Hospental
(1480 m) an der H2, ca. 3 km
westlich von Andermatt

Persönliche Angaben

Gefahren am

Zeit

Übersetzung

Streckenbeschreibung Von Hospental (km 0,0) fällt die Straße im
breiten Urseren Tal auf den ersten km leicht ab und steigt erst kurz
vor Realp (km 5,5) an. Dahinter nimmt die Steigung zu, und über Kehren mit Steigungen bis 11% gewinnt man rasch an Höhe. Zurück-
schauend bieten sich schöne Ausblicke auf die Gotthard-Gruppe im
Süden. Im Osten kann man den Verlauf der Kehren, die sich zum
Oberalp-Paß hinaufziehen, verfolgen, während oben bereits die Häuser des Hotels Galenstock sichtbar sind. Insgesamt sieben Kehren
sind zu überwinden, bevor das Hotel (km 10,5) erreicht ist. Danach
kann man den Straßenverlauf an der Nordseite des Garschentales
bis zu den Häusern auf der Paßhöhe verfolgen. Tief unten die Furka-
reuß, steigt die Straße kehrenlos mit Steigungen zwischen 8 und 11%
an. An der Poststation Tiefenbach (km 12,5) vorbei plätschern von
den Hängen des Winterstocks immer wieder kleine, weißschäumen-
de Wasserbäche herunter und verschwinden unter der Straße. Bei
km 16,0 sind nochmals zwei Kehren zu überwinden, bevor bei
km 17,0 das Furka-Hotel erreicht ist. 500 m trennen dann noch von
der Paßhöhe. Dort sollte man auf keinen Fall die wenigen 100 m zu
einem Parkplatz auf der Westseite scheuen. Über den Kehren des
Grimsel-Passes im Westen ragen die vergletscherten Drei- und Vier-
tausender der Berner Alpen empor, wo zwischen den Fiescherhör-
nern und dem Lauteraarhorn auch die Spitze des Eiger sichtbar ist.
Wer sich danach bis auf wenige m den Séracs des Rhônegletschers
nähern will, muß nochmals knapp 2,5 km und 200 Höhenmeter bis
zum Hotel Belvédère abfahren.

Rückfahrt Wie Auffahrt. Oder Abfahrt mit Gefälle bis 14% und
16 Kehren nach Gletsch (km 7,5).

Susten-Paß
Meiringen
Innertkirchen
Steinhaushorn
N
Guttannen
Diechterhorn
Rhônegletscher
Furka-Paß
Hühnerstock
Grimselsee
Grimsel-Paß
Totensee
Gletsch
Brig

Hm
Totensee
2160
Grimsel-Paß
2165
2100
1800
1500
1200
900
600
Gletsch
1759
Innertkirchen
622
5,5
6,0
33,5
4
8
12
16
20
24
28
32
36 km

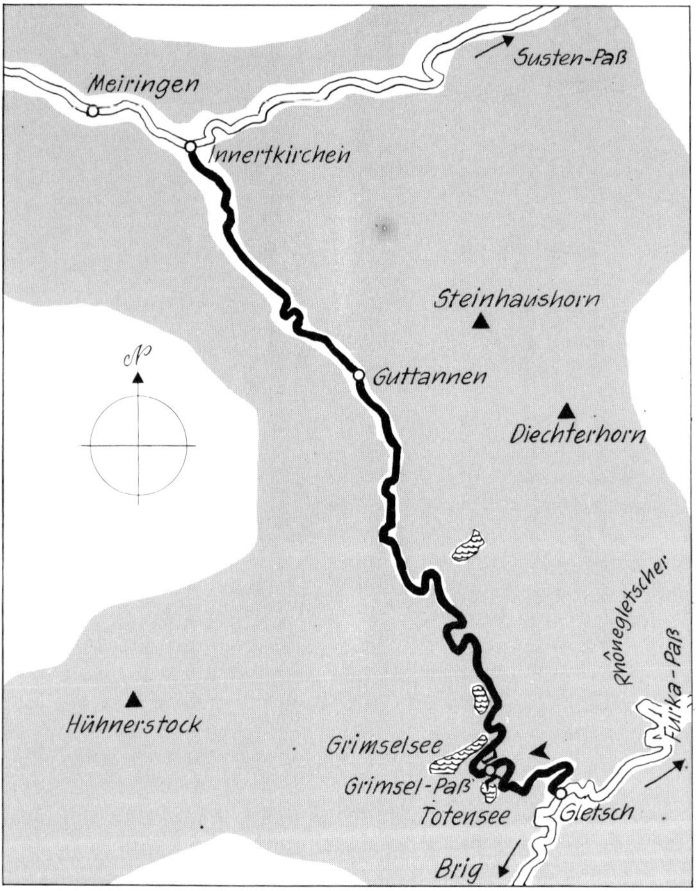

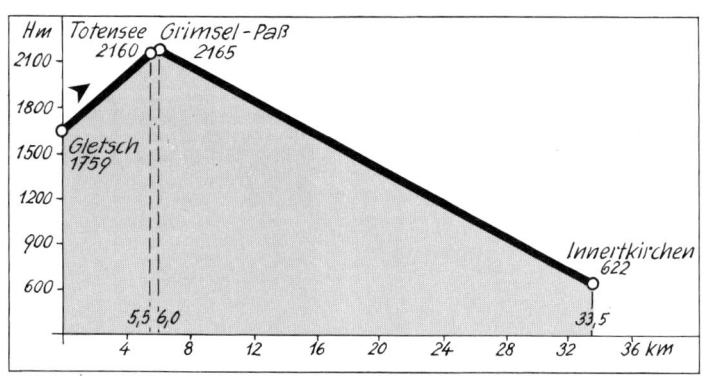

56 Grimsel-Paßstraße

2165 m   Schweiz/Wallis

Charakter Leichte Radtour mit maximal   **Ausgangspunkt** Gletsch
9% Steigung vom Wallis ins Berner   (1759 m)
Oberland

Offen 15.6.–15.10.   **Persönliche Angaben**

Zeit ½–¾ Stunden   Gefahren am

Länge 6 km   Zeit

Höhendifferenz 406 m   Übersetzung

Übersetzung 42/21–23

Karte Landeskarte der Schweiz
1:50000, Blatt 5001

Streckenbeschreibung   Von Gletsch (km 0,0), einem kleinen Ort an
der Hauptstraße von Brig nach Andermatt, dessen Hotels man deutlich ansieht, daß sie schon bessere Zeiten erlebt haben, trennt man
sich rasch. Ein großer weißer Kilometerstein mit der Aufschrift »km 0«
– es soll übrigens der einzige bleiben – deutet auf den Beginn der
Paßstraße hin. An der Meienwand ziehen sich sechs gleichmäßige
Kehren nach oben, deren Steigung zwar 9% nie über-, dafür auch
nicht wesentlich unterschreitet. Je höher man kommt, desto besser
wird die Aussicht auf Galenstock, den Rhônegletscher und die Serpentinen der Furka-Paßstraße im Osten, die man vielleicht erst vor
kurzem abgefahren ist. Unten glänzt das Band der hier noch jungen
Rhône, die in diesem Teil des Wallis auch »Rotten«, genannt wird. Mit
Erreichen des Totensees (km 5,5) zwischen den Gärstenhörnern im
Norden und dem Sidelhorn im Süden führt die Straße eben zur Paßhöhe beim Hotel Grimsel (km 6,0). Hier verläuft nicht nur die Grenze
zwischen den Kantonen Bern und Wallis, sondern auch die Wasserscheide zwischen Nordsee und Mittelmeer.

Rückfahrt   Wie Auffahrt. Oder Abfahrt mit Gefälle bis maximal 11%
und 16 Kehren bis Innertkirchen (km 27,5). Drei Tunnels, 10 bis 250 m
lang und ein Kehrentunnel, 150 m lang. Eine Tunnelgalerie, 100 m
lang. Eine Galerie 50 m lang. Ein Tunnel im Bau, etwa 500 m lang.

Besondere Hinweise   Wegen der Tunnels ist bei der Abfahrt nach
Innertkirchen Beleuchtung notwendig.

Altdorf
Wassen
Andermatt
Farnigen
Susten-Paß
Sustenhorn
Titlis
Steingletscher
Hotel Steingletscher
Gadmen
Grimsel-Paß
Nessental
Innertkirchen
Meiringen

Hm
2400
2100
1800
1500
1200
900
600
Susten-Paß 2224
Hotel Steingletscher 1863
Gadmen 1205
Nessental 925
Innertkirchen 622
Wassen 916
6,0
12,0
22,5
28,0
46,0
4 8 12 16 20 24 28 32 36 40 44 48 Km

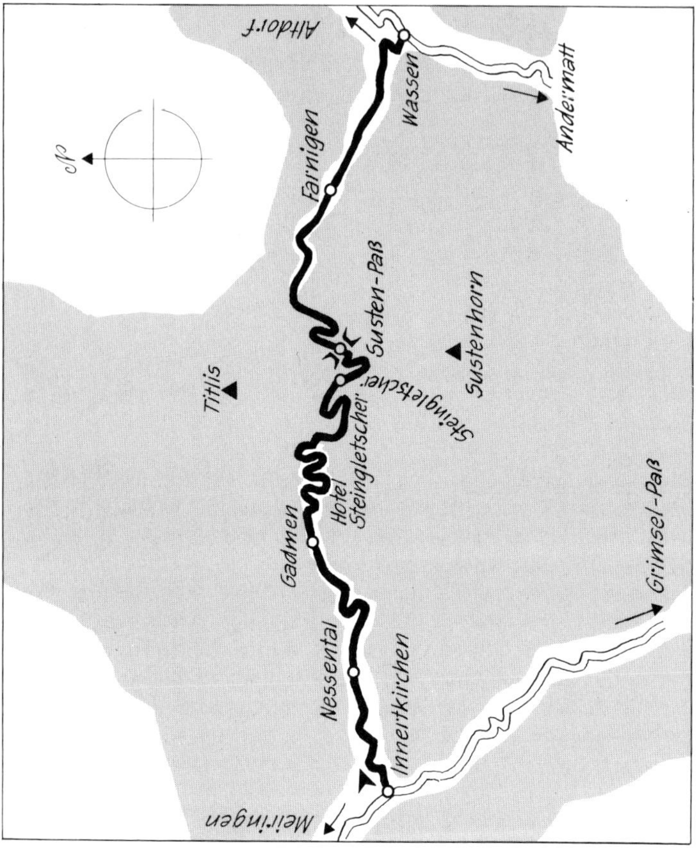

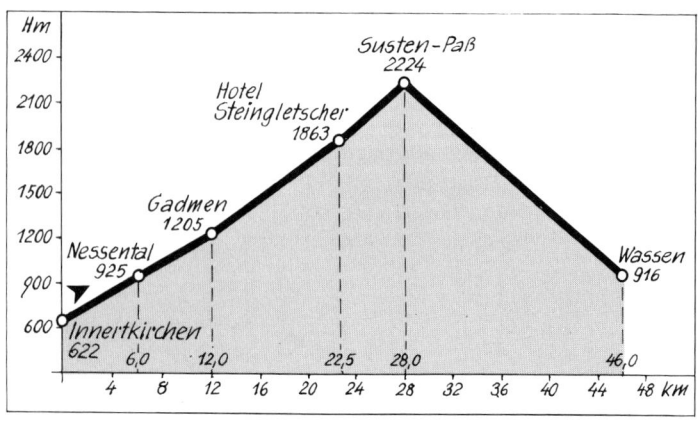

57 Susten-Paßstraße

2224 m   Schweiz/Bern

Charakter Mittelschwere Radtour mit
maximal 9% Steigung auf den schönsten
Alpenpaß

Offen 15.6.–15.10.

Zeit 2–3 Stunden

Länge 28 km

Höhendifferenz 1602 m

Übersetzung 42/23

Karte Landeskarte der Schweiz
1:50000, Blatt 5001

Ausgangspunkt Innertkirchen
(622 m)

Persönliche Angaben

Gefahren am

Zeit

Übersetzung

<u>Streckenbeschreibung</u> Von Innertkirchen (km 0,0) verläuft die Stra-
ße über zwei Kehren mit 9% Steigung bis hinter Wiler (km 1,5) aufwärts. Nach Durchfahrung eines 100 m langen, unbeleuchteten Tunnels (km 2,5) wechseln in dem breiten Tal bis Nessental (km 6,0)
Anstiege mit flacheren Passagen und kurzen Abfahrten ab. Nach
Nessental steigt die Straße wieder an, und mit Blick auf die vergletscherte Spitze des Sustenhorns kommt man durch einen weiteren
Tunnel nach Furen (km 10,0) und auf ebener Straße nach Gadmen
(km 12,0). Danach an den Kalkfelsen der Gadmerflüe entlang, nimmt
die Steigung kurz hinter Obermad (km 12,5) wieder zu. Über fünf Kehren mit mehreren kurzen Tunnels und Steigungen bis 9% steigt die
Straße durch den Gschletterschlagwald an den Hängen des Fünffin-
gerstockes bergan. Bei km 18,0 überraschen Birken am Straßenrand,
während von den Gletschern des Giglistocks auf der gegenüberliegenden Talseite Bäche in das Gadmer Wasser hinunterfließen. Nach
Überwindung weiterer Kehren und mehrerer kurzer Tunnels, die die
Aussicht auf den Hängegletscher des Sustenhorns eröffnen, erreicht
man das Hotel Steingletscher (km 22,5). Die Gipfelschau, die sich
hier bietet, kann als grandios bezeichnet werden und wird, je höher
man über weitere Kehren mit Steigungen bis 9% kommt, noch besser. Den schönsten Blick auf Sustenhorn, Bockberg, Gwächtenhorn,
Vorderer Tierberg und Giglistock, dazwischen der gewaltige Eis-
strom des Steingletschers, hat man von einem Parkplatz mit Panora-
matafel bei km 26,0. Die Paßhöhe mit dem 320 m langen Scheiteltun-
nel ist bei km 28,0 erreicht.

<u>Rückfahrt</u> Wie Auffahrt. Oder Abfahrt mit Gefälle bis 9% und drei
Kehren nach Wassen (km 18,0). Sechs Tunnels, 20 bis 200 m lang.

<u>Besonderer Hinweis</u> Wegen der Tunnels bei Auf- und Abfahrt ist
Beleuchtung anzuraten.

Altdorf
Amsteg
Susten-Paß
Reuß
Wassen
Sustenhorn
Piz Giuv
Göschenen
Oberalp-Paß
Andermatt
Hospental
Furka-Paß
Pzo. Centrale
St.-Gotthard-Paß
Airolo
Bellinzona

Hm
2400
2100
1800
1500
1200
900
600
St.-Gotthard-Paß
2108
Andermatt
1447
Hospental
1493
Airolo
1175
Wassen
916
Göschenen
1106
Amsteg
519
10,5
15,0
21,5
24,5
34,0
47,5
4
8
12
16
20
24
28
32
36
40
44
48 km

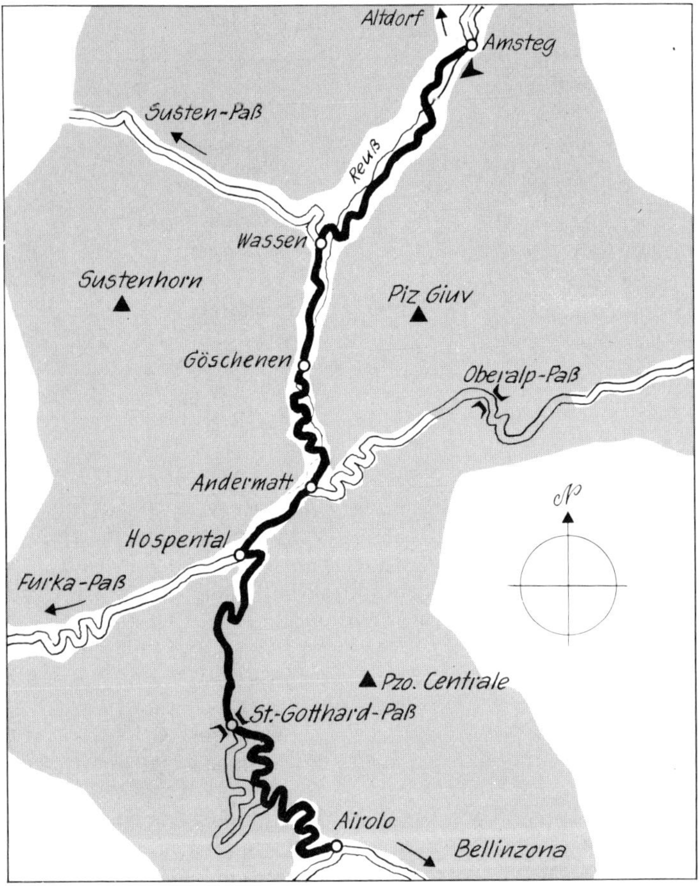

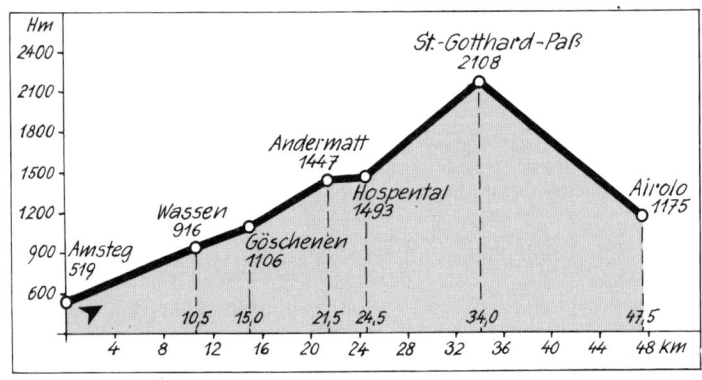

58 St.-Gotthard-Paßstraße

2108 m   Schweiz/Uri

Charakter   Schwere Radtour mit maxi-   **Ausgangspunkt**   Amsteg
mal 10% Steigung durch die Schöllenen   (519 m)
Schlucht ins Val Tremola

Offen   15.5.–15.11.   **Persönliche Angaben**

Zeit   2½–3½ Stunden   Gefahren am

Länge   34 km   Zeit

Höhendifferenz   1589 m   Übersetzung

Übersetzung . 42/23–26

Karte   Landeskarte der Schweiz
1:50 000, Blatt 5001

Streckenbeschreibung   Hinter Amsteg (km 0,0) steigt die Straße mit
10% an. Das ohnehin enge Tal der Reuß teilt sie sich dabei mit der
Autobahn und den Bahnschienen. Entsprechend ist auch der Straßenverlauf. Während die Autobahn mit gleichmäßiger Steigung fast
geradlinig aufwärts zieht, benützt die alte Straße nahezu die ganze
Talbreite, wobei ständig Steigungen mit flacheren Etappen abwechseln. In Wassen (km 10,5) befindet man sich sogar über der Autobahn, nur um kurz darauf diese wieder zu unterfahren. In Göschenen
(km 15,0) kann man einen kurzen Blick auf die Gletscher des Dam-
mastocks im Westen werfen, bevor es über Kehren mit 10% Steigung
und mehrere Galerien durch die düsteren Granitwände der Schölle-
nenschlucht geht. Am Schluchtanfang ist sogar noch ein Stück der
alten Teufelsbrücke sichtbar. Man verläßt die Schlucht, die jahrhun-
dertelang ein unüberwindbares Hindernis darstellte, durch den 64 m
langen Tunnel des »Urner Lochs« (km 20,5) und fährt in das weite
Becken des Urseren Tales ein. Eben führt die Straße über Andermatt
(km 21,5) bis Hospental (km 24,5). In einem immer öder werdenden
Hochtal verläuft sie mit Steigungen bis 10% in einer weiten Schleife
zum Restaurant Mätteli (km 29,0) hinauf. Nach einer weiteren Kehre
erreicht die kurvenarme Straße hoch über der Gotthardreuß, ständig
zwischen 8 und 10% ansteigend, die Paßhöhe (km 34,0). Weder die
kleinen Bergseen inmitten glattgeschliffener Gesteinsbrocken noch
das alte Hospiz sind dazu angetan, die eher unwirtliche Umgebung
zu beleben.

Rückfahrt   Wie Auffahrt. Oder Abfahrt mit Gefälle bis 10% und
24 Kehren nach Airolo (km 13,5).

Besonderer Hinweis   Da die neue N 2 auf der Südseite zumindest
im unteren Teil für Radfahrer verboten ist, empfiehlt sich die Abfahrt
über die alte Straße durchs Val Tremola.

Bellinzona
Airolo
Andermatt
St.-Gotthard-Paß
Fontana
Bedretto
Ronco
All'Ácqua
Piz Rotondo
Cantina di Cruina
Nufenen-Paß
Pzo. Gallina
Grimsel-Paß / Furka-Paß
Ulrichen
Brig

Hm
2700
2400
2100
1800
1500
1200
900
Nufenen-Paß
2478
Cantina di Cruina
2028
Fontana
1257
Ronco
1487
Airolo
1175
Ulrichen
1346
5,0
10,0
16,0
24,0
38,5
4
8
12
16
20
24
28
32
36
40 km

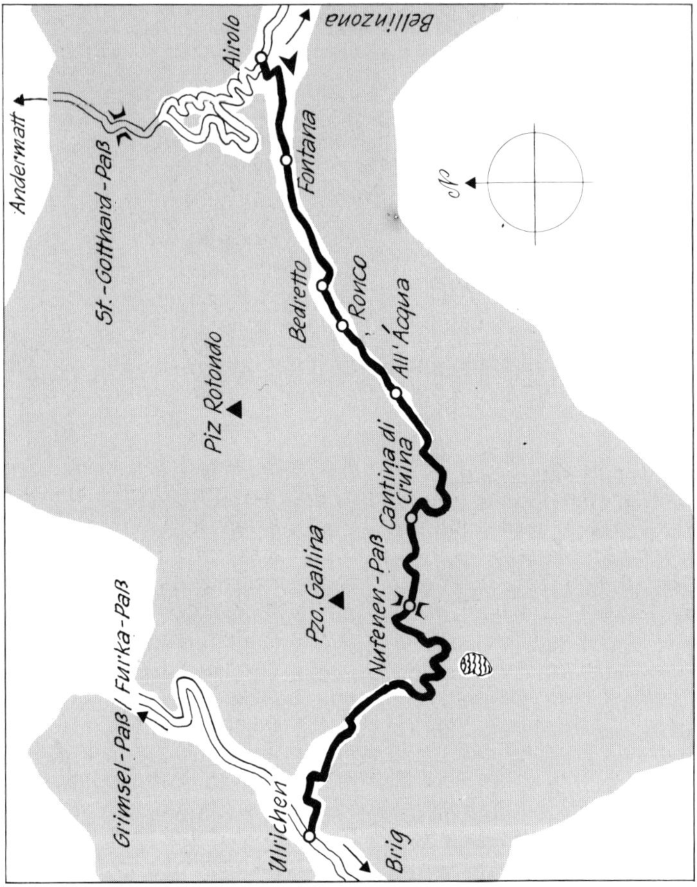

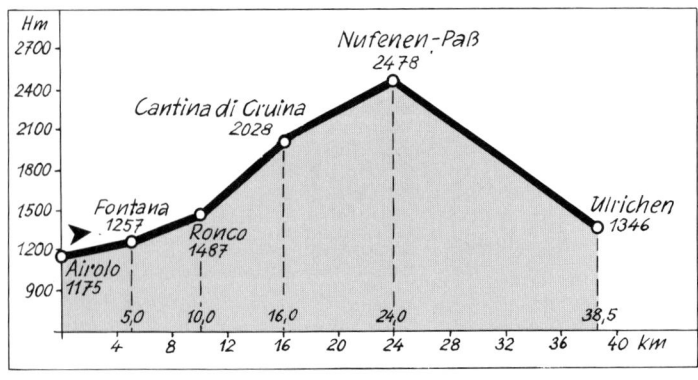

59 Nufenen-Paßstraße

2478 m   Schweiz/Wallis

Charakter Mittelschwere Radtour mit maximal 10% Steigung durch das Val Bedretto ins Wallis

Offen 1.7.–31.10.

Zeit 1½–2 Stunden

Länge 24 km

Höhendifferenz 1303 m

Übersetzung 42/23

Karte Landeskarte der Schweiz 1:50000, Blatt 5001

Ausgangspunkt Airolo (1175 m)

Persönliche Angaben

Gefahren am

Zeit

Übersetzung

Streckenbeschreibung   In Airolo (km 0,0) folgt man der einzigen direkten Straße vom Tessin ins Wallis, die in westlicher Richtung durch das Val Bedretto führt. Kurze Steigungen bis 8% werden immer wieder von längeren flacheren Stücken abgelöst, und über Fontana (km 5,0) und Ossasco (km 6,5) gewinnt man nur langsam an Höhe. An Bedretto, dem Hauptort des Tales vorbei, steigt die Straße erst bei Ronco (km 10,0) stärker an. Die zerklüfteten Spitzen des Piz Rotondo im Norden, werden die 10%igen Steigungen bis All'Ácqua (km 12,5) noch von kurzen flachen Stücken unterbrochen. Danach aber läßt die Steigung zwischen Mischwald, an der Ticino entlang, kaum noch nach. Über zwei Kehren erreicht man bei der Cantina di Cruina (km 16,0) – zwei Hütten aus Schieferplatten – das letzte flache Stück vor der Paßhöhe. Almmatten verdrängen den Tannenwald, während in Fahrtrichtung die Zacken des Grieshorns sichtbar sind. Über zwei weite Kehren mit 10%iger Steigung gewinnt man nun rasch an Höhe. Im Süden fällt der Blick auf das Helgenhorn, während Hochspannungsmasten am Talboden sich störend auf das Landschaftsbild auswirken. An den Südwesthängen des Mittagshorns geht es über weitere Kehren bei kaum nachlassender Steigung von 8 bis 10% nach oben. Bei km 23,0 läßt die Steigung nach, und an einem winzigen See vorbei, erreicht man die Paßhöhe (km 24,0). Dort entschädigt der Blick auf die wilde Eis- und Felsszenerie der Berner Alpen im Nordwesten für die Mühen der Auffahrt.

Rückfahrt   Wie Auffahrt. Oder Abfahrt mit Gefälle bis 10% und 13 Kehren nach Ulrichen (km 14,5).

Brig
Schallberg
Bérisal
Wasenhorn
M. Leone
Simplon-Paß
Simplon
Gondo
Varzo
Gstein-Gabi
Fletschhorn
Lagginhorn
Weißmies
Domodóssola
Lago Maggiore

Hm
2100
1800
1500
1200
900
600
300
Simplon-Paß
2005
Schallberg
1316
Bérisal
1520
Brig
681
Domodóssola
272
9,5
13,5
22,5
64,0
4 8 12 16 20 24 28 32 36 40 44 48 52 56 60 64 KM

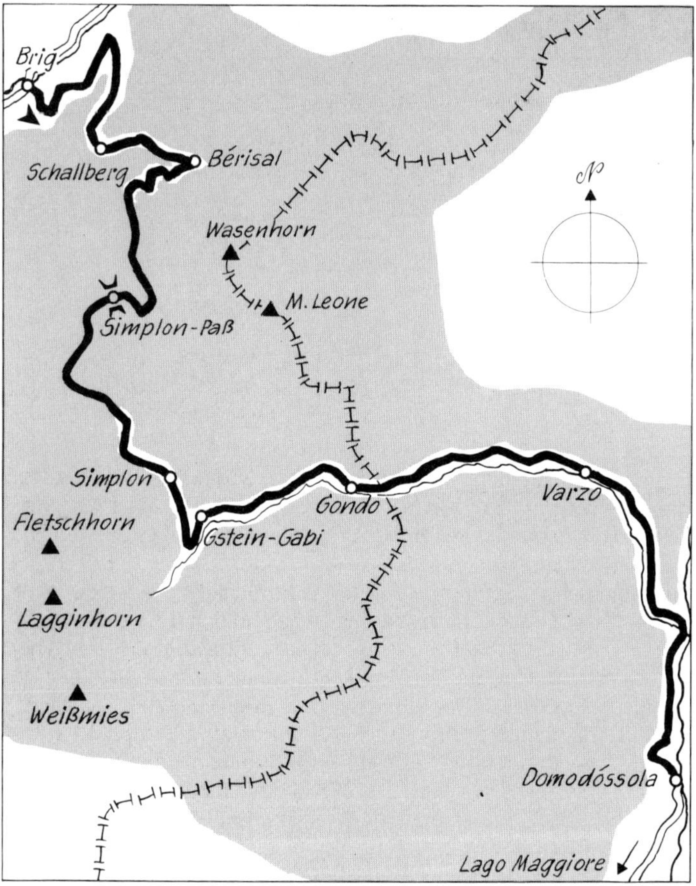

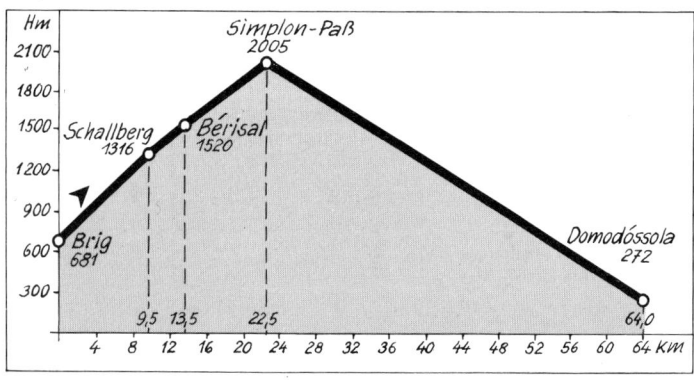

60 Simplon-Paßstraße

2005 m   Schweiz/Wallis

Charakter Mittelschwere Radtour mit maximal 9% Steigung vom Wallis ins Piemont

Offen 1.1.–31.12.

Zeit 1½–2 Stunden

Länge 22,5 km

Höhendifferenz 1324 m

Übersetzung 42/23

Karte Landeskarte der Schweiz 1:50000, Blatt 274

Ausgangspunkt Glis/Brig (681 m)

Persönliche Angaben

Gefahren am

Zeit

Übersetzung

Streckenbeschreibung   Nachdem man in Brig (km 0,0) der Beschilderung »Simplon« folgend fast eine Stadtrundfahrt gemacht hat, verläßt man den Ort auf der mit 9% ansteigenden Straße über den Rieder Berg. An Ried (km 3,0) vorbei windet sich die Straße bei gleichbleibender Steigung in einer weiten Schleife aufwärts und gestattet die Sicht auf Brig und das Rhônetal. An den Hängen des Faulhorns entlang durchfährt man zwei kurze, unbeleuchtete und einen 550 m langen, schwach beleuchteten Tunnel, bevor man durch die Saltinaschlucht ins Gantertal einbiegt. Man erreicht Schallberg (km 9,5) und überquert auf ständig ansteigender Straße auf der 148 m hohen Ganterbrücke (km 12,0), mit Bortelhorn und Hillenhorn im Hintergrund, die Ganterschlucht. Danach wird die bisher breit ausgebaute Straße schmäler, und nach Bérisal (km 13,5) zeigt ein Schild an, daß noch 9 km bis zur Paßhöhe zu fahren sind. Kurvenreich steigt die Straße an den Hängen des Wasenhorns durch den Rothwald an, bis man über ständige Steigung zwischen 7 und 9% den Ort gleichen Namens (km 16,0) erreicht. Am Taleinschnitt ist bereits die Paßhöhe erkennbar, während man kurz hinter Rothwald fast ausschließlich durch Lawinengalerien fährt. Nach einer kurzen Unterbrechung der Galerien in Schallbett (km 19,5) erreicht man das Galerienende beim Hotel Bellevue (km 22,0) und auf ebener Straße kurz darauf die Paßhöhe (km 22,5).

Rückfahrt   Wie Auffahrt. Oder Abfahrt mit Gefälle bis 10% und vier Kehren nach Domodóssola (km 41,5). Fünf Tunnels, 50 bis 150 m lang, eine Unterführung. Eine Tunnelgalerie, 750 m lang. Acht Galerien, 50 bis 600 m lang.

Besonderer Hinweis   Wegen der Tunnels und Galerien ist bei Auf- und Abfahrt Beleuchtung notwendig.

Montreux
Rhône
Sion
Martigny
Sembrancher
Les Valettes
Orsières
Pt. Combin
Bourg-St-Pierre
Grand Combin
Tunnelportal
Nord
Gr.-St.-Bernhard-Paß
Gr. Golliaz
Aosta
Turin

Hm
2700
2400
2100
1800
1500
1200
900
600
Gr.-St.-Bernhard-Paß
2473
Tunnelportal
Nord
1915
Bourg-St-Pierre
1632
Martigny
471
Les Valettes
626
Orsières
887
Sembrancher
712
Aosta
583
6,0
11,5
17,0
30,5
36,5
43,5
74,5
4
8
12
16
20
24
28
32
36
40
44
48
68
72
76 km

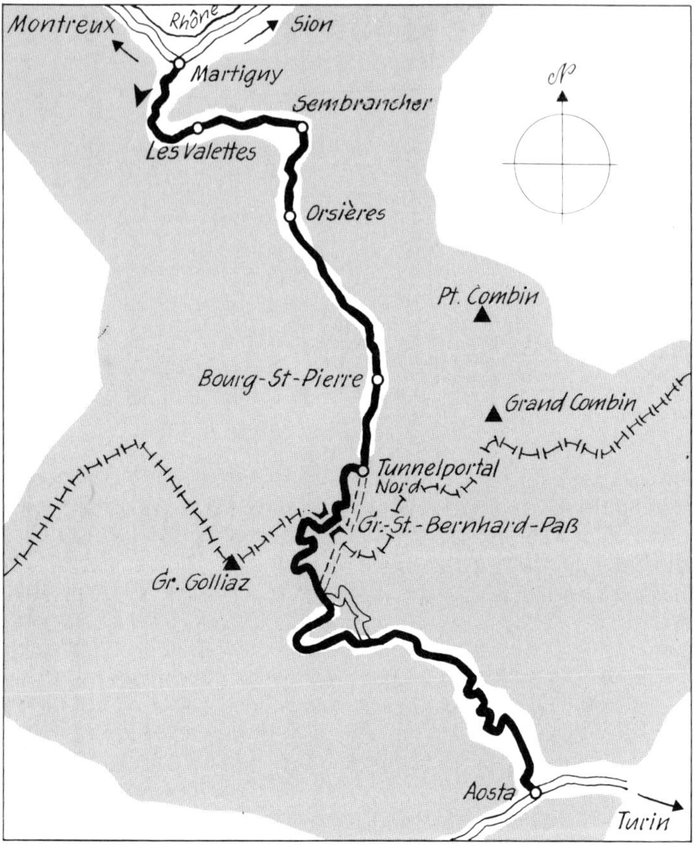

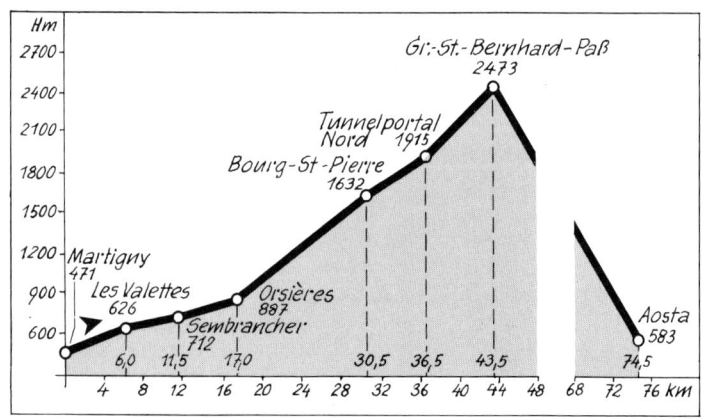

61 Großer-St.-Bernhard-Paßstraße

2473 m   Schweiz/Wallis

Charakter Schwere Radtour mit maximal 11% Steigung auf den Spuren Hanni-
bals

Offen 1.6.–15.10.

Zeit 3–4½ Stunden

Länge 43,5 km

Höhendifferenz 2002 m

Übersetzung 42/23–26

Karte Landeskarte der Schweiz
1:50 000, Blatt 5003

Ausgangspunkt Martigny
(471 m)

Persönliche Angaben

Gefahren am

Zeit

Übersetzung

Streckenbeschreibung Man verläßt Martigny (km 0,0) auf einer
Allee von Ahornbäumen. Zwischen Mischwald und Weinbergen
steigt die Straße über Les Valettes (km 6,0) bis Sembrancher
(km 11,5) nur mäßig an. Danach fährt man ins Val d'Entremont ein und
erreicht über kurze Steigungen bis 10%, meist aber flacher, La Duay
(km 15,5) und bald darauf Orsières (km 17,0). Links am Ort vorbeifahrend zieht sich die Straße in zwei weiten Kehren mit 10% Steigung
aufwärts. Danach wird sie enger und steigt bei gleichbleibender Steigung kurvenreich bis Fontaine-Dessous (km 22,5) an. Über weitere
Kehren kommt man nach Rive-Haute (km 23,5) und mit Blick auf die
schneebedeckte Spitze des Mont Vélan, bei nachlassender Steigung, nach Liddes (km 25,5). Durch einen langen, unbeleuchteten
Tunnel (km 29,0) radelt man bei wieder auf 10% zunehmende Steigung bis Bourg-St-Pierre (km 30,5) und bald darauf in die Galerien
der Zufahrt zum Nordportal des Scheiteltunnels ein. Am Stausee Lac
de Toules darf man bei auf 6% nachlassender Steigung die Abzweigung zum Gr.-St.-Bernhard-Paß (km 36,5) nicht verpassen, da man
sonst in den 5828 m langen Mauttunnel gelangen würde. Auf schma-
ler Straße fährt man an der Talstation der Seilbahn »Super-St-Ber-
nard« in ein immer öder werdendes Hochtal ein. Bei einer Steigung,
die kaum unter 11% fällt, gewinnt man auf kurvenreicher Straße rasch
an Höhe. Über vier Kehren, deren Steinböschungen sich kaum von
der Umgebung unterscheiden, überwindet man die Combe des Mor-
tes und sieht sich unvermittelt dem Hospiz auf der Paßhöhe (km 43,5)
gegenüber. Ob Hannibal bei seinem Zug nach Rom jedoch auch diesen Übergang gewählt hat, gilt unter den Historikern bis heute noch
nicht als sicher.

Rückfahrt Wie Auffahrt. Oder Abfahrt mit Gefälle bis 10% und
14 Kehren nach Aosta (km 31,0).

Frankreich

Chamonix
Pré-St-Didier
Mt. Bério Blanc
La Thuile
Kl.-St.-Bernhard-Paß
Grd. Assaly
Séez
L'Isère
Val d'Isere

Hm
2400
2100
1800
1500
1200
900
Kl.-St.-Bernhard-Paß
2188
La Thuile
1496
Pré-St-Didier
1004
Séez
904
9,5
23,5
51,0
4
8
12
16
20
24
28
32
36
40
44
48
52 km

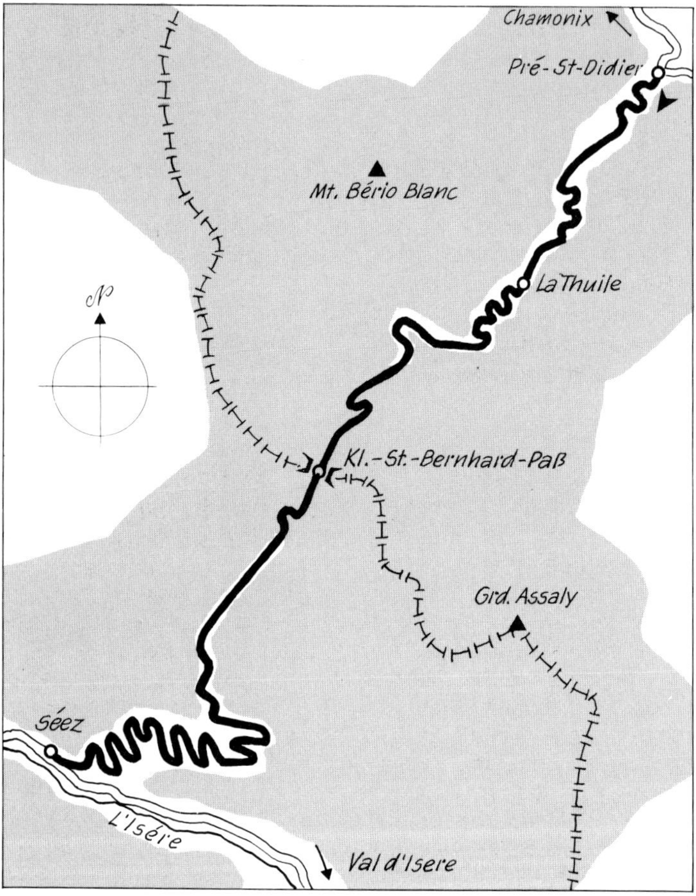

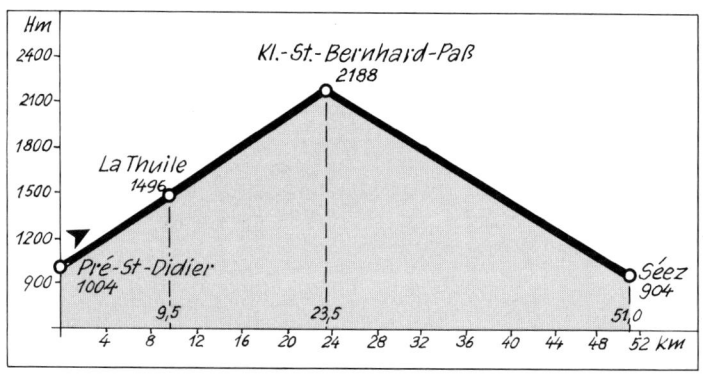

62 Kleiner-St.-Bernhard-Paßstraße

2188 m   Frankreich/Savoyen

Charakter Mittelschwere Radtour mit
maximal 9% Steigung vom Aostatal nach
Savoyen

Offen 15.6.–31.10.

Zeit 1½–2 Stunden

Länge 23,5 km

Höhendifferenz 1184 m

Übersetzung 42/23

Karte Carte Topographique 1:100000,
Blatt 53

Ausgangspunkt
Pré-Saint-Didier (1004 m)

Persönliche Angaben

Gefahren am

Zeit

Übersetzung

Streckenbeschreibung Bei der Durchfahrung des kleinen Ortes
Pré-St-Didier (km 0,0) kann man noch einen Blick auf die beeindruk-
kende Südseite des Montblancmassivs mit Brouillard- und Peuterey-
grat werfen. Danach steigt die Straße mit 9% an. Bei km 1,5 beginnen
Kehren und Mischwald, der immer mehr in Nadelwald übergeht. Er
gestattet noch einen letzten Blick auf den Montblanc, bevor man bei
km 3,5 einen 100 m langen, unbeleuchteten Tunnel durchfährt. Die
Steigung geht kurz zurück, nimmt aber nach Passieren einer Galerie
wieder zu, und durch einen weiteren, 150 m langen, unbeleuchteten
Tunnel, kommt man auf mäßiger Steigung nach La Balme (km 7,0).
Kurven- und kehrenreich steigt die Straße mit 9% über dem Ort an,
und durch den letzten Tunnel dieser Strecke wird La Thuile (km 9,5)
erreicht. Auch nach dem Ort windet sich die Straße weiter über Kehren mit 9% Steigung, zuerst über einen baumlosen Hang, dann an
Nadelwald und Vogelbeerbäumen vorbei, aufwärts. Beim Restaurant
Pesca alla Trota (km 16,5) hat man diese Kurvenstrecke hinter sich. Je
höher man auf der weiter ansteigenden Straße kommt, desto schöner wird der Blick auf den Mont Bério Blanc im Nordwesten. Bei
km 18,5 beginnen wieder Kehren, die an verfallenen Steinhütten vorbei in eine immer öder werdende Landschaft führen. Nach einer
ebenfalls verfallenen A.N.A.S.-Station bei km 19,5 läßt die Steigung
nach, und am Lac Verney (km 23,0) vorbei erreicht man nochmals
über einige Kehren mit 8% Steigung die Paßhöhe (km 23,5).

Rückfahrt Wie Auffahrt. Oder Abfahrt mit Gefälle bis 9% und
20 Kehren nach Séez (km 27,5).

Chamonix
Séez
Ste-Foy
Isère
Moûtiers
Aig. de la Grande Sassière
Val d'Isère
Col de l'Iseran
Pointe de la Grande Casse
N
Bonneval
Bessans
Lanslebourg
Lanslevillard
Pointe de Charbonnel
Modane
Susa

Hm
3000
2700
2400
2100
1800
1500
1200
900
Col de l'Iseran
2770
Val d'Isere
1840
Ste-Foy
1051
Séez
904
Lanslebourg
1399
8,5
27,0
45,0
78,0
4 8 12 16 20 24 28 32 36 40 44 48 52 72 76 80 km

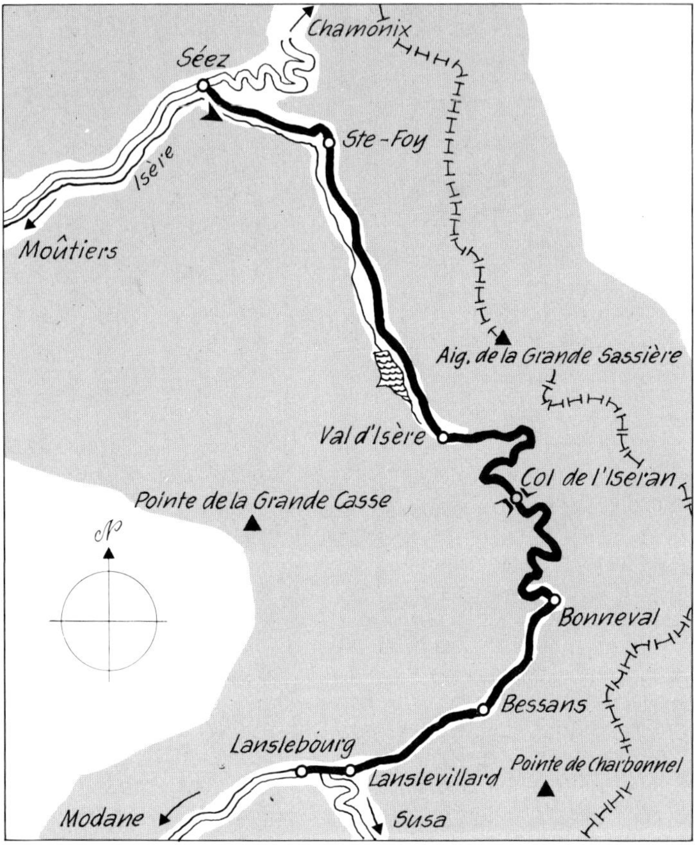

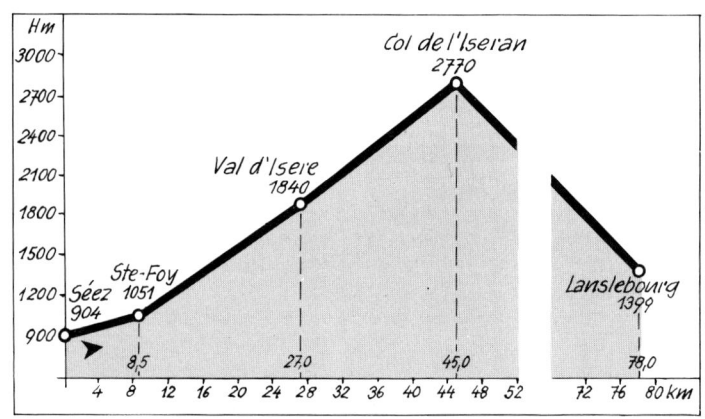

63 Iseran-Paßstraße

2770 m / R. d. Grandes Alpes　　　　Frankreich/Savoyen

Charakter　Schwere Radtour mit maximal 12% Steigung auf den zweithöchsten Alpenpaß	**Karte**　Carte Topographique 1 : 100 000, Blatt 53
Offen　1. 7.–30. 9.	**Ausgangspunkt**　Séez (904 m)
Zeit　3¼–4½ Stunden	**Persönliche Angaben**
Länge　45,0 km	Gefahren am
Höhendifferenz　1866 m	Zeit
Übersetzung　42/23–26	Übersetzung

Streckenbeschreibung　Von Séez (km 0,0), in der Haute Tarentaise, fällt die Straße an der Isère entlang auf den ersten 3,5 km zuerst leicht ab und steigt dann bis km 6,5 nur mäßig an. Danach nimmt die Steigung zu, und über Kehren mit 10%, hoch oben die vergletscherte Spitze des Mont Pourri, erreicht man Ste-Foy (km 8,5). Mit bis auf 12% zunehmender Steigung schlängelt sich die Straße durch den Ort und nach Durchfahrung zweier kurzer Naturtunnels (km 12,0) unter den Hängegletschern der Ostseite des Mont Pourri entlang. Nach den Tunnels geht die Steigung auf etwa 8% zurück, nimmt aber nach einem 300 m langen, unbeleuchteten Tunnel (km 20,0) wieder zu. Über Anstiege zwischen 10 bis 12% erreicht man die Staumauer des tiefgrün schimmernden Lac de Chevril (km 21,5). Am Ostufer entlangfahrend blickt man auf die Gletscher der Grande Motte im Westen, bevor man über Galerien und unbeleuchtete Tunnels unschwierig Val-d'Isère (km 27,0) erreicht. Hinter dem Ort, der im Sommer eher den Eindruck einer verlassenen Goldgräberstadt macht, überquert man über die Pont-St-Charles (km 33,5) die Isère. Die Steigung nimmt wieder auf 10% zu, und es geht kehrenreich aufwärts, wobei sich die Straße so geschickt in die Landschaft einfügt, daß die Trassenführung kaum zu erkennen ist. Je höher man kommt, desto schöner wird zwar die Sicht auf die Gletscher der Grande Motte im Westen sowie Punta Tasanteleina und Punta di Galisia im Osten; leider wird aber auch in gleichem Umfang die Straße schlechter. Bei km 41,5 darf man die wenigen Schritte zur Table d'Orientation, dem besten Aussichtspunkt der Auffahrt, nicht scheuen, zumal die Steigung kurz danach etwas nachläßt und die Paßhöhe bereits sichtbar wird. Über zwei Kehren mit 10% Steigung wird diese bei km 45,0 erreicht.

Rückfahrt　Wie Auffahrt. Oder Abfahrt mit Gefälle bis 11% und sechs Kehren nach Lanslebourg (km 33,0). Ein Tunnel, 60 m lang.

Besonderer Hinweis　Wegen der Tunnels bei der Auffahrt ist Beleuchtung unbedingt notwendig.

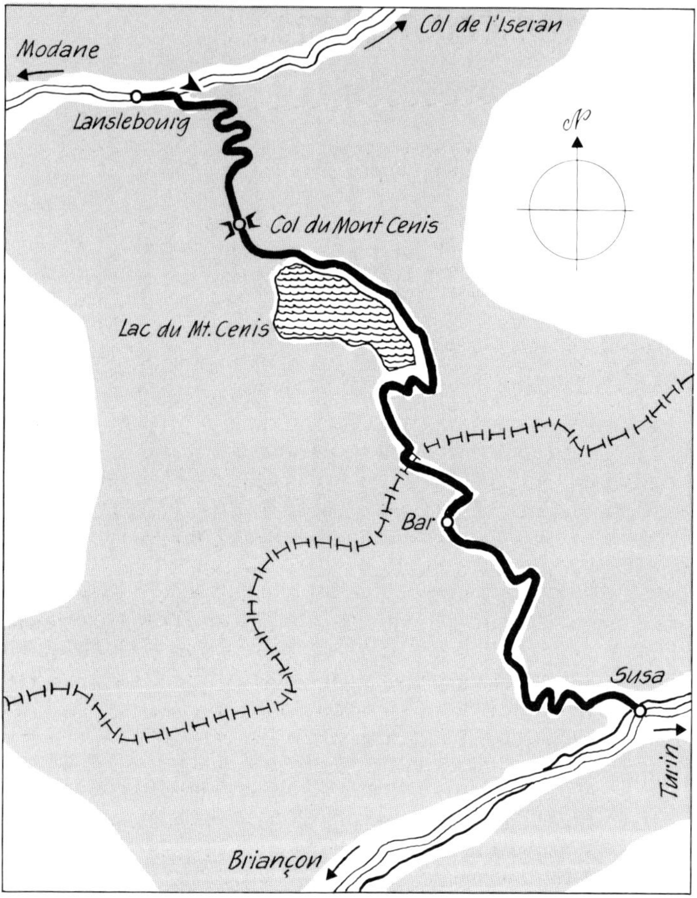

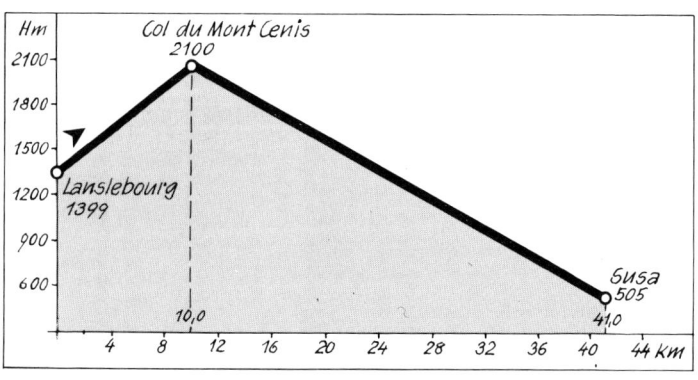

Modane

Col de l'Iseran

Lanslebourg

Col du Mont Cenis

Lac du Mt. Cenis

Bar

Susa

Turin

Briançon

Hm

2100 — Col du Mont Cenis

1800

1500

1399 — Lanslebourg

1200

900

600 — Susa 505

10,0

41,0

4 8 12 16 20 24 28 32 36 40 44 Km

64 Mont-Cenis-Paßstraße

2100 m   Frankreich/Savoyen

Charakter   Leichte Radtour mit maximal
11% Steigung auf dem Weg nach
Canossa

Offen   15.5.–15.10.

Zeit   1–1½ Stunden

Länge   10 km

Höhendifferenz   701 m

Übersetzung   42/23

Karte   Carte Topographique 1:100 000,
Blatt 53

Ausgangspunkt   Lanslebourg
(1399 m)

Persönliche Angaben

Gefahren am

Zeit

Übersetzung

Streckenbeschreibung   In Lanslebourg (km 0,0) überquert man die
Arc. Danach windet sich die gut ausgebaute Straße über weite Kehren, die anfangs 8, später 10% Steigung nicht überschreiten, aufwärts. Lichter Nadelwald gestattet einen Ausblick auf die Gletscher
der Dent Parrachée und Dôme de Chasseforêt im Nordosten. Eine
ungehinderte Sicht auf die Gipfel der Vanoise hat man nach Überfahren der Baumgrenze bei km 7,5. Bald darauf ist auch schon die kleine
Steinkapelle auf der Paßhöhe sichtbar, die wohl an König Heinrich
den IV. erinnern soll, der für seinen Gang nach Canossa ebenfalls
diesen Übergang gewählt hat. Die Paßhöhe (km 10,0), die auch die
Grenze zwischen Grajischen und Cottischen Alpen darstellt, ist bei
einer auf 8% nachlassenden Steigung dann rasch erreicht. Etwas
südlich der Paßhöhe blickt man auf den Lac du Mont Cenis, einen
der größten Stauseen der Alpen, am Fuße des Mont Malamot.

Rückfahrt   Wie Auffahrt. Oder Abfahrt mit Gefälle bis 11% und
14 Kehren bis Susa (km 31,0).

Besondere Hinweise   Als wichtigste Verkehrsverbindung zwischen
Lyon und Turin ist der Paß vorwiegend vom Schwerlastverkehr entsprechend stark befahren; an Wochentagen sollte er deshalb gemie-
den werden. Wegen des glatten Asphaltbelags, der durch die
Brems- und Ölspuren insbesondere bei Nässe sehr rutschig ist, ist
bei der Abfahrt Vorsicht geboten.

Chambéry
St-Avre
St-Colomban-des-Villards
St-Jean-de-Maurienne
Modane
Col du Glandon
Abzweigung
Col de la Croix de Fer
St-Sorlin
Grenoble

Hm
2100
1800
1500
1200
900
600
Col de la Croix de Fer
2067
Col du Glandon
1951
St-Sorlin
1508
Abzweigung
1908
St-Jean-de-Maurienne
546
St-Avre
450
23,0
30,0
32,5
33,0
54,5
4
8
12
16
20
24
28
32
36
40
44
48
52
56 Km

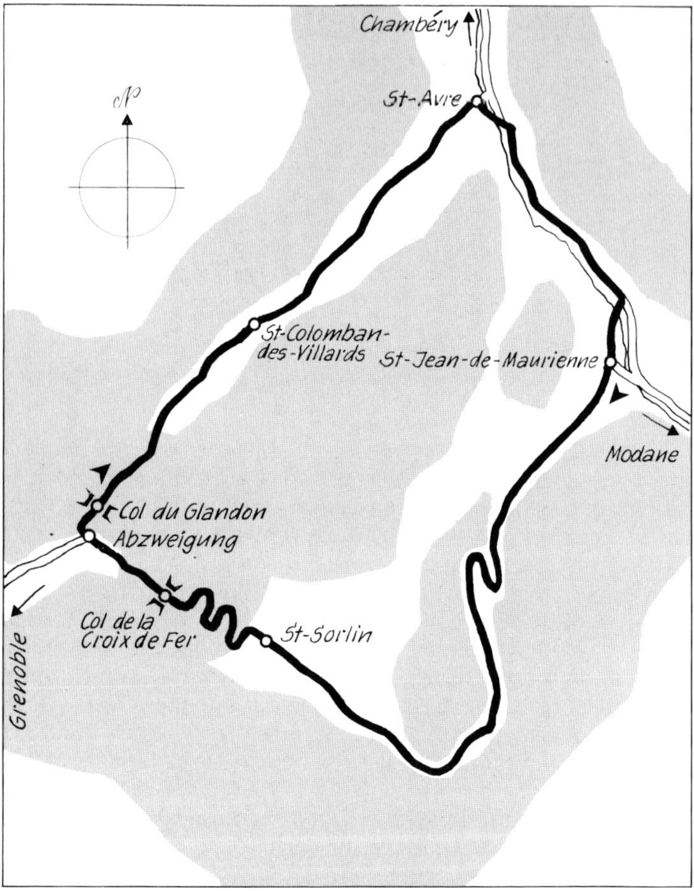

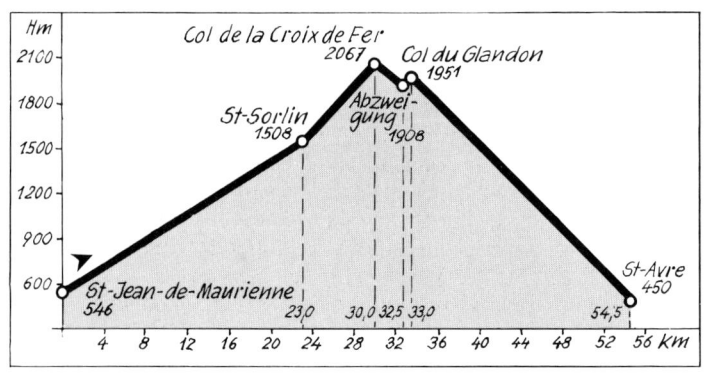

65 Croix-de-Fer-Paßstraße

2067 m   Frankreich/Savoyen

Charakter Schwere Radtour mit maxi-
mal 14% Steigung am Nordrand des
Haute-Dauphiné
Offen 15.5.–31.10.
Zeit 2½–3½ Stunden
Länge 30 km
Höhendifferenz 1521 m
Übersetzung 42/23–26

Karte Carte Topographique
1:100000, Blatt 53
Ausgangspunkt St-Jean-de-
Maurienne (546 m)

Persönliche Angaben
Gefahren am
Zeit
Übersetzung

Streckenbeschreibung In St-Jean-de-Maurienne (km 0,0) zieht
sich die Straße mit 10% Steigung den Ort hinauf. Über einen von son-
nenverbranntem Gestrüpp überwucherten Berghang an einem Stein-
bruch vorbei darf man bei km 4,0 die Abzweigung nach links nicht
verpassen. Mit Blick auf die Aiguilles d'Arves fällt die Strecke bis
km 6,5 meist ab. Nach einer Brücke nimmt die Steigung bis La Bre-
vière (km 8,5) wieder auf 10–12% zu. Über eine Kehre fährt man in
Mischwald ein und gewinnt in weiteren Kehren mit Steigungen, die
selten weniger als 10%, dafür aber öfter 12% betragen, an Höhe. Bei
km 11,5 läßt die Steigung nach, und in der »Combe Genin«, hoch
über dem Arvan, durchfährt man insgesamt fünf, zwischen 30 und
450 m lange Tunnels. Bis zu einem kleinen Stauwehr (km 15,5) verliert
man dabei sogar wieder einige der hart erkämpften Höhenmeter. Danach wendet sich das Tal nach Westen, und von kurzen 10%igen
Steigungen abgesehen erreicht man über St-Jean-d'Arves (km 19,5)
unschwierig St-Sorlin-d'Arves (km 23,0). Mit 14% Steigung führt die
Straße an alten, verfallenen Steinhäusern und modernen Hotels vorbei durch den Ort. Danach wird sie schmäler und schlechter. In
einem baumlosen Hochtal, zwischen Almmatten und grünbemoo-
sten Felsbrocken, sind bis zur Paßhöhe insgesamt 10 Kehren mit
Steigungen bis 12% zu überwinden. Je höher man, an tiefen Schlaglöchern vorbeibalancierend, kommt, desto prächtiger wird die Aussicht auf die Berge im Süden, bevor man bei km 30,0 unvermittelt vor
dem Chalet Croix de Fer auf der Paßhöhe steht. Den besten Blick auf
Aiguilles d'Arves, Rocher Blanc, Aiguilles de la Saussaz und Meije
hat man von einem felsigen Hügel, wenig über der Paßhöhe.
Rückfahrt Es empfiehlt sich, bis zur Abzweigung zum Col du Glandon hinunter zu radeln (km 2,5), mit Gefälle bis 15% und neun Kehren
auf der erheblich besseren Straße bis St-Avre (km 24,5) abzufahren
und auf der N 6 zum Ausgangspunkt (km 34,5) zurückzukehren.

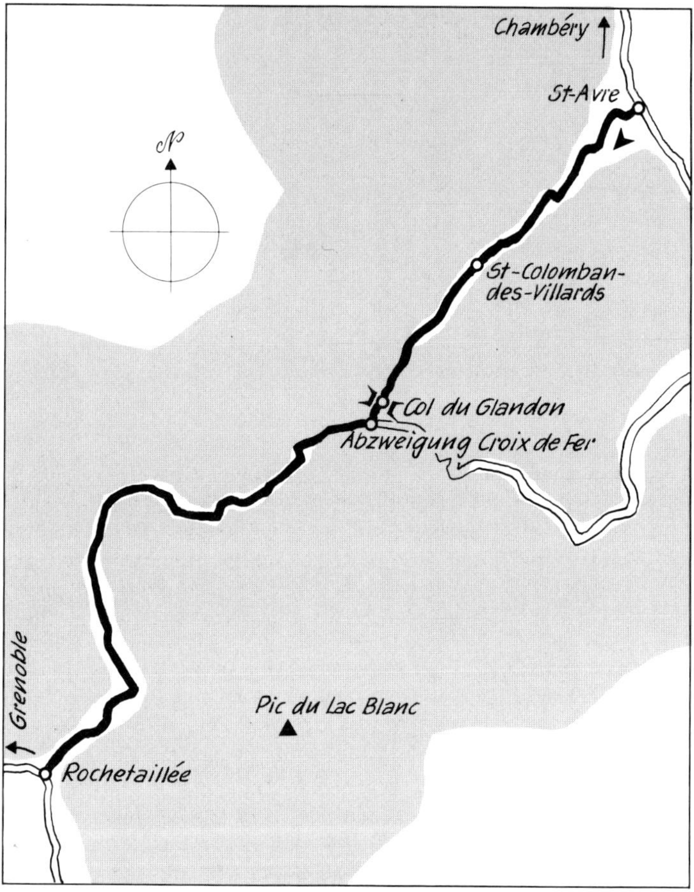

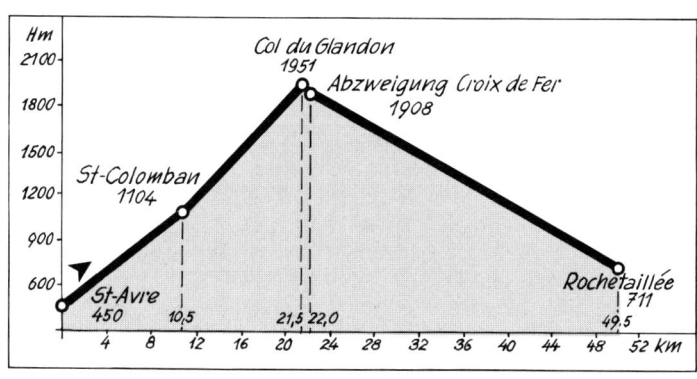

66 Glandon-Paßstraße

1951 m   Frankreich/Savoyen

Charakter Schwere Radtour mit maximal 15% Steigung von der Arc zur
Romanche

Offen 15.5.–31.10.

Zeit 2–3 Stunden

Länge 21,5 km

Höhendifferenz 1501 m

Übersetzung 42/26

Karte Carte Topographique 1:100000,
Blatt 53

Ausgangspunkt St-Avre
(450 m)

Persönliche Angaben

Gefahren am

Zeit

Übersetzung

Streckenbeschreibung Auf der durch St-Avre (km 0,0) nur mäßig
ansteigenden Straße verläßt man das Arctal in südwestlicher Richtung. Nach dem Ort nimmt die Steigung auf 10% zu, und an der Vil-
lards entlang, die in dichtem Laubwald verborgen bleibt, schlängelt
sich die Strecke bergauf. Über zwei Kehren bei km 5,5 erreicht man
auf kurvenreicher Straße Le Villard-Martinan (km 10,0). Lag die Steigung bis hierher kaum einmal unter 8%, fällt die Straße nun über St-
Colomban-des-Villards (km 10,5) bis km 11,5 ab. Man überquert den
Fluß, und, an kleinen Bergwiesen und Gemüsegärten vorbei, be-
kommt die Straße jetzt 12% Steigung. Flachere Stücke gestatten immer wieder ein Ausruhen. Außer einer reizvollen Bergumrahmung
wäre nichts Besonderes zu bemerken, wenn man nicht auf einer
Brücke bei km 14,5 einen Blick zurück werfen würde: Weit zurück im
Nordosten, genau über dem Einschnitt des Col de la Madeleine,
taucht eine schneebedeckte Bergspitze auf. Auf der kurvenreich weiter mit bis zu 12% ansteigenden Straße verliert man sie jedoch bald
wieder aus den Augen. Bei km 16,5 wird die Baumgrenze überfahren,
und zwischen Almmatten und vereinzelten Sträuchern geht die Steigung auf 8 bis 10% zurück. Zurückblickend taucht die Bergspitze wieder am Horizont auf. Je höher man auf den bei km 18,5 beginnenden,
großzügig angelegten Kehren mit Steigungen bis 15% kommt, desto
augenscheinlicher wird es, daß dies nur der Montblanc sein kann.
Bei km 21,5 ist die Paßhöhe erreicht. Hier findet man außer dem Blick
auf den Montblanc im Nordosten keine großartige Aussicht, dafür
aber auch kein Restaurant und damit keinen Touristenrummel vor.
Eine schöne Aussicht erradelt sich jedoch, wer die wenigen Meter
bis zur N 91 ab- und die 2,5 km zum Croix-de-Fer hinauffährt.
Rückfahrt Wie Auffahrt. Oder Abfahrt mit Gefälle bis 15% und neun
Kehren nach Rochetaillée (km 28,0).

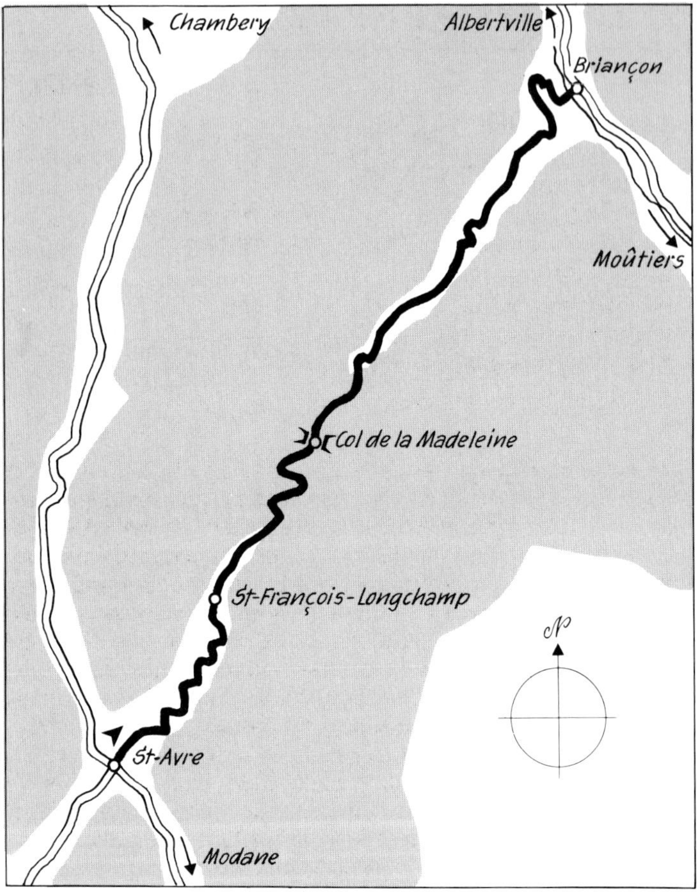

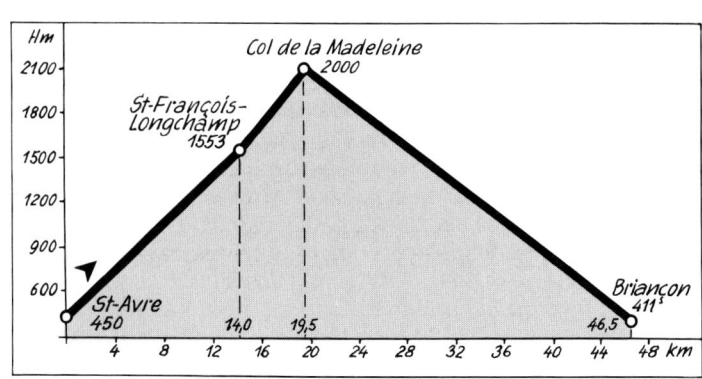

Chambery

Albertville

Briançon

Moûtiers

Col de la Madeleine

St-François-Longchamp

St-Avre

Modane

N

Hm	Col de la Madeleine
2100	2000
1800	St-François-Longchamp
1500	1553
1200	
900	
600	Briançon
	St-Avre 411³
	450

14,0   19,5   46,5

4 8 12 16 20 24 28 32 36 40 44 48 km

174

67 Madeleine-Paßstraße

2000 m   Frankreich/Savoyen

Charakter Mittelschwere Radtour mit
maximal 12% Steigung auf den Spuren
der Tour de France

Offen 15.6.–31.10.

Zeit 1¾–2¼ Stunden

Länge 19,5 km

Höhendifferenz 1550 m

Übersetzung 42/23–26

Karte Carte Topographique 1:100000,
Blatt 53

Ausgangspunkt St-Avre bei
La Chambre (450 m)

Persönliche Angaben

Gefahren am

Zeit

Übersetzung

Streckenbeschreibung In Stadtmitte von La Chambre (km 0,0),
einem kleinen Ort im Arctal, den man über die Ausfahrt der N 6 bei
Saint-Avre, erreicht, folgt man der Beschilderung »Col de la Madeleine«. Geradlinig steigt die Straße mit 8% bis St-Martin-sur-la-Cham-
bre (km 1,5) an. Danach beginnen Kehren, und die Steigung nimmt
auf 10% zu. Nur kurz geht sie nach dem Ende der ersten Kehrenstrek-
ke bei km 5,5 etwas zurück, und bald darauf lassen verwaschene Aufschriften auf der Straße erkennen, daß sich auch die Profis bei der
Tour de France über diesen Berg mühen. Weitere Kehren mit
10% Steigung durch lockeren Mischwald gestatten die Sicht auf den
Gletscher des Pic de l'Etendard über dem Col du Glandon im Südwesten. Nach Le Planet (km 9,5) geht der Wald zurück, nicht aber die
Steigung, und über Le Epalaud (km 10,5) kommt man in den modernen Skiort St-François-Longchamp (km 14,0). An den Südhängen
des Rocher de Sarvaten über dem Ort ist der Kehrenverlauf, der zu
der bereits sichtbaren Schutzhütte auf der Paßhöhe führt, bereits zu
erahnen. Nach Longchamp läßt man die Baumgrenze und den letzten Vogelbeerbaum endgültig hinter sich und gewinnt, zuerst über
Kehren, dann in drei weiten Schleifen zwischen 8 und 10% Steigung
rasch an Höhe. Je weiter man hinauf kommt, desto mehr nehmen
auch die Aufschriften auf der Straße zu und erinnern an den Kampf
zwischen den Columbianern und Bernard Hinault, der sich hier abge-
spielt haben muß. Auf der Paßhöhe (km 19,5) blickt man dann von der
Châine de Belledonne über die Gletscher der Grandes Rousses bis
zur Ecrins im Südosten, während im Nordosten neben der Sicht auf
das Massif de Beaufort vor allem der Blick auf den Montblanc für ein
längeres Verweilen sorgt.

Rückfahrt Wie Auffahrt. Oder Abfahrt mit Gefälle bis 12% und
14 Kehren nach Briançon (km 27,0).

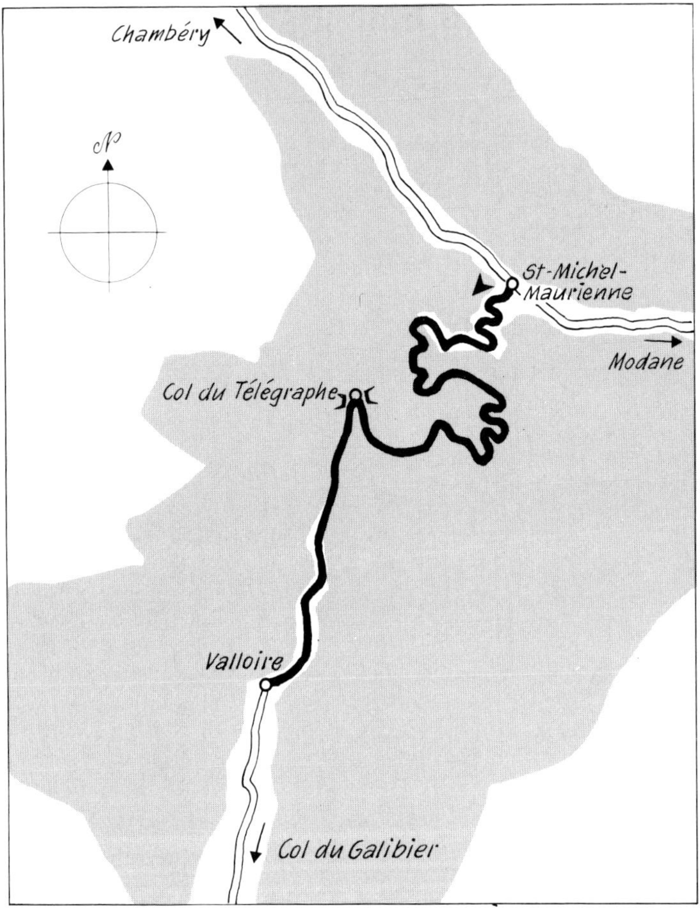

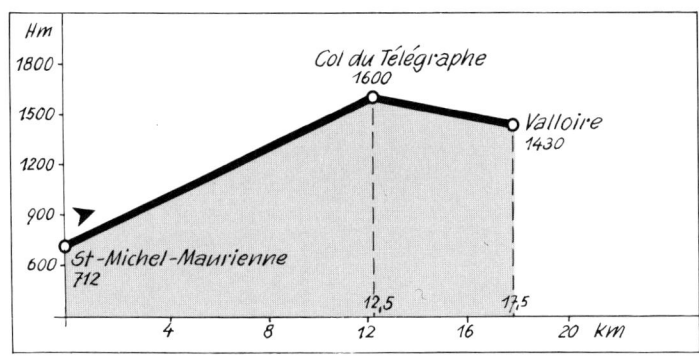

Chambéry

N

St-Michel-Maurienne

Modane

Col du Télégraphe

Valloire

Col du Galibier

Hm

1800

1500

1200

900

600

Col du Télégraphe
1600

Valloire
1430

St-Michel-Maurienne
712

12,5   17,5

4   8   12   16   20   km

176

68 Télégraphe-Paßstraße

1600 m/R. d. Grandes Alpes   Frankreich/Savoyen

Charakter   Mittelschwere Radtour mit maximal 10% Steigung auf dem Weg zum Col du Galibier

Offen   1.1.–31.12.

Zeit   1–1½ Stunden

Länge   12,5 km

Höhendifferenz   888 m

Übersetzung   42/23

Karte   Carte Topographique 1:100 000, Blatt 53

Ausgangspunkt   St-Michel-Maurienne (712 m)

Persönliche Angaben

Gefahren am

Zeit

Übersetzung

Streckenbeschreibung   Nachdem man in St-Michel-Maurienne (km 0,0), einem schmucklosen Industriestädtchen im Arctal, vergeblich die Abzweigung zum Col du Télégraphe gesucht hat, folgt man der Beschilderung zum Col du Galibier. Auf einer Holzbrücke überquert man die Arc und durchfährt gleich darauf St-Martin-d'Arc. Mit Steigungen zwischen 8 und 10% windet sich die gut ausgebaute Straße kurven- und kehrenreich höher, und man erreicht Les Seignères (km 2,5). Je näher man dem hoch oben auf einem Felsvorsprung thronenden Fort du Télégraphe kommt, desto mehr Nadelbäume mischen sich in den Laubwald. Insgesamt 14 Kehren sind zu überwinden, bevor der lichter werdende Wald kurz unter der Paßhöhe einen Blick auf das weit unten liegende Städtchen St-Michel-Maurienne erlaubt. Nur noch wenige Meter sind zu fahren, bis unvermittelt ein Schild den Col du Télégraphe (km 12,5) anzeigt.

Rückfahrt   Wie Auffahrt. Oder Abfahrt mit Gefälle bis maximal 9% nach Valloire (km 5,0).

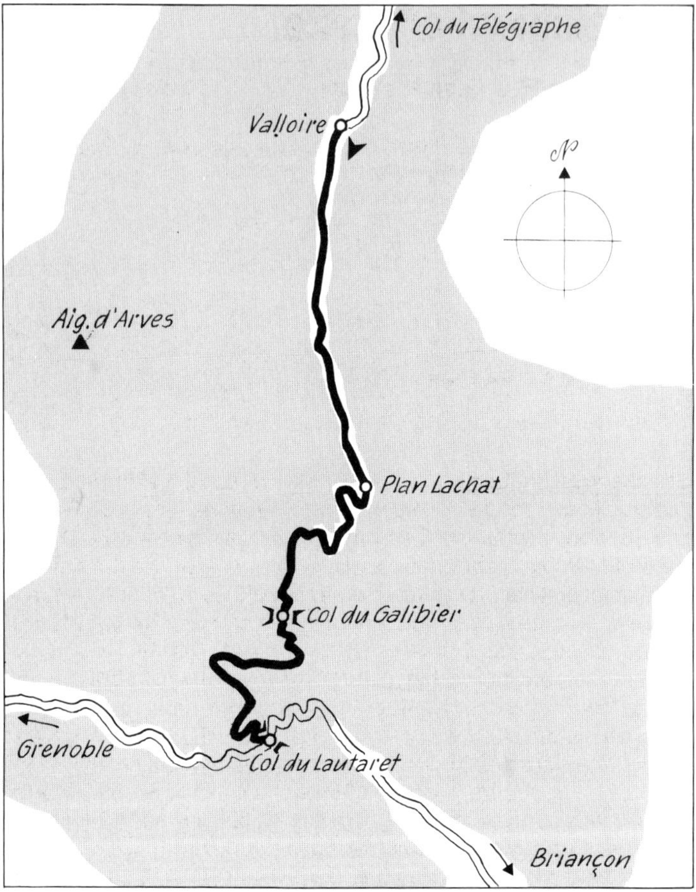

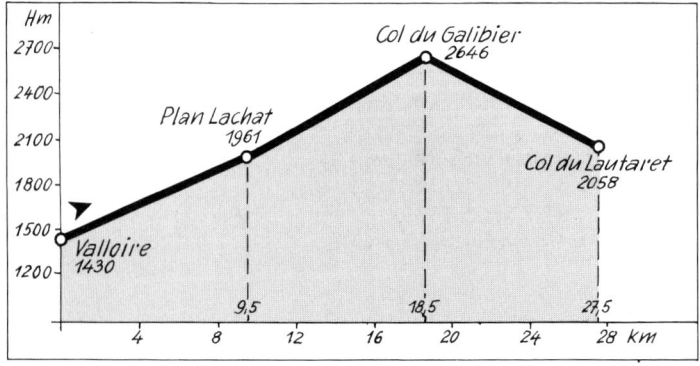

Col du Télégraphe

Valloire

Aig. d'Arves

Plan Lachat

Col du Galibier

Grenoble

Col du Lautaret

Briançon

N

Hm
2700
2400
2100
1800
1500
1200

Col du Galibier
2646

Plan Lachat
1961

Col du Lautaret
2058

Valloire
1430

9,5   18,5   27,5

4   8   12   16   20   24   28   km

178

69 Galibier-Paßstraße

2646 m/R. d. Grandes Alpes   Frankreich/Savoyen

Charakter Mittelschwere Radtour mit
maximal 12% Steigung auf die Wetterscheide der Alpen

Offen 15.6.–15.10.

Zeit 1½–2 Stunden

Länge 18,5 km

Höhendifferenz 1216 m

Übersetzung 42/23–26

Karte Carte Topographique 1:100000,
Blatt 54

Ausgangspunkt Valloire
(1430 m)

Persönliche Angaben

Gefahren am

Zeit

Übersetzung

Streckenbeschreibung In Valloire (km 0,0) scheint sich die Straße
wie eine Mauer mit 12% Steigung vor uns aufzubauen, über die man,
mit Blick auf den Grand Galibier, Valloire Les Verneys (km 2,0) erreicht. Bis km 5,0 geht die Steigung in dem breiten Tal dann zurück
und nimmt erst nach zwei Kehren wieder auf 8% zu. An der Valloirette
entlang, zwischen grau, schwarz und rötlich schimmernden Geröll-
halden, die von den Hängen der Aguilles d'Arves im Westen her-
abziehen, sind bis zum Restaurant Plan Lachat (km 9,5) keine größeren Schwierigkeiten zu erwarten. Kurz danach überquert man die
Valloirette und fährt an den erbarmungslos der Sonne ausgesetzten
Hängen des Grand Galibier kurven- und kehrenreich mit Steigungen
bis 12% bergauf. Etwa bei km 13,5 lassen die Kehren nach, und die
Straße zieht sich fast geradlinig an einem Grachang mit 10%iger Steigung nach oben. Vor uns sind bereits die Kehren sichtbar, die sich
durch das Geröll des vom Regen ausgewaschenen Gipfelhangs an
der Ostschulter des Grand Galibier hochziehen. An den Portalen des
stillgelegten Scheiteltunnels (km 16,5) vorbei trennen sie noch mit
Steigungen zwischen 10 und 12% von der Paßhöhe (km 18,5), die
nicht nur die Grenze zwischen Savoyen und Dauphiné, sondern auch
die Wetterscheide zwischen atlantischem und mediterranem Klima
ist. Unvergeßlich bleibt der Blick auf die zum Greifen nahe Barre des
Ecrins und La Meije im Süden, während die Spitze des Montblanc im
Norden kaum noch wahrzunehmen ist.

Rückfahrt Wie Auffahrt. Oder Abfahrt mit Gefälle bis 15% und neun
Kehren zum Col du Lautaret (km 9,0).

Chantemerle
Briançon
Gap
Le Monêtier
Col du Galibier
Col du Lautaret
La Grave
Le Clapier
Grenoble
N

Hm
2100
1800
1500
1200
900
Col du Lautaret
2058
Chantemerle
1350
Le Monêtier
1470
Briançon
1321
Le Clapier
742
5,5
13,0
27,5
62,5
4
8
12
18
20
24
28
32
52
56
60
64 km

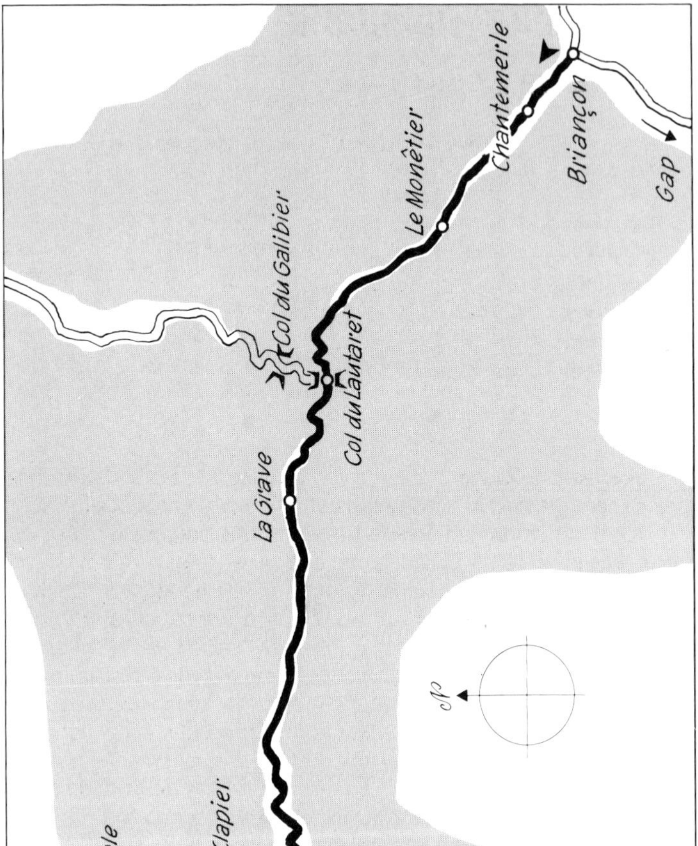

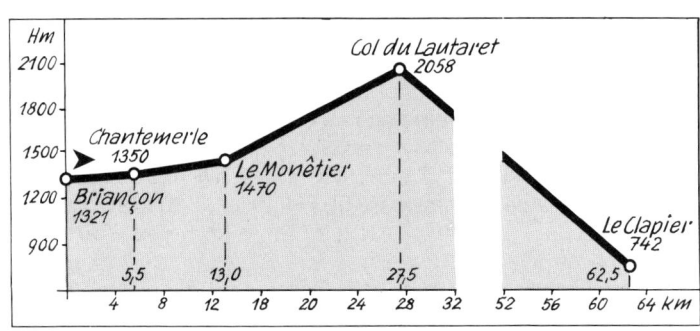

70 Lautaret-Paßstraße

2058 m/R. d. Grandes Alpes   Frankreich/Dauphiné

Charakter Leichte Radtour mit maximal 7% Steigung zu Barre des Ecrins und La Meije

Offen 1.1.–31.12.

Zeit 1¼–2 Stunden

Länge 27,5 km

Höhendifferenz 737 m

Übersetzung 42/21

Karte Carte Topographique 1:100000, Blatt 54

Ausgangspunkt Briançon (1321 m)

Persönliche Angaben

Gefahren am

Zeit

Übersetzung

Streckenbeschreibung Wer die von Briançon (km 0,0), der höchstgelegenen Stadt Europas, herausführende Steigung überwunden hat, hat den schwersten Teil der Strecke auch schon hinter sich. In dem breiten, schattenlosen Tal der Guisane steigt die Strecke auf den ersten 2,5 km mit maximal 7% an und fällt dann an St-Chaffrey vorbei bis Chantemerle (km 5,5) meist ab. Auf der sehr breiten Straße sind bis Villeneuve-la-Salle (km 7,5) keine Schwierigkeiten zu erwarten, und auch nach Durchfahrung des engen Ortskerns kann von einer Steigung fast keine Rede sein. Ab km 11,0 blickt man erstmals auf die Spitzen der Barre des Ecrins im Südwesten, und hinter Le Monêtier-les-Bains (km 13,0) nimmt die Steigung kurz auf 7% zu, geht dann aber bald darauf wieder zurück. In dem Tal, dessen schattige nordöstliche Seite dicht bewaldet ist, während die sonnige südwestliche Hälfte im Hochsommer nur ausgedörrtes Gras und Fels aufweist, gewinnt man, diesmal jedoch wegen der geringen Steigung, nur langsam an Höhe. Mit Blick auf die Hängegletscher des Pic des Agneaux und die Pointe des Arcas erreicht die Steigung bei km 19,5 mit 7% wieder ihre höchste Marke und führt kurvenreich in immer kargere Regionen. Nach Durchfahrung eines 350 m langen, schwach beleuchteten Tunnels (km 23,5) bietet sich mit Blick auf die Fels- und Gletscherwelt der Meije ein herrliches Bild. Ein zweiter, kürzerer, unbeleuchteter Tunnel und eine längere Galerie trennen dann noch von der Paßhöhe (km 27,5) mit Blick auf die Meije.

Rückfahrt Wie Auffahrt. Oder Abfahrt mit Gefälle bis 10% und sieben Kehren bis Le Clapier (km 35,0). Sieben unbeleuchtete Tunnels, 30 bis 200 m lang. Drei unbeleuchtete Tunnels, 300 bis 800 m lang. Zwei Galerien, 30 und 300 m lang.

Besonderer Hinweis Wegen der Tunnels ist bei der Auffahrt Beleuchtung ratsam, bei der Abfahrt unbedingt notwendig.

Grenoble
Turin
Briançon
Cervières
Gran Pic de Rochebrune
Col d'Izoard
Guillestre
Gap

Hm
2400
2100
1800
1500
1200
900
Col d'Izoard
2360
Cervières
1608
Briançon
1321
Guillestre
1000
10,0
20,5
52,5
4
8
12
16
20
24
28
30
36
40
44
48
52
56
KM

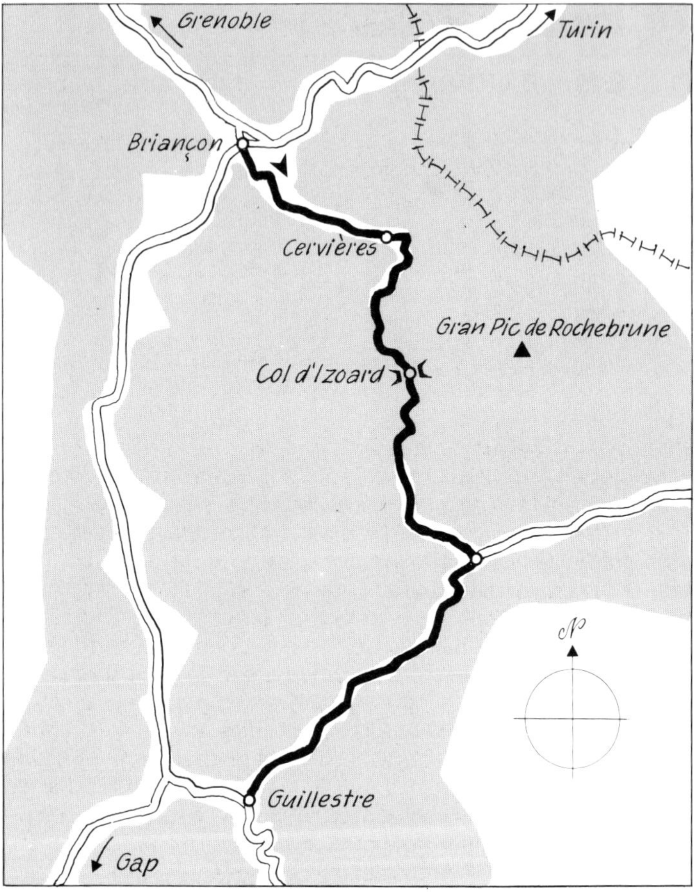

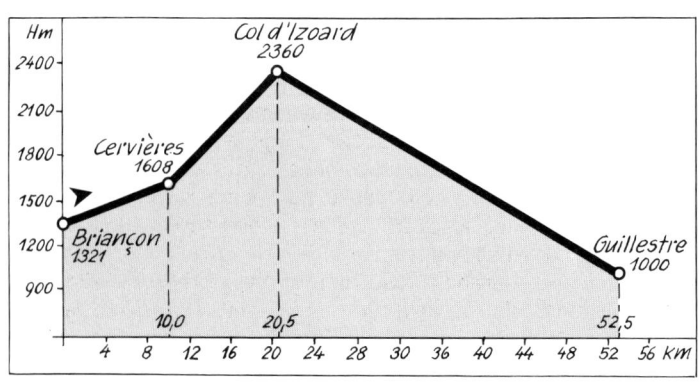

71 Izoard-Paßstraße

2360 m/R. d. Grandes Alpes   Frankreich/Dauphiné

Charakter Mittelschwere Radtour mit
maximal 12% Steigung in die Mondland-
schaft der »Casses Désertes«

Offen 15.6.–15.10.

Zeit 1¾–2½ Stunden

Länge 20,5 km

Höhendifferenz 1039 m

Übersetzung 42/23–26

Karte Carte Topographique
1 : 100 000, Blatt 54

Ausgangspunk Briançon
(1321 m)

Persönliche Angaben

Gefahren am

Zeit

Übersetzung

Streckenbeschreibung Über eine großzügig angelegte Kehre mit
einer Steigung bis 12% führt die Straße aus Briançon (km 0,0) heraus
mit Blick auf die aus dem 17. und 18. Jahrhundert stammenden Befe-
stigungsanlagen. Nach dem Ortsende geht die Steigung zuerst auf
10% und hinter Fontchristianne (km 3,5) noch weiter zurück. Bei
km 5,0 steht sogar eine Abfahrt bis km 6,5 bevor, wo es dann wieder
steiler wird. Über Steigungen bis 10%, öfter von flacheren Stücken
unterbrochen, erreicht man Cervières (km 10,0) am Fuße der Cime de
la Charvie. Die Cerveyette überquerend führt die Straße über einige
Kehren mit 10%iger Steigung an einem Grashang empor und wendet
sich dann in einer weiten Schleife nach Süden. An den Westhängen
der Cime de la Charvie entlang kommt man nach Le Laus (km 12,5)
und blickt in einem Seitental auf die Pyramide des Gran Pic de
Rochebrune. Kehrenreich windet sich die Straße dann bei einer bis
auf 12% zunehmenden Steigung durch Lärchenwald auf der rechten
Talseite aufwärts. Je höher man auf der guten Fahrbahn kommt,
desto spärlicher werden die Bäume, und bei km 18,5 ist schon das
Refuge Napoléon sichtbar, an dem man bei km 19,5 vorbeifährt. Die
letzten Kehren mit 10% Steigung zur Paßhöhe (km 20,5) sind dann
rasch überwunden. Am auffallendsten sind sicherlich die von der
Erosion geformten bizarren Felsnadeln und Klötze, die der Landschaft den Namen »Casses Désertes« gegeben haben. Wer das
nächste Ziel, den Sommet Bucher, sehen möchte, muß etwa 30 Höhenmeter zu einer Orientierungstafel aufsteigen, wo man auch den
Mont Thabor und die Aiguille Noire im Norden sowie die Berge der
Queyras im Süden erkennt.

Rückfahrt Wie Auffahrt. Oder Abfahrt mit Gefälle bis 12% und
13 Kehren bis Guillestre (km 32,0). Fünf Tunnels, 30 bis 300 m lang.

Besonderer Hinweis Wegen der Tunnels ist bei der Abfahrt Beleuchtung notwendig.

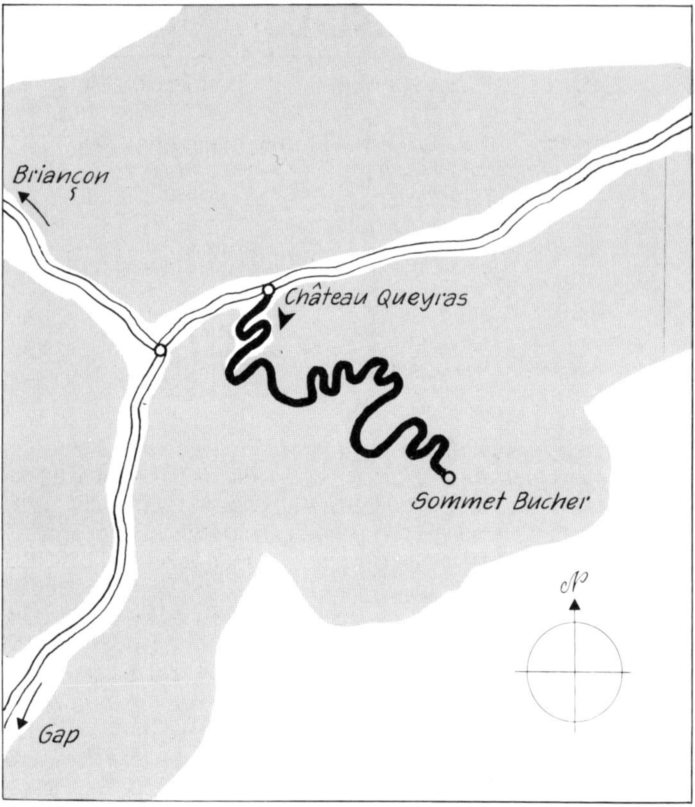

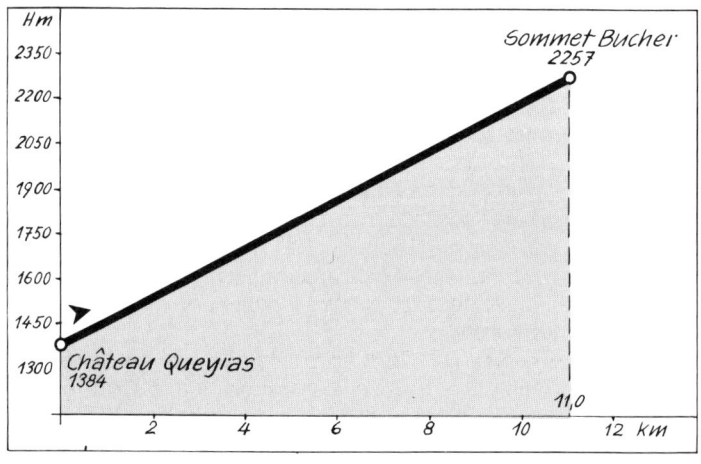

Briançon

Château Queyras

Sommet Bucher

N

Gap

Hm						
2350					Sommet Bucher	
2200					2257	
2050						
1900						
1750						
1600						
1450						
1300						

Château Queyras
1384

11,0

2   4   6   8   10   12 km

72 Sommet-Bucher-Bergstraße

2257 m   Frankreich/Dauphiné

Charakter   Mittelschwere Radtour mit maximal 14% Steigung auf der schlechtesten Alpenstraße

Offen   1.1.–31.12.

Zeit   1½–2¼ Stunden

Länge   11,0 km

Höhendifferenz   873 m

Übersetzung   42/23–26

Karte   Carte Topographique 1:100000, Blatt 54

Ausgangspunkt   Château Queyras (1384 m)

Persönliche Angaben

Gefahren am

Zeit

Übersetzung

Streckenbeschreibung   Hat man nach genau 14 km Abfahrt auf der Südseite des Col d'Izoard die kleine Abzweigung nach Aiguilles und ins Guiltal nicht übersehen, erreicht man nach weiteren 2 km Château Queyras (km 0,0). Kurz vor dem Ort weist ein Hinweisschild den Weg. Man überquert die Guil, wirft einen Blick auf die aus dem 13. und 14. Jahrhundert stammende Festung, und nach einer kurzen Steigung zeigt ein nochmaliger Hinweis auf den »Sommet Bucher«, daß man sich auf dem richtigen Weg befindet. Zweifel könnten schon aufkommen, denn das schmale, von tiefen Schlaglöchern übersäte Sträßchen mutet kaum als befahrbare Trasse an. Auf der mit 10% ansteigenden Straße wird der Belag jedoch abschnittweise besser. Bei km 3,0 läßt die Steigung kurz nach, nimmt dann aber wieder auf 10% zu und erreicht in dichtem Lärchen- und Kiefernwald sogar Spitzen bis 14%. An den tiefsten Schlaglöchern vorbeibalancierend überrascht bei km 7,5 eine kleine Wiese mit Fußballtoren, deren Zustand jedoch nicht besser als derjenige der Straße ist. Über einen oft ganz unterbrochenen, dann nur noch aus einem schmalen Streifen in Fahrbahnmitte bestehenden Belag erreicht man bei Steigungen zwischen 10 und 12% grüne Almmatten bei km 11,0. Die letzten 500 m zur Orientierungstafel sind dann beim besten Willen nicht mehr mit dem Rad zu schaffen. Denjenigen, die vor den Schwierigkeiten der Straße nicht schon vorher kapituliert haben, erwartet dort die Aussicht auf den Queyras, das Pelvouxmassiv und den Monte Viso, die höchste Erhebung in den Cottischen Alpen.

Rückfahrt   Wie Auffahrt.

Besonderer Hinweis   Der Sommet Bucher kann guten Gewissens eigentlich nur »Rad-Crossern« empfohlen werden. Bei der Abfahrt ist allergrößte Vorsicht und teilweises Fahren im Schrittempo geboten.

Briançon
Guillestre
Gap
Vars-St-Marcellin
St-Marie-de Vars
Col de Vars
N
Les Gleizolles

Hm
2400
2100
1800
1500
1200
900
Col de Vars
2109
Vars-St-Marcellin
1639
St-Marie-de Vars
1658
Les Gleizolles
1307
Guillestre
1000
10,5
20,0
35,0
4
8
12
16
20
24
28
32
36
40 km

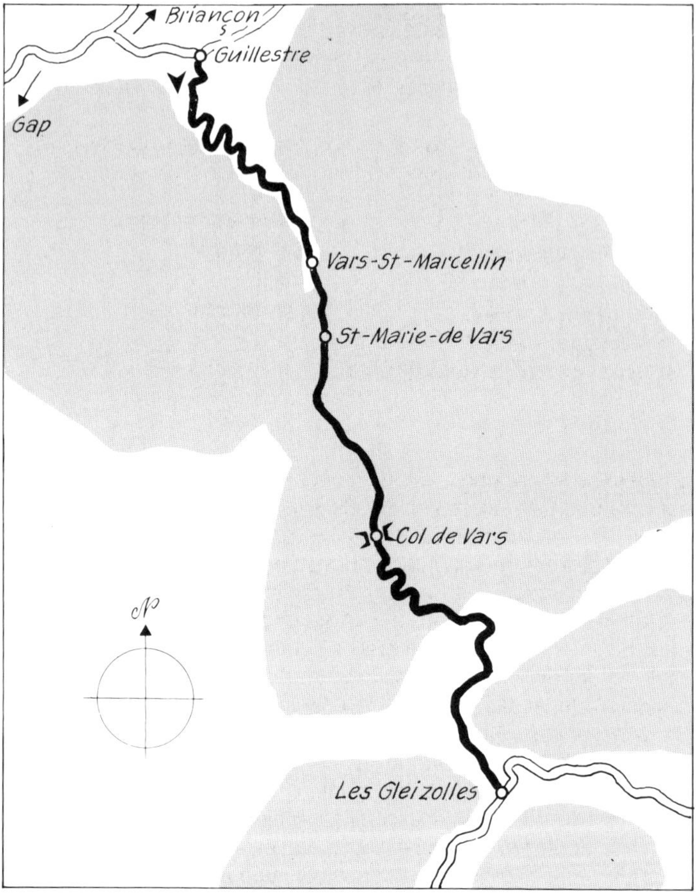

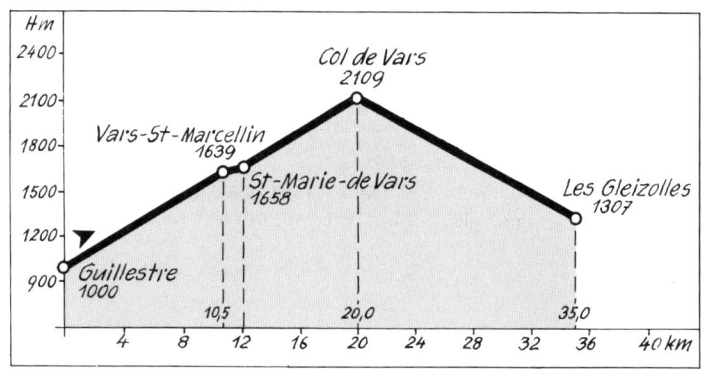

73 Vars-Paßstraße

2109 m/R. d. Grandes Alpes   Frankreich/Dauphiné

Charakter Mittelschwere Radtour mit
maximal 12% Steigung von der
Dauphiné in die Provence

Offen 1.1.–31.12.

Zeit 1¾–2½ Stunden

Länge 20 km

Höhendifferenz 1109 m

Übersetzung 42/23–26

Karte Carte Topographique 1:100000,
Blatt 54

Ausgangspunkt Guillestre
(1000 m)

Persönliche Angaben

Gefahren am

Zeit

Übersetzung

<u>Streckenbeschreibung</u>   Auf Steigungen zwischen 8 und 10% win-
det sich die gut ausgebaute Straße kurven- und kehrenreich durch
lichten Lärchenwald über Guillestre (km 0,0) aufwärts. Die Kehren gestatten dabei schöne Ausblicke auf das breite Tal der Durance, über
dem sich im Hintergrund die Gipfel des Pelvouxmassivs erheben. An
freundlichen Wiesen und kleinen Getreidefeldern vorbei läßt die Steigung nach Überwindung der ersten Kehrenstrecke bei km 6,5 etwas
nach. An der östlichen Seite der breiten Schlucht, in die tief unten die
Chagne fließt, erreicht man über Steigungen bis 8% und längere flachere Stücke unschwierig Saint-Marcellin (km 10,5). Auch bis Saint-
Marie (km 12,0) wird es nur wenig steiler. Nach einer kurzen Abfahrt
durch den Ort nimmt die Steigung wieder auf 10% zu, und auf schmäler werdender Straße kommt man nach Les Claux (km 14,0). Der im
Sommer verlassen wirkende Skiort wartet mit einer Steigung von
12% auf. Danach geht sie wieder zurück, und zwei Anstiege mit 10%
wechseln mit langen Geraden, mäßigen Steigungen und kurzen Abfahrten ab. Zwischen breiten Bergbuckeln und vereinzelten Lärchen-
wäldern eingebettet bietet der kleine Bergsee beim Refuge Napoléon ein solch friedvolles Bild, daß man zur Paßhöhe (km 20,0)
sicherlich keine Eile hat. Neben einem kleinen Alpenzoo etwas ab-
seits der Straße befindet sich hier auch die Départementgrenze zwischen Dauphiné und Haute-Provence.

<u>Rückfahrt</u>   Wie Auffahrt. Oder Abfahrt mit Gefälle bis 10% und sechs
Kehren bis Les Gleizolles (km 15,0). Eine unbeleuchtete Tunnelgalerie, 250 m lang.

Gap
Barcelonnette
Les Agneliers
Col d'Allos
Mt. Pelat
Allos
Colmars
Digne

Hm
2400
2100
1800
1500
1200
900
Col d'Allos
2250
Les Agneliers
1645
Colmars
1235
Barcelonnette
1132
12,5
21,0
44,5
4
8
12
16
20
24
28
32
36
40
44
48 KM

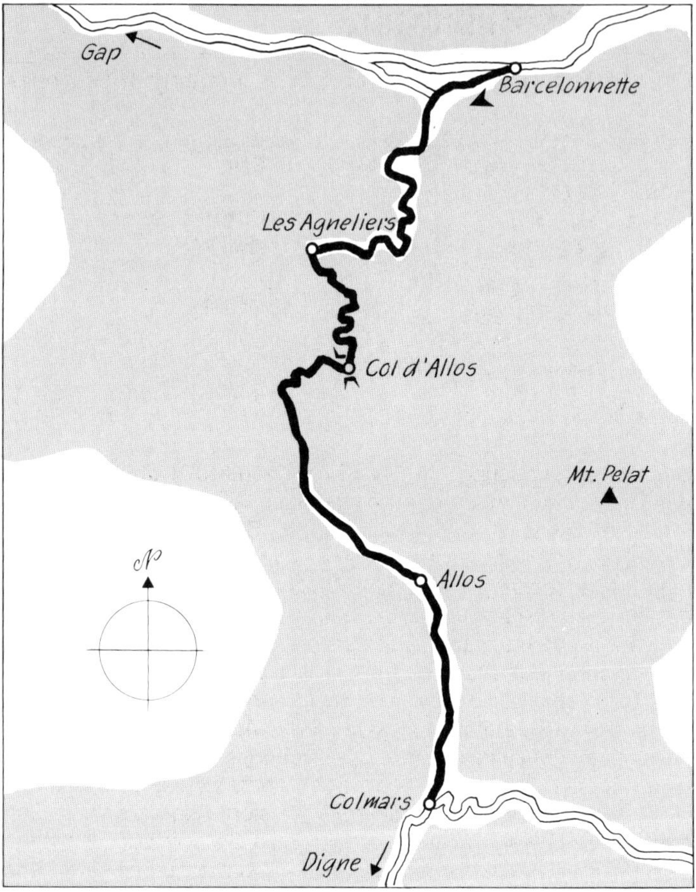

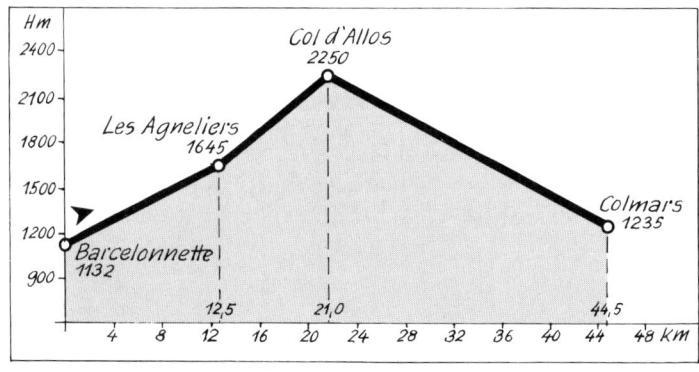

74 Allos-Paßstraße

2250 m/R. d. Grandes Alpes   Frankreich/Provence

Charakter Mittelschwere Radtour mit maximal 11% Steigung auf einer Straße mit »Garagen«

Offen 15.6.–15.11.

Zeit 1¾–2½ Stunden

Länge 21 km

Höhendifferenz 1118 m

Übersetzung 42/23

Karte Carte Topographique 1:100000, Blatt 61

Ausgangspunkt Barcelonnette (1132 m)

Persönliche Angaben

Gefahren am

Zeit

Übersetzung

Streckenbeschreibung In Barcelonnette (km 0,0) überquert man den Ubaye und folgt den Beschilderungen »Col de la Cayolle« und »Col d'Allos«. Bei km 2,5 gabelt sich die Straße, und während die D 902 zum Col de la Cayolle in die Bachelardschlucht abzweigt, wählt man die landschaftlich schönere Strecke Richtung Col d'Allos. An der Abzweigung nach Pra Loup vorbei steigt die Straße bis km 5,0 mit 10% an. Durch die Nadelwälder der westlichen Talseite empor gewinnt man in dem breiten Tal rasch an Höhe. Bei km 6,5 überquert man hoch über der Bachelardschlucht den Pont du Fau, und bald darauf tauchen die ersten Schilder mit der Aufschrift »Garagen« auf. Mit den Fahrrädern muß man die dazugehörigen Ausweichstellen bei dem ohnehin spärlichen Gegenverkehr nicht benutzen. Bei km 9,0 wendet sich die Straße scharf nach Westen, und in einer weiten Schleife mit 8%iger Steigung umfährt man die von der Tête de la Sestrière herunterziehende Gorges de la Malune und erreicht Les Agneliers (km 12,5). An Hochweiden mit vereinzelten Kiefern- und Lärchengruppen vorbei nimmt die Steigung auf 10% zu, und man sieht, wieder hoch über dem Bachelard, im Osten die Gipfel von Restefond und Bonette aufragen. Über Steigungen zwischen 8 und 10% fährt man nun bis zum Refuge bei km 20,5 empor und hat dann noch eine Kurve zu überwinden, bevor die Paßhöhe am Einschnitt zwischen Cheval de Bois und Tête de Vescal (km 21,0) erreicht ist.

Rückfahrt Wie Auffahrt. Oder Abfahrt mit Gefälle bis 9% und 14 Kehren nach Colmars (km 23,5).

Briançon
Jausiers
Lans
Gap
Col de Restefond
Col de la Bonette
N
St-Dalmas-le-Selvage
St-Etienne-de-Tinée

Hm
3000
2700
2400
2100
1800
1500
1200
900
Col de la Bonette
2802
Col de Restefond
2678
Lans
1402
Jausiers
1220
St-Etienne-de-Tinée
1144
3,5
22,5
23,5
50,5
4
8
12
16
20
24
28
32
36
40
44
48
52
km

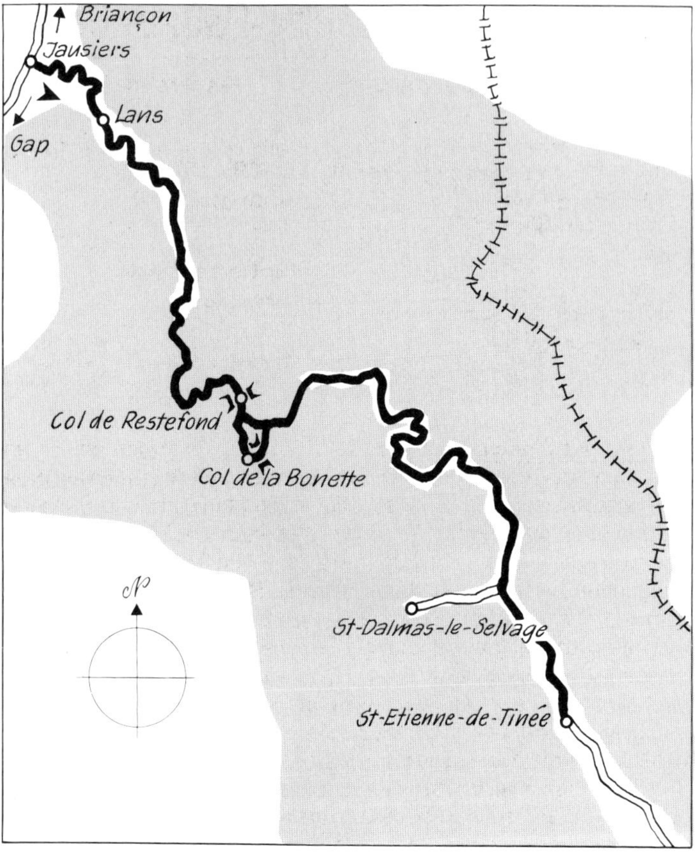

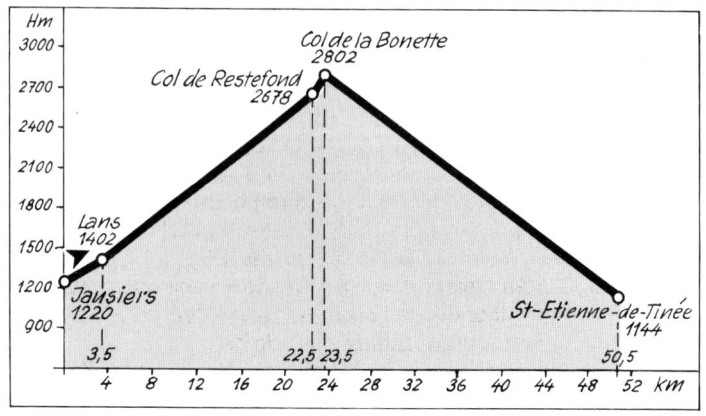

75 Restefond-/Bonette-Paßstraße

2802 m/R. d. Grandes Alpes   Frankreich/Provence

Charakter   Schwere Radtour mit maximal 12% Steigung auf den höchsten Paß
der Alpen

Offen   15.6.–30.9.

Zeit   2½–3½ Stunden

Länge   23,5 km

Höhendifferenz   1582 m

Übersetzung   42/26

Karte   Carte Topographique
1 : 100 000, Blatt 61

Ausgangspunkt   Jausiers
(1220 m)

Persönliche Angaben

Gefahren am

Zeit

Übersetzung

<u>Streckenbeschreibung</u>   In Jausiers (km 0,0) überquert man den
Ubaye und beginnt die Auffahrt zum höchsten Paß der Alpen auf breiter, mäßig ansteigender Straße. Schon nach 1 km nimmt die Steigung
zu, und über Kehren mit 10%, an bewässerten Wiesen, Chalets und
Getreidefeldern vorbei, erreicht man Lans (km 3,5). Kurvenreich mit
Steigungen zwischen 8 und 10% führt die Strecke in dem sich langsam verengenden Tal aufwärts. Bei km 6,5 wird die Straße nicht nur
schmäler, sondern auch schlechter. Eine Felswand, über die ein
Wasserfall herunterfällt, wird über Serpentinen, die mit Steigungen
bis 12% an der östlichen Talseite emporführen, umfahren. In dem wieder breiter werdenden Tal steigt die Straße mit 10% zum Chalet
Halte 2000 (km 10,5) an. Die folgenden Kehren mit 10% Steigung werden rasch überwunden (km 11,5), und nach einer kurzen Abfahrt radelt man auf bis zu 12% ansteigender Straße in eine immer karger
werdende Geröllandschaft ein. Ein kleiner See (km 15,5) bringt etwas
Abwechslung in die eintönige Umgebung, und auch die Steigung
geht bis km 17,0 wieder auf unter 8% zurück. Über weitere Kehren mit
Steigungen bis 12% erreicht man die verfallenen Militärunterkünfte
von Restefond (km 19,0). Wie ein Band zieht sich die Straße mit
8%iger Steigung an den Hängen des Restefonds entlang, und mit
Blick auf die Geröllpyramide des Bonette kommt man zum Scheitelpunkt des Restefond-Passes (km 22,5). Die Schleife um die Cime de
la Bonette, die mit durchgehend 12% zum höchsten für den öffentlichen Verkehr erreichbaren Punkt der Alpen führt, darf man sich nicht
entgehen lassen. Vom Scheitelpunkt an der Südflanke des Berg-
kegels (km 23,5) fährt man wieder zum Col de Restefond ab, wo man
die Tour entweder über dessen Südseite nach Nizza fortsetzen oder
wieder zum Ausgangspunkt zurückkehren kann.

<u>Rückfahrt</u>   Wie Auffahrt. Oder Abfahrt mit Gefälle bis 17% und
14 Kehren nach St-Etienne-de-Tinée (km 27,0).

Weitere BLV Bücher zum Thema Radsport – für Sie ausgewählt!

BLV Verlagsgesellschaft München